competências,
APRENDIZAGEM
ORGANIZACIONAL
e Gestão do conhecimento

O selo DIALÓGICA da Editora InterSaberes faz referência às publicações que privilegiam uma linguagem na qual o autor dialoga com o leitor por meio de recursos textuais e visuais, o que torna o conteúdo muito mais dinâmico. São livros que criam um ambiente de interação com o leitor – seu universo cultural, social e de elaboração de conhecimentos –, possibilitando um real processo de interlocução para que a comunicação se efetive.

Competências, aprendizagem organizacional e gestão do conhecimento

Adriana Roseli Wünsch Takahashi

EDITORA
intersaberes

Rua Clara Vendramin, 58 . Mossunguê
CEP 81200-170 . Curitiba . PR . Brasil
Fone: (41) 2106-4170
www.intersaberes.com
editora@editoraintersaberes.com.br

Conselho editorial	Dr. Ivo José Both (presidente) Dr.ª Elena Godoy Dr. Nelson Luís Dias Dr. Neri dos Santos Dr. Ulf Gregor Baranow
Editora-chefe	Lindsay Azambuja
Supervisora editorial	Ariadne Nunes Wenger
Analista editorial	Ariel Martins
Capa	Sílvio Gabriel Spannenberg
Projeto gráfico	Fernando Zanoni Szytko
Diagramação/Infografia	Conduta Design

Dados Internacionais de Catalogação na Publicação (CIP)
(Câmara Brasileira do Livro, SP, Brasil)

Takahashi, Adriana Roseli Wünsch
 Competências, aprendizagem organizacional e gestão
do conhecimento/Adriana Roseli Wünsch Takahashi.
Curitiba: InterSaberes, 2015.

 Bibliografia.
 ISBN 978-85-443-0261-3

 1. Administração de pessoal 2. Aprendizagem
organizacional 3. Competência 4. Gestão do conhecimento
I. Título.

15-08202   CDD-658.3124

Índice para catálogo sistemático:
1. Competências, aprendizagem organizacional e gestão do
conhecimento: Administração de empresas 658.3124

Foi feito o depósito legal.
1ª edição, 2015.

Informamos que é de inteira responsabilidade da autora a
emissão de conceitos.
Nenhuma parte desta publicação poderá ser reproduzida
por qualquer meio ou forma sem a prévia autorização da
Editora InterSaberes.
A violação dos direitos autorais é crime estabelecido na Lei
n. 9.610/1998 e punido pelo art. 184 do Código Penal.

Sumário

7 *Dedicatória*

9 *Apresentação*

11 *Como aproveitar ao máximo este livro*

1

14 Conceito de competências e competências organizacionais
15 1.1 Competência organizacional
16 1.2 Origem dos conceitos de competência organizacional: recursos organizacionais
25 1.3 Categorias de competências organizacionais
28 1.4 Desenvolvimento de competências organizacionais

2

34 Competências individuais e mapeamento de competências
35 2.1 Competências individuais
37 2.2 Competências individuais no mundo do trabalho
44 2.3 Alinhamento entre competências individuais e organizacionais
48 2.4 Mapeamento de competências

3

56 Gestão por competências e certificação de competências
57 3.1 O modelo de gestão por competências
66 3.2 Avaliação e certificação de competências

4

84 Gestão de pessoas por competências
85 4.1 Integrando gestão por competências e gestão de pessoas
90 4.2 Modelo de gestão de pessoas por competências de Dutra e práticas de recursos humanos
104 4.3 Gestão de pessoas por competência nas organizações públicas

5

- 112 Aprendizagem organizacional
- 113 5.1 Introdução à aprendizagem organizacional
- 114 5.2 Os primeiros estudos sobre a aprendizagem organizacional
- 116 5.3 Aprendizagem organizacional e organizações de aprendizagem
- 118 5.4 Conceitos e classificações de aprendizagem organizacional
- 132 5.5 Perspectivas de aprendizagem organizacional
- 135 5.6 Cultura organizacional e aprendizagem organizacional

6

- 142 Aprendizagem organizacional: mudança e conhecimento
- 143 6.1 Níveis de aprendizagem nas organizações
- 152 6.2 Aprendizagem e mudança organizacional
- 157 6.3 Aprendizagem e conhecimento organizacional
- 165 6.4 Aprendizagem organizacional e competência organizacional

7

- 172 Introdução à gestão do conhecimento: conceitos e aplicabilidades
- 173 7.1 Gestão do conhecimento e conhecimento organizacional
- 174 7.2 Conhecimento organizacional
- 179 7.3 Conceitos de gestão do conhecimento
- 180 7.4 Modelos de gestão do conhecimento
- 190 7.5 Gestão do conhecimento no Brasil

8

- 204 Gestão do conhecimento: processo estratégico, desafios, dificuldades e facilitadores
- 205 8.1 Gestão do conhecimento e processo estratégico
- 211 8.2 Desafios e dificuldades da gestão do conhecimento
- 215 8.3 Facilitadores da gestão do conhecimento

- 231 *Estudos de caso*
- 235 *Para concluir...*
- 237 *Referências*
- 255 *Respostas*
- 263 *Sobre a autora*

Dedicatória

Dedico este livro aos meus pais, Eloi e Christina, aos meus filhos, Rafael Luis e Vanessa Louise, e ao meu marido, Sergi Takahashi.
Vocês são minha razão e inspiração de vida.

Apresentação

Sejam bem-vindos à obra *Competências, aprendizagem organizacional e gestão do conhecimento*. Nosso objetivo é fazê-lo compreender como as organizações atuam sob uma ótica diferente: a do conhecimento – tema que perpassa todos os capítulos. Essa é uma perspectiva que visa permitir a todos os profissionais da administração compreender a dinâmica organizacional por um ângulo diferente, além de auxiliá-los a obter respostas para lidar com os desafios da gestão no contexto atual. Os objetivos desta obra são:

* Compreender as competências organizacionais e individuais.
* Relacionar a gestão por competências com a estratégia organizacional e com a gestão de pessoas.
* Conhecer o processo de aprendizagem organizacional, suas perspectivas e níveis, bem como a relação que estabelece com a mudança e o fluxo de conhecimento organizacional.
* Compreender a essência da gestão do conhecimento, sua aplicabilidade, seus modelos, bem como sua relação com a gestão estratégica.

Para atender a esses objetivos, a obra é composta por oito capítulos. O primeiro capítulo trata da noção de recursos, dos conceitos de competências – como o de *competência organizacional* – e da visão dinâmica de como as competências são variáveis, isto é, como se desenvolvem ao longo do tempo.

O segundo capítulo trata dos conceitos e das dimensões das competências individuais, também chamadas de *humanas* ou *profissionais*, e da relevância de alinhá-las com as competências organizacionais. Além disso, é apresentada a técnica de mapeamento de competências, que consiste em avaliar as competências organizacionais e individuais, tendo como base a visão e a estratégia da organização.

No terceiro capítulo, por meio do mapeamento de competências, são abordadas a certificação e a avaliação das competências organizacionais e individuais por meio de ferramentas como o *balanced scorecard*. Ademais, é estabelecida uma relação entre a gestão por competências e a gestão de pessoas por meio de práticas de recursos humanos, tema do capítulo quatro.

O quinto capítulo avança da gestão por competências para a discussão sobre o processo de aprendizagem organizacional, uma vez que o desenvolvimento de competências é sustentado pelo processo de aprendizagem, assim como a aprendizagem conduz ao desenvolvimento de competências. Nessa parte da obra, são descritos os primeiros estudos de aprendizagem organizacional, assim como conceitos, classificações e perspectivas. Posteriormente, é apresentada a relação da aprendizagem com a cultura organizacional.

No próximo capítulo, de número seis, o estudo sobre aprendizagem é ainda mais significativo, possibilitando a compreensão dos diversos níveis em que ela pode ocorrer (individual, grupal e organizacional). Além disso, é abordada a relação que a aprendizagem estabelece com a mudança, com o fluxo de conhecimento organizacional e com as competências organizacionais.

O sétimo capítulo introduz o conceito de gestão do conhecimento a partir da discussão sobre o que é o conhecimento organizacional. Alguns modelos são apresentados, tanto internacionais como nacionais.

O último capítulo relaciona a gestão do conhecimento com o processo estratégico. São apresentados os desafios inerentes à adoção dessa forma de gestão, bem como as condições e práticas que podem facilitar ou eliminar suas eventuais barreiras.

Ao final de cada capítulo, você pode testar seus conhecimentos por meio de questões de revisão e fixar o que estudou com as questões de reflexão. As respostas estão no final do livro e podem auxiliá-lo a verificar se compreendeu o conteúdo proposto.

As referências bibliográficas se encontram no final da obra e podem ser consultadas sempre que você quiser saber mais sobre o que diz determinado autor. Elas permitem um aprofundamento dos conteúdos expostos na obra.

Esperamos que este livro atenda às suas expectativas e que com ele você possa compreender melhor de que modo as competências podem ser desenvolvidas em uma organização, como ocorre o processo de aprendizagem e o que é a gestão do conhecimento, sendo capaz de aplicar, do melhor modo possível, os modelos, ferramentas e os sistemas apresentados.

Um abraço e boa leitura.

A autora.

Como aproveitar ao máximo este livro

Este livro traz alguns recursos que visam enriquecer o seu aprendizado, facilitar a compreensão dos conteúdos e tornar a leitura mais dinâmica. São ferramentas projetadas de acordo com a natureza dos temas que vamos examinar. Veja a seguir como esses recursos se encontram distribuídos no decorrer desta obra.

Conteúdos do capítulo
Logo na abertura do capítulo, você fica conhecendo os conteúdos que serão abordados.

Após o estudo deste capítulo, você será capaz de:
Você também é informado a respeito das competências que irá desenvolver e dos conhecimentos que irá adquirir com o estudo do capítulo.

Para saber mais
Você pode consultar as obras indicadas nesta seção para aprofundar sua aprendizagem.

Síntese

Você dispõe, ao final do capítulo, de uma síntese que traz os principais conceitos nele abordados.

Questões para revisão

Com estas atividades, você tem a possibilidade de rever os principais conceitos analisados. Ao final do livro, o autor disponibiliza as respostas às questões, a fim de que você possa verificar como está sua aprendizagem.

Questões para reflexão

Nesta seção, a proposta é levá-lo a refletir criticamente sobre alguns assuntos e a trocar ideias e experiências com seus pares.

Estudos de caso

Esta seção traz ao seu conhecimento situações que vão aproximar os conteúdos estudados de sua prática profissional.

1 Conceito de competências e competências organizacionais

Conteúdos do capítulo

- A importância de se estudar sobre a competência organizacional.
- A origem dos conceitos de competência organizacional.
- Conceitos de competência organizacional.
- Recursos organizacionais e a visão baseada em recursos (VBR).
- Desenvolvimento de competência organizacional.

Após o estudo deste capítulo, você será capaz de:

- compreender a importância da competência organizacional para as atividades cotidianas;
- entender como o conceito de competência organizacional surgiu, a partir da noção de recursos e da VBR;
- entender como as competências organizacionais são importantes para a vantagem competitiva de uma organização e de que modo influenciam suas estratégias e sua sobrevivência organizacional;
- identificar os recursos de uma organização e entender como ela pode combiná-los para o desenvolvimento de suas competências;
- analisar de que forma ocorre o desenvolvimento das competências organizacionais e como elas são influenciadas pela história e pelas experiências vivenciadas pela organização.

Utilizamos a palavra *competência* em nosso dia a dia frequentemente para atribuir destaque positivo à determinada capacidade que uma pessoa tem de desenvolver algo melhor que as demais. Contudo, não são somente as pessoas que podem ser descritas como competentes; as organizações também.

Podemos classificar a competência como alta ou baixa, ou seja, como sendo muito ou pouco desenvolvida. Mas, afinal, o que é *competência*? Mais especificamente, o que é *competência organizacional*?

Vamos avançar na leitura sobre a origem do conceito e compreender o que é a competência no mundo das organizações, bem como qual seu impacto nas estratégias, práticas e rotinas organizacionais.

1.1 Competência organizacional

O estudo das competências organizacionais é relevante porque permite compreender, de uma forma diferente, como as organizações podem ter vantagem competitiva sobre seus concorrentes. Quem é mais competente e em que produto ou serviço? Para entender a dinâmica da competição baseada em competências, é necessário, primeiramente, conhecer a origem do conceito na literatura de administração e como ele pode ser utilizado na gestão, tanto estratégica quanto de pessoas.

Lembre-se de que *organização* é um termo que abrange empresas de todas as naturezas, com ou sem fins lucrativos, e de todos os setores da economia – indústria, serviços, comércio, organizações não governamentais (ONGs), entre outros. É por esse motivo que adotamos esse termo, que é mais amplo do que *empresas*. Afinal, podemos estudar a administração de qualquer organização, e não somente daquelas com fins lucrativos!

1.2 Origem dos conceitos de competência organizacional: recursos organizacionais

Os primeiros estudos sobre competências foram realizados por McClelland, na década de 1970. O estudioso propôs a substituição dos testes de QI, abordagem com enfoque na inteligência dos indivíduos, pela abordagem de competências para a seleção de pessoas. A partir de sua proposta, duas correntes de estudos foram formadas: uma com enfoque em estratégia e análise organizacional e outra – oriunda dos estudos iniciais da psicologia – com enfoque no indivíduo e na gestão de pessoas em organizações (Takahashi, 2007). Vamos tratar, primeiramente, das competências organizacionais.

Em 1959, Edith Penrose escreveu o livro *The Theory of the Growth of the Firm* (teoria do crescimento da firma) explicando como as organizações crescem. Nessa obra, ela concebe a empresa como um conjunto de recursos: "Uma firma é mais do que uma unidade administrativa; ela é também um conjunto de recursos produtivos cuja disposição entre os diferentes usos ao longo do tempo é determinada pela decisão administrativa" (Penrose, 1959, p. 24, tradução nossa).

Em seu livro, Penrose introduz ainda o importante conceito de *productive service*, que significa produzir ou ter a capacidade de produzir de forma abundante. Em outras palavras, uma organização cresce quando gera ou diversifica seus produtos com base na capacidade de combinar de formas diferenciadas seus recursos. Esse é um conceito que trouxe consequências profundas para a concepção do que é e como cresce uma organização, tendo em vista que chama a atenção para as noções de recursos e de crescimento por meio das atividades internas da organização – enquanto a ênfase de outros estudos no mesmo período recaía sobre os fatores externos que promoviam o crescimento organizacional.

Para a autora, o tamanho da firma deve ser avaliado considerando o valor presente de seus recursos (incluindo os pessoais), usados para os seus próprios propósitos administrativos. De certa forma, ela inaugurou o que hoje chamamos de *visão baseada em recursos* (VBR) – embora não tenha usado essa expressão, que surgiu na literatura apenas em 1984, com o trabalho de Wernerfelt, e foi amplamente utilizada nos estudos de administração vários anos depois.

De acordo com a abordagem de recursos, uma organização apresenta um conjunto de recursos tangíveis e intangíveis – como os recursos físicos, financeiros, a marca e a imagem, sistemas e procedimentos administrativos e de produção, pessoas, entre outros. Fleury e Oliveira Junior (2001, p. 17) afirmam que a VBR

> percebe a empresa como um conjunto de recursos e capacidades idiossincráticos em que a tarefa primária da administração é maximizar valor por meio do desenvolvimento ótimo dos recursos e capacidades existentes, debruçando-se ao mesmo tempo sobre a tarefa de desenvolver os recursos que vão constituir a base para o futuro da empresa.

Desse modo, para a VBR, a vantagem competitiva vem da capacidade de combinar esses recursos (Takahashi, 2007).

Há dois princípios, chamados de *heterogeneidade* e de *imobilidade de recursos*, que sustentam a VBR. O princípio da heterogeneidade esclarece que os recursos podem variar entre as empresas; já o da imobilidade indica que as diferenças entre elas podem ser estáveis ao longo do tempo.

Para Mills et al. (2002, p. 19), "um recurso é algo que a organização possui ou tem acesso, mesmo que temporário". Entender a VBR e o que é um recurso é fundamental para falarmos sobre competências, já que são conceitos construídos com base nessa abordagem. Conforme define Takahashi (2007), um recurso é uma potencialidade que a organização apresenta ou a que tem acesso, sendo mais bem expresso por meio de um substantivo; já a competência é uma ação, melhor expressa, portanto, por meio de um verbo.

Vale ressaltar que é a partir desses recursos, tangíveis ou intangíveis, que a competência é construída. Embora a VBR privilegie os fatores internos da organização, ela não desconsidera os externos, sendo, portanto, uma abordagem que complementa a visão dominante até então, a qual estabelece que a vantagem competitiva da organização se dá por sua atuação e por decisões tomadas visando ao que lhe é externo e ao seu posicionamento no setor em que concorre.

Pensando na abordagem dos recursos, é importante atentar para aqueles que garantem à organização lucratividade em longo prazo na formulação estratégica. Segundo Fleury e Fleury (2004, p. 56), "são os recursos da empresa, consubstanciados em competências e capacitações, que criam e exploram lucrativamente um potencial de diferenciação que existe latente nos mercados". Como cada organização tem determinado conjunto de recursos, elas diferem em seu modo de operar.

De acordo com Barney e Hesterly (1997), alguns recursos podem ser de difícil imitação ou substituição, como a história particular de cada empresa, a ambiguidade causal e a complexidade social. A ambiguidade causal diz respeito a quando o sucesso da empresa não é compreendido pelos competidores e, por vezes, até mesmo pela própria empresa. Já a complexidade social envolve aspectos que são de difícil compreensão, como a cultura organizacional.

Entre as tipologias que foram criadas para os recursos organizacionais, observe quais são as principais no Quadro 1.1.

Quadro 1.1 – **Classificações de recursos**

Autores	Classificação
Penrose (1959)	Recursos físicos: prédios, equipamentos, terra, estoques etc. Recursos humanos: empregados.
Wernerfelt (1984)	Ativos tangíveis e ativos intangíveis.
Grant (1991)	Recursos financeiros, recursos humanos, recursos tecnológicos, reputação e recursos organizacionais.
Barney (1991) Barney (1996)	Recursos físicos de capital, recursos de capital humano, recursos de capital organizacional e de capital financeiro.
Proença (1999)	Ativos tangíveis, ativos intangíveis e capacitações organizacionais (habilidades específicas da conjugação entre pessoas, ativos e processos organizacionais).
Leonard (1995)	Ênfase em recursos intangíveis sob a visão da empresa baseada no conhecimento. Pauta-se nas habilidades e conhecimentos dos empregados, sistemas técnicos e físicos, sistemas administrativos, valores e normas.

Fonte: Adaptado de Fernandes, 2004, por Takahashi, 2007, p. 29.

Muitos autores dividem os recursos em tangíveis (aqueles que são visíveis, palpáveis, concretos) e intangíveis (aqueles mais abstratos, como reputação, marca, conhecimento). Mills et al. (2002) são um exemplo, pois classificam os recursos entre aqueles que podem ser tocados ou sentidos em sua forma física e aqueles menos fáceis de ser reconhecidos. No que se refere a essa primeira divisão, os recursos podem ainda ser classificados de outras maneiras, conforme observamos no quadro a seguir.

Quadro 1.2 – **Categorias apropriadas para a identificação dos recursos**

Categoria de Recursos	Descrição
Recursos tangíveis	Prédios, plantas, equipamentos, empregados, licenças exclusivas, posição geográfica, patentes, ações; enfim, aqueles ligados à estrutura física.
Recursos de conhecimentos, habilidades e experiências	Um importante conjunto, frequentemente não escrito, de conhecimento tácito que os detentores podem não saber que possuem.
Recursos de sistemas e procedimentos	Amplo conjunto de documentos tangíveis de sistemas, desde recrutamento e seleção até avaliação do desempenho e sistemas de recompensas, de compras etc. Esses documentos e processamentos são tangíveis, mas sua eficiência exige recursos intangíveis, como conhecimento e experiência dos operadores e usuários dos sistemas.
Recursos culturais e de valores	Tipo de recurso intangível frequentemente desenvolvido por longos períodos de tempo e dependente das atitudes dos fundadores e de eventos passados. Essa categoria inclui memórias de incidentes críticos, bem como valores, crenças e comportamentos preferidos. A crença de indivíduos que têm poder pode ser importante.
Recursos de redes de relacionamento (*networks*)	Grupos de interesse dentro da organização, redes que envolvem pessoas da empresa e fornecedores, clientes, autoridades legais ou consultores. Nessa categoria, incluem-se marca e reputação.
Recursos importantes para mudança	Estão relacionados ao reconhecimento de quantos recursos valiosos tornaram-se ultrapassados e precisam ser mudados ou mesmo eliminados, como algumas crenças de trabalhadores e administradores influentes. Dinheiro para realizar investimentos é um exemplo de recurso para implementar mudança.

Fonte: Mills et al., 2002, p. 20-21.

Conforme observamos no Quadro 1.2, os recursos podem ser classificados em seis categorias: (1) recursos tangíveis; (2) recursos de conhecimentos, habilidades e experiências; (3) recursos de sistemas e procedimentos; (4) recursos culturais e de valores; (5) recursos de redes de relacionamentos; e (6) recursos importantes para a mudança. Entre essas categorias, uma merece destaque e especial atenção: a de cultura organizacional.

A cultura organizacional compõe a identidade da organização e a representa como um todo, portanto, não deve ser vista apenas como um dos recursos da organização. Como uma categoria de recurso, ela realmente auxilia a organização a verificar de que modo os valores foram impactados no desenvolvimento de uma competência. Contudo, é preciso lembrar que essa é uma limitação da VBR e que a cultura organizacional perpassa todos os outros recursos da organização. Fernandes (2004), assim como outros autores, destaca que os diversos recursos, como os recursos humanos e os sistemas administrativos, apresentam particularidades que serão delineadas de acordo com o que a organização valoriza e com aquilo em que acredita.

Uma das formas de avaliar a importância dos recursos organizacionais para a vantagem competitiva é aplicando o modelo de Mills et al. (2002), que é composto por três medidas: valor, sustentabilidade e versatilidade. A medida de valor avalia o desempenho proporcionado pela competência na vantagem competitiva valorizada pelo cliente. A sustentabilidade diz respeito à dificuldade de imitar determinada competência, o que demonstra o quão durável ou sustentável ela é. Já a versatilidade, denota o grau de utilidade da competência para vários produtos e para novos mercados (Takahashi, 2007).

Uma das principais aplicações da VBR foi feita por Prahalad e Hamel (1990), quando elaboraram os conceitos de *competência essencial* e *competência organizacional*. Desse modo, ficou claro como a noção de competências nasce com base na VBR, conceito que incorpora, portanto, a noção de recursos organizacionais. Foi a partir desse momento que a abordagem de recursos e o conceito de competências tiveram importância na administração, mais especificamente o conceito de *competência essencial* (*core competence*).

Para Prahalad e Hamel (1990), competência é a capacidade de combinar, misturar e integrar recursos, produtos e serviços, sendo resultante da aprendizagem coletiva da organização. Sobre essa capacidade, os autores citam como exemplos a competência da Honda de elaborar *designs* de motores leves e a competência da Sony de miniaturização dos produtos.

Em 1994, Prahalad e Hamel lançaram outro livro sobre competências – publicado no Brasil, em 1995, com o título de *Competindo pelo futuro: estratégias inovadoras* para *obter o controle do seu setor e criar os mercados de amanhã*. Nessa obra, os autores diferenciam competências essenciais de competências organizacionais. As primeiras referem-se ao conjunto de habilidades e tecnologias que possibilitam que a organização proporcione dado benefício aos clientes. Já as segundas são aquelas que as organizações apresentam nas suas diversas áreas, podendo algumas delas ser essenciais à vantagem competitiva. Posteriormente, alguns autores vão chamar esse tipo de competência de *competência funcional*. De todo modo, é a inter-relação entre as duas que vai determinar a competitividade da organização.

A competência essencial precisa atender, segundo Prahalad e Hamel (1990), a três critérios:

1. ser um fator fundamental de flexibilidade para a mudança e adaptação a diferentes mercados;
2. ser difícil de imitar;
3. ter recursos essenciais na produção de bens e serviços diferenciados.

A competência essencial pode estar relacionada a qualquer função da organização. Para entender melhor a noção de competências e sua relação com a vantagem competitiva, Prahalad e Hamel (1990) a compararam com as partes de uma árvore, apresentando a seguinte analogia: a árvore representa a corporação diversificada; o tronco e os galhos representam os produtos essenciais; os galhos menores, as unidades de negócios; as folhas, as flores e os frutos, os produtos finais; e a raiz representa a competência essencial, porque promove nutrição, sustentação e estabilidade.

A noção de competências contribuiu para as teorias de estratégia e competitividade já existentes (Hamel; Heene, 1994), além de auxiliar na compreensão de como as organizações se desenvolvem, ganham liderança e adquirem vantagem competitiva. Drejer (2000) afirma que essa noção pode ser a melhor entre inúmeras outras para explicar como as organizações se tornam competitivas.

Outros conceitos de competências surgiram posteriormente, por exemplo o de Sanchez, Heene e Thomas (1996). Para esses autores, competência é a habilidade de manter o emprego coordenado de ativos, de forma que se auxilie a empresa a atingir seus objetivos. De acordo com os autores, para uma atividade ser reconhecida como competência, deve atender a três condições: organização, intenção e alcance de objetivos. Leonard-Barton (1992) afirma que competências não definem somente as forças inerentes da empresa, mas também seus limites. A próxima figura mostra como as competências se relacionam com os recursos.

Figura 1.1 – **Representação de uma competência**

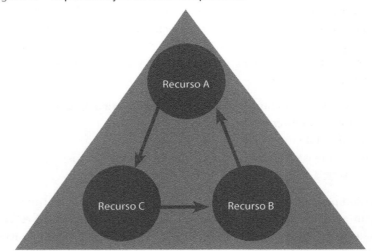

Fonte: Mills et al., 2002, p. 14.

Na figura, o triângulo representa os limites de uma atividade e os círculos, os diversos recursos dos quais essa atividade depende. Para Mills et al. (2002), as competências estão relacionadas com o desempenho das atividades que são necessárias para a organização ter sucesso. A atividade pode ser de alta ou baixa competência, dependendo do desempenho dos concorrentes. Portanto, a competência é variável ao longo do tempo. Ela é uma forma de expressão do quão bem a empresa desempenha as atividades necessárias ao sucesso; não é simplesmente algo que a empresa tem ou não tem.

Para Fleury e Fleury (2004, p. 30), *competência* se refere a "um saber agir responsável e reconhecido, que implica mobilizar, integrar, transferir conhecimentos, recursos, habilidades, que agreguem valor econômico à organização e valor social ao indivíduo". Segundo Takahashi (2007), para esses autores, a noção de competências está associada a ações, como: saber agir, mobilizar recursos, integrar saberes múltiplos e complexos, saber aprender, saber se engajar, assumir responsabilidades e ter visão estratégica.

Conforme vimos, os diversos conceitos de competências essenciais e organizacionais se referem sempre ao nível coletivo da organização. Portanto, não se trata de competências profissionais ou individuais. A respeito dessas competências, falaremos nos próximos capítulos.

Assim, competência organizacional é mais do que a simples soma das competências individuais, pois implica sinergia, considerando que resulta da comunicação e da cooperação entre as pessoas (Le Boterf, 2003). A palavra *sinergia* vem do grego *syn* (junto) e *ergos* (trabalho), portanto, significa valor agregado resultante do trabalho realizado em conjunto. Dessa forma, a competência organizacional se estabelece em rede, a qual é mantida mesmo quando um funcionário deixa a organização, sendo reformulada cada vez que chega um novo integrante.

A organização existe como sistema de competências, o qual define seu desempenho e lhe confere algum grau de vantagem competitiva, dependendo de como seus recursos são articulados. Conforme apontam Bruno-Faria e Brandão (2003, p. 37), "competências representam combinações sinérgicas de conhecimentos, habilidades e atitudes, expressas pelo desempenho profissional, dentro de determinado contexto organizacional".

Para avaliar as competências, Mills et al. (2002) desenvolveram uma escala a ser preenchida pela organização, que deve sempre levar em consideração o desempenho dos concorrentes.

Quadro 1.3 – **Competências em relação aos concorrentes**

Desempenho da empresa	Força ou fraqueza	Competência
Muito abaixo da média do setor	Fraqueza significativa	Muito baixa
Abaixo da média do setor	Fraqueza	Baixa
Na média do setor	Nem força nem fraqueza	Média
No mesmo nível que o melhor	Força	Alta
Liderança inquestionável	Força significativa	Muito alta

Fonte: Mills et al., 2002, p. 10.

Os estudos sobre competências devem sempre incluir a dimensão do tempo – principalmente se for avaliado o impacto da aprendizagem sobre seu desenvolvimento –, assim como sua avaliação deve sempre levar em conta a percepção e a experiência dos executivos (Lewis; Gregory, 1996). Em suma, podemos considerar que as competências referem-se a:

> quão bem uma organização desempenha suas atividades necessárias ao sucesso, em face de seus concorrentes (Mills et al., 2002), e que estas são decorrentes da capacidade de combinar, misturar e integrar recursos e produtos e serviços (Prahalad; Hamel, 1990). Neste sentido, constituem-se no resultado da aprendizagem coletiva da organização (Prahalad; Hamel, 1990), agregando valor econômico à organização e valor social ao indivíduo (Fleury; Fleury, 2004). (Takahashi, 2007, p. 34-35)

Vejamos, a seguir, as categorias de competências descritas por alguns autores relevantes.

1.3 Categorias de competências organizacionais

Algumas categorias foram criadas para as competências organizacionais, como as de Zarifian (2001) e a de Drejer (2000). Para Fleury e Fleury (2004, p. 35), as categorias de Zarifian (2001) envolvem:

> competências: sobre processos – conhecimentos sobre os processos de trabalho; competências técnicas – conhecimentos específicos sobre o trabalho que deve ser realizado; competência sobre a organização – saber organizar os fluxos de trabalho; competências de serviço – aliar a competência técnica à reflexão sobre o impacto que o produto ou serviço terá sobre o consumidor final; competências sociais – saber ser, incluindo atitudes que sustentem os comportamentos das pessoas.

A respeito dessas competências, Zarifian (2001) identifica três domínios: autonomia, responsabilização e comunicação.

Já para Drejer (2000), há três tipos de competências:

1. competência fácil de identificar e com parte tecnológica bem definida, com tecnologia simples e poucas pessoas;
2. competência complexa, com tecnologias entrelaçadas e uma grande unidade organizacional, em que a estrutura organizacional e os processos são necessários para o uso coordenado e a inter-relação de tecnologias;
3. competência ainda mais complexa, quando a competência está no centro da força competitiva da empresa, sendo difícil de imitar e mais dependente do conhecimento.

Para esse autor, a competência organizacional está alicerçada em quatro elementos que se inter-relacionam de forma dinâmica: (1) na tecnologia – sistema físico e ferramentas; (2) nas pessoas; (3) na organização, como sistema formal de gestão; e (4) na cultura organizacional – a qual representa os valores e normas compartilhados entre os dirigentes que conduzem as atividades.

Uma terceira tipologia é a idealizada por Mills et al. (2002), que dividem as competências em essencial, distintiva, organizacional, de suporte e dinâmica. O quadro a seguir descreve o significado de cada uma delas.

Quadro 1.4 – **Categorias de competência**

Categorias de Competência	Descrição
Competência essencial	Refere-se às atividades de alta competência importantes para o nível corporativo, as quais são chaves para sua sobrevivência e centrais para sua estratégia.
Competência distintiva	Refere-se às atividades de alta competência que os clientes reconhecem como diferenciadoras dos concorrentes e que promovem vantagem competitiva.
Competência organizacional ou das unidades de negócios	Um pequeno número de atividades chave, normalmente entre três e seis, esperadas de cada unidade de negócios da empresa.
Competências de suporte	Uma atividade que é valiosa para suportar um leque de outras atividades. Por exemplo, uma competência para construir e trabalhar produtivamente em equipe pode ter um impacto maior na velocidade e qualidade de muitas atividades na empresa.
Capacidades dinâmicas	Capacidade da empresa de adaptar suas competências ao longo do tempo. Diretamente relacionada aos recursos importantes para a mudança.

Fonte: Mills et al., 2002, p. 13.

O que há de diferente nessa última tipologia são as capacidades dinâmicas. Para os autores, esse é um tipo de competência que se refere à "competência que determina a adaptação de todas as competências ou atividades no tempo e é assim merecedora de um nome diferente" (Mills et al., 2002, p. 13). Assim, as empresas que a detêm são aquelas que estão conscientes de que a mudança é uma necessidade para adaptar suas competências ao longo do tempo (Takahashi, 2007).

A competência distintiva é outra competência que chama a atenção nessa tipologia. Segundo os autores, trata-se de uma competência avaliada pelos clientes, ou seja, refere-se ao que eles reconhecem de diferente na organização, àquilo que dá vantagem competitiva a ela. Se um banco acredita que sua competência essencial é apresentar e transmitir confiança aos seus clientes, mas, para estes, o banco é competente em virtude do bom atendimento, então a competência distintiva dessa organização é o seu bom atendimento. Desse modo, nem sempre a organização é reconhecida como competente pelos clientes em razão dos mesmos motivos pelos quais é reconhecida por seus gestores. Portanto, a organização deve saber como os clientes a avaliam, a fim de entender melhor suas próprias competências e, assim, explorar suas vantagens competitivas. Para Mills et al. (2002), as competências percebidas pelos clientes são sustentadas por competências menos visíveis, como as técnicas – é o caso dos processos de manufatura ou do desenho de produtos – e as sociais – como a competência de trabalho em grupo.

No intuito de avaliar as competências da organização, Mills et al. (2002) criaram o método chamado *arquitetura de competências e recursos*. Para executá-lo, é preciso seguir os seguintes passos: a) separar aspectos relacionados à percepção dos clientes; b) avaliar as competências técnicas e as competências de apoio que as sustentam; c) decompor os recursos constitutivos de cada tipo de competência.

A respeito da avaliação de competências no contexto brasileiro, Ruas (2005) desenvolveu uma pesquisa com empresas da Região Sul do país. Por meio dela, constatou que é difícil identificar competências essenciais nas empresas nacionais tendo como base os parâmetros desenvolvidos por Prahalad e Hamel (1990). Por esse motivo, Ruas (2005) propôs que as competências fossem classificadas em:

- Competências organizacionais essenciais – Aquelas que diferenciam a organização no espaço da competição internacional, contribuindo para uma posição de vanguarda no mercado.
- Competências organizacionais seletivas – Aquelas que diferenciam a organização no espaço competitivo em que atua, contribuindo para que ela alcance uma posição de liderança.
- Competências organizacionais básicas – Aquelas que contribuem efetivamente para a sobrevivência da organização em médio prazo.

O autor também propôs uma definição para as competências funcionais: aquelas competências que envolvem as grandes funções ou processos da empresa – como as funções de gerir recursos tangíveis e intangíveis, de obter insumos ou informações para a produção de bens e serviços e de conceber e produzir bens e serviços. Nesse caso, tais competências podem vir, com o tempo, a ser relevantes a ponto de se tornarem competências essenciais.

Conforme vimos, podemos classificar as competências organizacionais de diversas formas, conforme as diferentes épocas. Por esse motivo, fazer a avaliação das competências de uma empresa hoje pode trazer um resultado diferente daquele que será obtido realizando uma análise daqui a dois anos. Isso porque as competências são dinâmicas e podem mudar ao longo do tempo.

1.4 Desenvolvimento de competências organizacionais

Quando Mills et al. (2002) desenvolveram sua tipologia de competências, chamaram uma delas de *capacidades dinâmicas*, referindo-se à capacidade de a empresa adaptar suas competências ao longo do tempo, o que está diretamente relacionado aos recursos essenciais para se conduzir mudanças em uma organização. A expressão *capacidades dinâmicas* já havia sido cunhada na literatura por Teece, Pisano e Shuen (1997), quando trataram da necessidade de as organizações mudarem ao longo do tempo para responderem às demandas ambientais e às novidades do setor em que atuam.

Turner e Crawford (1994) afirmam que, se as organizações formulam diferentes estratégias ou operações ao longo do tempo, suas competências podem ter algumas mudanças substanciais, as quais são importantes para criar o futuro da organização. Os autores chamaram esse processo de *reshaping competences*, ou seja, reformulação de competências. Tal processo requer um investimento de longo prazo e exige contínuos esforços para se desenvolver e se manter. As mudanças são importantes para a criação do futuro da organização – portanto, as competências podem ser desenvolvidas ao longo do tempo, assim como podem vir a ficar obsoletas, caso tenham perdido sua relevância (Takahashi, 2007). Segundo Sanchez e Heene (1997), as mudanças ambientais, econômicas e sociais são frequentes e requerem um movimento das organizações, que precisam usar seu conhecimento para readequar-se a uma nova configuração de tempos em tempos.

Sanchez, Heene e Thomas (1996) estudaram o movimento de desenvolvimento de competências e verificaram que a competição entre as empresas ocorria com base na capacidade de cada uma de adaptar suas competências às novas demandas de mercado. Os autores afirmaram que as empresas buscam equilibrar objetivos de longo e de curto prazo e que, para isso, empregam um diferente conjunto de recursos para um *mix* de atividades que executam. Assim, a empresa pode, ao mesmo tempo, alocar recursos para construir novas competências e utilizar outros para alavancar competências já existentes. Com esse estudo, eles apresentam os conceitos de *manutenção, construção* e *alavancagem de competências*, conforme mostra o quadro a seguir.

Quadro 1.5 – **Conceitos de manutenção, construção e alavancagem de competências**

Competências	Conceitos	Exemplos
Manutenção de competências	Manutenção de competências é a manutenção dos ativos e das capacidades existentes na organização em um estado de efetividade para o uso nas ações atuais da organização.	Manter as competências (de produção, gerenciais, comerciais), mesmo em um ambiente estável, para superar tendências à entropia organizacional.
Construção de competências	Processo pelo qual a organização cria ou adquire mudanças qualitativas em seus ativos e capacidades, inclusive novas habilidades para coordenar e empregar atuais ou novos ativos e capacidades, a fim de atingir seus objetivos. A construção de competências cria novas opções para futuras ações.	Aumentar a produção pelo desenvolvimento e produção de novos tipos de produtos, criando novas opções que requerem qualitativamente novos ativos e capacidades.
Alavancagem de competências	Envolve a aplicação de competências existentes em novas oportunidades de mercado sem requerer mudança qualitativa nos ativos ou capacidades da firma. Envolve o exercício de uma ou mais opções existentes, criadas pela prévia construção de competências.	Usar os ativos e as capacidades existentes para produzir e comercializar seus produtos. Aumentar a produção adicionando um segundo turno de operação da fábrica.

Fonte: Adaptado de Sanchez; Heene; Thomas (1996) e Sanchez (2001) por Takahashi, 2007.

Quando falamos em *desenvolvimento de competências*, estamos nos referindo tanto à criação de novas competências quanto à manutenção ou potencialização de competências já existentes. O esforço contínuo, consciente e almejado é que configura o que se denomina *capacidades dinâmicas* – conceito cunhado por Teece, Pisano e Shuen (1997, p. 515), para os quais

> o termo *dinâmicas* refere-se à capacidade de renovar competências para adquirir congruência com as mudanças ambientais. O termo *capacidades* refere-se ao papel-chave da administração estratégica em adaptar, integrar e reconfigurar habilidades organizacionais internas e externas, recursos e competências funcionais de acordo com as necessidades de um ambiente em mudança.

Já a expressão completa – *capacidades dinâmicas* – significa a "habilidade da firma para integrar, construir, e reconfigurar competências externas e internas em direção às mudanças ambientais" (Teece; Pisano; Shuen, 1997, p. 516).

Segundo Le Boterf (2003, citado por Takahashi, 2007, p. 40), os fatores relevantes para o desenvolvimento das competências organizacionais são:

> organizar a cooperação entre as competências pela linguagem comum e pela complementaridade entre as competências; facilitar as relações de ajuda entre os diversos colaboradores ou junto a especialistas; promover a existência das competências ou dos saberes comuns; dispor de uma ferramenta que permita proceder a ofertas e procuras de competências; implantar estruturas de geometria variável; desenvolver estruturas e projetos transversais; garantir o tratamento das interfaces; manter a diversidade das competências; criar relações de solidariedade e de convivência; implantar uma memória organizacional; implementar um gerenciamento apropriado; e instaurar anéis de aprendizagem.

Em suma, competências e capacidades geralmente não podem ser adquiridas, mas devem ser construídas, o que pode levar anos e até mesmo décadas. As capacidades dinâmicas envolvem outras características e experiências da organização, pois seus processos dependem dos ativos (posição), da evolução no tempo (dependência de caminhos) e da cultura organizacional da empresa. Essas capacidades são normalmente difíceis de replicar, uma vez que são tácitas (Teece; Pisano; Shuen, 1997).

Síntese

Neste capítulo, você pôde verificar que a competência organizacional é um atributo da organização e pode ser classificada de diversas formas. Viu, ainda, que o conceito de *competência essencial*, cunhado em 1990, inaugurou a visão organizacional baseada em competências e nasceu da noção de recursos e da visão baseada em recursos (VBR). Trata-se de um conceito que expressa a capacidade da organização de mobilizar e articular recursos para criar valores econômicos e sociais para si e para os indivíduos que nela atuam. Toda competência resulta de um processo de aprendizagem organizacional e se desenvolve com base na história e nas experiências da organização. Sua importância é significativa, uma vez que permite atingir as estratégias e os objetivos organizacionais, assim como a vantagem competitiva.

Para saber mais

Para saber um pouco mais sobre gestão por competências, leia o artigo de Fleury e Sarsur (2007). As autoras refletem sobre o conceito de competências e o uso de estratégias para a aprendizagem utilizando a metáfora cinematográfica como estratégia complementar de ensino-aprendizagem.

FLEURY, M. T. L.; SARSUR, A. M. O quadro-negro como tela: o uso do filme *Nenhum a menos* como recurso de aprendizagem em gestão por competências. **Cadernos Ebape.br**, v. 5, n. 1, p. 1-17, 2007.

Questões para revisão

1. Prahalad e Hamel (1995) afirmam que as competências centrais precisam atender a três critérios. Selecione a alternativa que não é considerada um critério defendido pelos autores:
   a) Adaptar-se a diferentes mercados.
   b) Ser inflexível à mudança.
   c) Ser flexível à mudança.
   d) Ser difícil de imitar.

2. A noção de competências vem a contribuir para o entendimento de como as organizações se desenvolvem, ganham liderança e adquirem vantagem competitiva. Selecione a alternativa que se

refere à teoria que contribui de forma preponderante à noção de competências:
a) Organizações e competitividade.
b) Estratégia e TI.
c) Estratégia e competitividade.
d) Estratégia e empreendedorismo.

3. O modelo de Mills et al (2002) recomenda avaliar a importância dos recursos organizacionais para a vantagem competitiva. Qual das alternativas que se seguem contém uma medida recomendável por esses autores?
a) Raridade.
b) Valor.
c) Complexidade.
d) Imitabilidade.

4. As competências podem ter alguma mudança significativa a partir da criação de operações ao longo do tempo e de formulações de diferentes estratégias. Selecione a seguir a alternativa que contém o nome desse processo, dado pelos autores Turner e Crawford (1994):
a) *Brainstorming.*
b) *Feedback.*
c) *Benchmarking.*
d) *Reshaping competences.*

5. A *alavancagem de competências* envolve a aplicação de competências já existentes em novas oportunidades de mercado sem requerer mudança qualitativa nos ativos ou capacidades de firma. Selecione a alternativa que exemplifica esse conceito:
a) Usar os ativos e as capacidades existentes para produzir e comercializar produtos de terceiros.
b) Manter as competências (de produção, gerenciais, comerciais), mesmo em um ambiente estável, para superar tendências à entropia organizacional.
c) Aumentar a produção adicionando um primeiro turno de operação de fábrica.
d) Aumentar a produção adicionando um segundo turno de operação de fábrica.

Questões para reflexão

1. Diferencie *competências essenciais* de *organizacionais*. Dê um exemplo de cada uma delas.
2. O que você compreendeu por *visão baseada em recursos* (VBR)? Em que esse conceito avançou nas teorias da estratégia?
3. Em sua opinião, conforme o quadro que demonstra as categorias de competências (Quadro 1.4), qual delas provoca mais mudanças em uma organização?
4. O que você entende por desenvolvimento de competências organizacionais? Explique.
5. Em geral, competências e capacidades não podem ser adquiridas; devem ser construídas. Por quê?

2 Competências individuais e mapeamento de competências

Conteúdos do capítulo
- A importância de se estudar as competências individual, humana ou profissional.
- A origem dos conceitos de competência individual no mundo do trabalho.
- Conceitos e dimensões de competência individual.
- Alinhamento entre competência individual e competência organizacional.
- Mapeamento de competências.

Após o estudo deste capítulo, você será capaz de:
- compreender a importância da competência individual nas práticas do dia a dia;
- entender a origem do conceito de competência individual por meio dos estudos sobre o mundo do trabalho;
- analisar a relação e a importância das noções de conhecimento, habilidades e atitudes e das dimensões de entrega e complexidade para as competências profissionais;
- entender como é importante alinhar as competências organizacionais e as competências individuais para atingir os objetivos e as estratégias organizacionais, considerando a inter-relação entre as duas dimensões de competências;
- conduzir o mapeamento de competências, tanto as organizacionais quanto as individuais, em uma organização.

Competências individuais, humanas ou profissionais são aquelas que expressam os conhecimentos, as habilidades e as atitudes dos indivíduos que trabalham em uma organização. Elas variam conforme o grau de complexidade do trabalho e o nível de abstração exigido pelas tarefas. São competências expressas pela ação nas práticas e rotinas organizacionais.

As competências individuais devem estar alinhadas com as competências organizacionais para que as estratégias e os objetivos sejam alcançados e exista convergência entre aquilo que a organização almeja ser e aquilo que ela faz e desenvolve no seu dia a dia. Para tanto, é importante realizar um mapeamento das competências e verificar quais a organização necessita desenvolver para atingir suas estratégias em comparação com aquelas que ela já apresenta (lacuna de competências).

2.1 Competências individuais

Antes de falarmos em mapeamento de competências, certificação de competências e gestão de pessoas por competências, vamos entender o que é *competência individual*, pois a literatura que sustenta esse conceito é diferente daquela que trata do conceito de *competência organizacional*.

Os primeiros estudos sobre competência individual surgiram com McClelland, nos anos 1970, quando ainda se falava predominantemente em inteligência dos indivíduos. Outros estudos surgiram depois, como os de Boyatzis, Spencer e Spencer, McLagan, Mirabile e Le Boterf (Fleury; Fleury, 2004), direcionando o conceito, segundo Fernandes (2004), para a prática de recursos humanos. Foi nesse contexto que surgiu a tríade competências, habilidades e atitudes (cuja sigla é *CHA*), que se refere ao conjunto de atributos ou recursos de um indivíduo (Takahashi, 2007). A respeito desse conceito, observe a figura a seguir.

Figura 2.1 – **As três dimensões da competência**

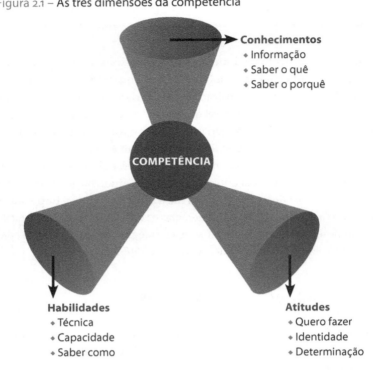

Fonte: Brandão; Guimarães, 2001, p. 10.

O conjunto de recursos que os indivíduos detêm é composto por saberes teóricos – do meio e procedimentais –, saberes relacionados ao fazer – que são formalizados, empíricos, relacionais e cognitivos –, pelas aptidões ou qualidades, pelos recursos fisiológicos e pelos recursos emocionais. Segundo Le Boterf (2003), a competência da pessoa resulta da sua formação pessoal (biografia e socialização), de sua formação educacional e de sua experiência profissional. Assim, ela sempre será resultante das experiências que a pessoa tem no meio em que atua. Portanto, é uma competência que não existe de forma isolada e que envolve uma operacionalização de diferentes competências, uma vez que "não depende somente do saber agir e do poder agir, ela é fortemente condicionada pelo querer agir" (Le Boterf, 2003, p. 153).

Podemos dizer, então, que a competência individual está ligada à motivação, assim como também depende das condições nas quais o indivíduo se encontra em seu trabalho. Para Le Boterf (2003), o que facilita ou limita a operacionalização das competências constitui a perspectiva da empresa aprendiz. A respeito das condições de trabalho e do desenvolvimento dessas competências, Takahashi (2007) ressalta que as competências requeridas em situação normal de trabalho não são as mesmas requeridas em momentos de turbulência ou crise.

2.2 Competências individuais no mundo do trabalho

A economia mundial atual tem valorizado muito mais o conhecimento do que fatores como propriedade e equipamentos. A sofisticação da divisão do trabalho, o avanço da ciência e a revolução na velocidade da informação – oportunizada pela criação dos computadores e da internet – são fatores que modificaram a relação do ser humano com as organizações e com o trabalho. Nesse novo cenário, o conhecimento é produzido e disseminado mais rapidamente e o trabalho é mais complexo, o que demanda mais qualificação por parte dos trabalhadores e uma estrutura educacional mais robusta e acessível (Dahlman, 2002; Castells, 1999; Paula; Cerqueira; Albuquerque, 2000).

A emergência de uma economia do saber, ou *economia do conhecimento*, deu-se por conta de uma pressão para que houvesse uma mudança no modelo de trabalho iniciado pelas concepções taylorista e fordista. O novo modelo baseou-se em competências e instituiu que o sujeito deixe de ocupar a posição de operador para ocupar a de ator, sendo necessário renovar conhecimentos, aprender continuamente e promover inovações (Le Boterf, 2003). Se olharmos para a prática da gestão nas organizações, verificaremos que os dois modelos coexistem, o que é natural, pois as organizações têm atividades diferentes e atuam em setores diversos. Além disso, essa coexistência é normal porque vivenciamos uma fase de transição econômica e socioprodutiva. O Quadro 2.1 apresenta as diferenças essenciais entre esses dois modelos.

Quadro 2.1 – **Transição dos modelos de competências**

MODELO "A" (Concepção taylorista e fordista)	MODELO "B" (Perspectiva da economia do saber)
Operador	Ator
Executar o prescrito	Ir além do prescrito
Executar operações	Executar ações e reagir a acontecimentos
Saber-fazer	Saber-agir
Adotar um comportamento	Escolher uma conduta
Malha estrita para identificar a competência	Malha larga para identificar a competência
Gerenciamento para controle	Gerenciamento pela condução
Finalização sobre o emprego	Finalização sobre a empregabilidade

Fonte: Le Boterf, 2003, p. 91.

Outro autor que contribuiu significativamente para a área de competências foi o francês Zarifian (2001), que analisou uma crise em postos de trabalho e a relacionou com o debate sobre competências. Para ele, as competências representam a capacidade de uma pessoa para ter iniciativas e dominar novas situações no trabalho, sendo responsável e reconhecida por isso. Portanto, as competências não podem ser impostas, uma vez que "só são utilizáveis e se desenvolvem como consequência de uma automobilização do indivíduo" (Zarifian, 2001, p. 121). A motivação, nesse conceito, é tanto uma condição quanto um efeito da utilização da lógica da competência: "É o próprio indivíduo o principal ator do desenvolvimento de suas competências particulares à medida que as mobiliza e as faz progredir em situações profissionais reais, empíricas" (Zarifian, 2001, p. 121). Segundo o autor, existem três elementos complementares que compõem a definição de competência:

> Competência é a tomada de iniciativa e responsabilidade do indivíduo em situações profissionais com as quais ele se confronta; competência é uma inteligência prática das situações, que se apoia em conhecimentos

adquiridos e os transforma à medida que a diversidade das situações aumenta; competência é a faculdade de mobilizar redes de atores em volta das mesmas situações, de compartilhar desafios, de assumir áreas de responsabilidade. (Zarifian, 2003, p. 137)

Nesse sentido, Dutra (2002) destaca que é preciso considerar a questão da "entrega" da competência, ou seja, se a competência se dá por meio da ação, é preciso que o indivíduo queira entregá-la por meio do seu trabalho para que agregue valor à organização.

Embora as competências profissionais estejam associadas à execução das tarefas rotineiras de cada função, elas também servem para resolver imprevistos. O *evento*, conceito de Zarifian (2001), é um imprevisto que acontece por causa de problemas ocorridos no ambiente em geral e que demanda alguma forma de inovação. Os eventos mobilizam a organização para ajustar-se às novidades, problemas ou crises, e são recorrentes no ambiente organizacional.

Para Zarifian (2001), as principais mudanças que ocorreram no mundo do trabalho e que levaram ao modelo de competências nas organizações foram: a ocorrência de eventos, o desenvolvimento da noção de serviços como necessidade de atendimento aos clientes internos e externos à organização, e a comunicação como uma necessidade para haver concordância sobre os objetivos organizacionais. Ruas (2005, p. 37) afirma que "o conceito de evento está associado ao conceito de competência individual, principalmente entre os autores da 'escola francesa', tais como: Le Boterf, Zarifian, Levy-Leboyer, Tremblay e Sire, Bouteiller, Perrenoud e Dejoux".

Com base nos estudos conduzidos pelos autores citados, duas correntes sobre as competências individuais se formaram: a primeira enfatizando a competência como um agrupamento de qualificações representado por conhecimentos, habilidades e atitudes (CHA) e defendida por autores norte-americanos, como McClelland (1973) e Boyatzis (1982). E a segunda enfatizando a competência como aquilo que o indivíduo realiza em dada situação e defendida por autores franceses, como Le Boterf (2003) e Zarifian (2001).

Carbone et al. (2009, p. 43) propõem uma definição integradora de competências de forma que se reúnam as ideias das duas correntes:

"Entendem-se competências humanas como combinações sinérgicas de conhecimentos, habilidades e atitudes, expressas pelo desempenho profissional dentro de determinado contexto organizacional, que agregam valor a pessoas e organizações". Segundo os autores, as competências humanas podem ainda ser classificadas como *técnicas* ou *gerenciais*. Vejamos um exemplo de competência humana:

> Proatividade e solução de problemas: refere-se ao hábito de analisar criteriosamente a situação, identificar as causas de problemas existentes e potenciais, e tomar decisões rápidas, de modo a resolver a situação – ou sequer deixar que aconteça, no caso de problemas potenciais. O exercício pleno dessa competência não consiste tanto em resolver rapidamente os problemas, mas antecipar-se no sentido de até evitar que os problemas aconteçam. Também é característica dessa competência a rapidez; evitar postergar decisões, ou esperar que alguém solicite algo; tomar a iniciativa de resolver questões pendentes na área de trabalho. (Fernandes, 2006, p. 51)

Além da noção de competências como conhecimento, habilidades, atitudes e entrega, bem como de que a competência se dá por meio da ação no contexto do trabalho, para que se agregue valor à organização, é preciso que ela se aproprie da competência individual. Portanto, fica evidente que, para se ter uma concepção completa de competências, é necessário, ainda, considerar a noção de complexidade (Fernandes, 2006, p. 52): "O nível de complexidade está relacionado ao grau de abstração exigido para que a decisão tomada seja correta e pode ser medido a partir do intervalo de tempo entre a tomada de decisão e a possibilidade de avaliação dos resultados dela decorrentes". Segundo o autor, o conceito de *complexidade* foi refinado por Jaques (1988), o qual argumentou que o indivíduo realiza seu trabalho de acordo com sete diferentes graus de complexidade (*work levels*) – cada nível estaria associado a um intervalo de tempo. Outros autores propuseram novos conjuntos de elementos, além do tempo, conforme o modelo a seguir, delineado com base em Dutra (2004):

COMPETÊNCIAS INDIVIDUAIS E MAPEAMENTO DE COMPETÊNCIAS

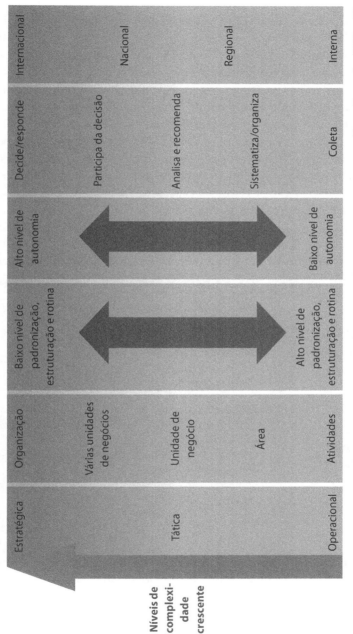

Figura 2.2 – Dimensões associadas ao nível de complexidade

Fonte: Fernandes, 2006, p. 53.

Conforme observamos na figura, quanto maior o nível de complexidade da tarefa, maior o nível de abstração requerido. Tal escala sinaliza uma possível trajetória de desenvolvimento profissional, a qual dependerá da trajetória individual e das oportunidades profissionais presentes nas organizações. Pode-se supor que organizações que sejam inovadoras, que atuem em um setor de conhecimento intensivo ou em setores de alta tecnologia – como as indústrias farmacêutica, de biotecnologia e de computadores, empresas de consultoria, universidades e centros de pesquisa – demandem indivíduos com maior grau de qualificação e competências com maior grau de complexidade. Vejamos outros exemplos de descrição de competências, com a inclusão de uma descrição do desempenho esperado por uma organização.

Quadro 2.2 – **Exemplos de descrição de competências sob a forma de referenciais de desempenho (comportamentos observáveis no trabalho)**

Competência	Descrição (referenciais de desempenho)
Orientação para resultados	◆ Implementa ações para incrementar o volume de negócios. ◆ Avalia com precisão os custos e benefícios das oportunidades negociais. ◆ Utiliza indicadores de desempenho para avaliar os resultados alcançados. ◆ Elabora planos para atingir as metas definidas.
Trabalho em equipe	◆ Compartilha com seu grupo os desafios a enfrentar. ◆ Mantém relacionamento interpessoal amigável e cordial com os membros de sua equipe. ◆ Estimula a busca conjunta de soluções para os problemas enfrentados pela equipe. ◆ Compartilha seus conhecimentos com os membros da equipe.

Fonte: Carbone et al., 2009, p. 46.

Há outras formas de descrever as competências, dimensões e resultados envolvidos, como mostra o exemplo do Quadro 2.3.

Quadro 2.3 – Exemplos de recursos ou dimensões da competência "Prestar um atendimento bancário baseado em padrões de excelência"

Dimensão da competência	Descrição
Conhecimentos	• Princípios de contabilidade e finanças. • Produtos e serviços bancários. • Princípios de relações humanas.
Habilidades	• Aptidão para operar computadores, periféricos e outros recursos tecnológicos. • Habilidade para argumentar de maneira convincente.
Atitudes	• Predisposição para a tomada de iniciativa (proatividade). • Respeito à privacidade do cliente. • Predisposição para aprimorar-se continuamente.

Fonte: Carbone et al., 2009, p. 47.

A maneira como a organização descreve as competências, dimensões e os indicadores depende dos critérios, da utilidade e da forma como gerencia esses dados. Caso o interesse seja usá-los para avaliação de desempenho, é importante que tenha bem claro os comportamentos esperados, como mostrado no primeiro exemplo (Quadro 2.2). Se o interesse for para treinamentos, o segundo exemplo (Quadro 2.3) seria mais útil, pois mostra os conhecimentos que a organização quer promover e que habilidades e atitudes espera desenvolver. De todo modo, é preciso ressaltar que o resultado dessas ações, ou do uso desses dados, depende em grande parte dos interesses, dos objetivos e das estratégias organizacionais, os quais devem ser congruentes com as competências individuais de seus colaboradores.

2.3 Alinhamento entre competências individuais e organizacionais

Tanto as competências individuais quanto as organizacionais são relevantes para as organizações. Mais importante ainda é a organização conseguir alinhar os objetivos estratégicos com as competências profissionais das quais dependem seu desempenho e sua competitividade. Como *competência* é um termo que está estreitamente relacionado à experiência e ao trabalho dos indivíduos, as organizações precisam saber gerir as diversas competências.

A gestão por competências, de modo geral, busca justamente o alinhamento entre competências individuais e organizacionais. Muitas empresas têm adotado esse tipo de gestão (Carbone et al., 2009), considerando que as competências organizacionais são constituídas por recursos humanos, portanto, por competências individuais – embora seja importante ressaltar, como já falamos, que elas não são o simples resultado da soma das competências individuais.

Dito de outra forma, a relação entre os níveis de competência pode ser assim explicada:

> em um nível mais geral, temos as competências organizacionais, que se formam nas unidades e funções; destas, algumas são consideradas competências essenciais e são básicas quando da elaboração da estratégia competitiva; as competências essenciais produzem atributos que constituem as competências distintivas percebidas pelos clientes. Essas competências são formadas a partir da combinação de recursos da organização e de competências individuais. (Fleury; Fleury, 2004, p. 49)

No meio desse processo se encontra a aprendizagem organizacional, a qual permite criar novas competências individuais de forma circular, conforme podemos ver na Figura 2.3.

Figura 2.3 – **Estratégia, competências organizacionais e competências individuais**

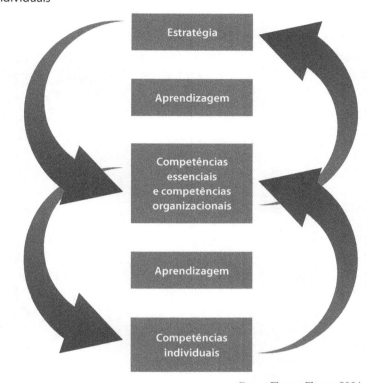

Fonte: Fleury; Fleury, 2004, p. 50.

Ao pensarmos em uma organização por meio de uma visão sistêmica, veremos que é por causa da interação entre as competências individuais que surgem as competências organizacionais – e que estas, por sua vez, influenciam o desenvolvimento das competências individuais. Mesmo que as referências que sustentam o conceito de cada tipo de competência sejam diferentes, não podemos ignorar a relação que estabelecem e a necessidade de se encetar um vínculo entre elas e as estratégias da organização (Michaux, 2011).

Vejamos um texto, elaborado por Fleury e Fleury (2004), que exemplifica a relação entre estratégia e competências, considerando três tipos de estratégias que as organizações podem seguir: excelência operacional, liderança em produto e orientação para clientes.

A relação entre estratégia competitiva e as competências na organização

O desafio de uma companhia que adota a estratégia de **Excelência Operacional** é oferecer ao mercado um produto que otimize a relação qualidade/preço. O exemplo típico de Excelência Operacional é a indústria automobilística. Em geral, produtos padronizados, do tipo *commodity*, exigem esse tipo de estratégia.

A função crítica para o sucesso da empresa é Operações, que inclui todo o ciclo logístico: suprimento, produção, distribuição e serviços pós-venda. É para essa função que a empresa tem de, prioritariamente, orientar seus esforços de aprendizagem e inovação. Ao desenvolver competências nas outras áreas – Desenvolvimento de Produto e Vendas & Marketing –, isso deve estar orientado para alavancar o desempenho competitivo da primeira competência. Por isso, a inovação incremental é desejável e a inovação no processo é tão relevante quanto a inovação em produto. Na relação com os clientes, o papel de Vendas & Marketing é de "fazer os clientes se adaptarem ao modo operacionalmente excelente de fazer negócios da empresa" (Treacy; Wiersema, 1995).

As empresas que competem em termos de **Produtos Inovadores** estão continuamente investindo para criar conceitos radicalmente novos de produtos para clientes e segmentos de mercado específicos. A função crítica é Pesquisa & Desenvolvimento. Por isso, as informações mais relevantes para a estratégia da empresa vêm dos laboratórios de Pesquisa & Desenvolvimento. As indústrias relacionadas às tecnologias de informação – telecomunicações, informática etc. – são exemplos típicos. Empresas como Intel, Nokia e Motorola são algumas das líderes nesse segmento.

As empresas que escolhem essa estratégia garantem seu sucesso econômico por meio da introdução sistemática de produtos radicalmente novos no mercado, o que torna obsoletos os antigos. Sobrevivem e prosperam devido à alta lucratividade que desfrutam durante o tempo em que conseguem manter uma posição de monopólio no mercado (Abernathy; Utterback, 1975).

> A função de Vendas & Marketing difere do caso anterior, uma vez que cabe a ela preparar o mercado para os novos produtos e "educar" os potenciais clientes. Assim, os esforços de marketing são baseados, principalmente, em competências técnicas. O papel de Operações também difere. O que importa é a evolução da ideia do novo produto para a escala industrial; não se trata de ser "enxuto", embora esse objetivo possa ser buscado em um estágio posterior.
>
> O caso das empresas aeronáuticas, como a Embraer, é ilustrativo. Elas têm como desafio desenvolver novos conceitos de avião, que são vendidos a clientes sensíveis à inovação muito antes de o produto ser projetado em suas características reais, testado e posto em um sistema de produção em escala.
>
> As empresas com **Orientação para o Cliente** estão voltadas a atender às necessidades de clientes especiais, criando soluções e serviços específicos. Para tanto, formam competências e conhecimentos necessários para o desenvolvimento de soluções e sistemas. Em função de sua proximidade com os clientes, especializam-se em satisfazer, e até antecipar, suas necessidades e propor soluções.
>
> Embora essas empresas entreguem um produto, é o serviço que fornecem a parte mais importante do negócio. A competência forte é a de relacionamento, de marketing, que aciona, orienta e coordena as funções de Desenvolvimento de Produtos e Operações. A lucratividade dessas empresas decorre de poderem cobrar um preço também mais alto pelo serviço customizado que oferecem. A IBM costumava ser considerada o exemplo dessa estratégia (Wheelwright; Hayes, 1985). A Caterpillar também era considerada um outro caso de proximidade com o cliente (Treacy; Wiersema, 1995, p. 126).
>
> A função de Desenvolvimento de Produtos tem de combinar a orientação para o cliente com conhecimentos técnicos específicos; não há necessidade de se buscar a otimização das condições de operação nem de desenvolver projetos radicalmente inovadores, como no caso anterior.

Fonte: Fleury; Fleury, 2004, p. 48-49, grifo do original.

Voltaremos a esse ponto no próximo capítulo a fim de aprofundá-lo. Antes de estruturar a gestão por competências, é preciso realizar um mapeamento das competências. Agora que já estudamos os conceitos e usos dos dois tipos de competências, podemos falar em seu alinhamento, tendo em vista que uma dimensão certamente afeta a outra.

2.4 Mapeamento de competências

O mapeamento de competências é realizado para identificar a lacuna (*gap*) entre as competências (organizacionais e individuais) existentes na organização e as competências que são desejadas por ela. A Figura 2.4 ilustra exatamente essa lacuna.

Figura 2.4 – **Identificação do *gap* (lacuna) de competências**

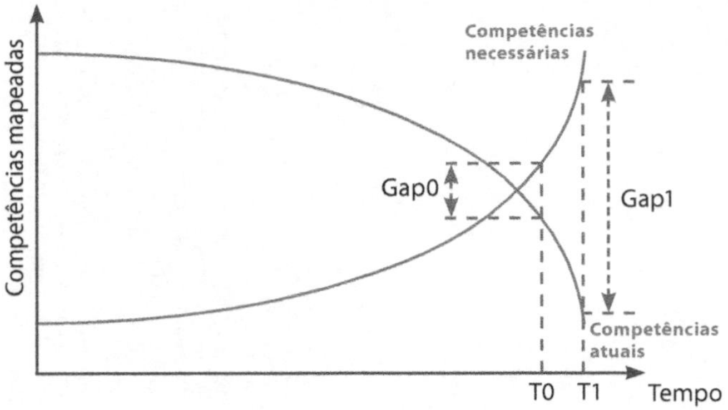

Fonte: Adaptado de Lenaga, 1998, por Brandão e Guimarães, 2001, p. 11.

De acordo com a figura, considerando o passar do tempo (T0 para T1), quando a diferença entre as competências necessárias e as atuais aumenta, o *gap* também aumenta (*Gap*0 para *Gap*1), fazendo com que a organização tenha mais dificuldades para realizar suas estratégias. O mapeamento de competências permite visualizar claramente essa lacuna a fim de que ações sejam realizadas em tempo hábil, tanto para evitar o aumento do *gap* quanto para desenvolver as competências necessárias com o intuito de atingir os objetivos almejados.

O mapeamento deve ser feito frequentemente como parte do planejamento da organização. De acordo com o seu resultado, a organização pode criar novas competências, manter ou potencializar as já existentes (Sanchez; Heene; Thomas, 1996), além de desenvolver competências individuais – seja por meio da contratação de novos colaboradores, seja pelo treinamento dos que já estão atuando na organização. Vejamos um exemplo:

Suponha que a organização tivesse definido como meta "elevar de 57% para 65% o percentual de clientes muito satisfeitos". Seria fundamental, então, que seus funcionários fossem capazes de "atender o cliente com receptividade e cortesia, considerando suas expectativas e características". Esse comportamento – de prestar um atendimento com receptividade e cortesia – representaria uma competência humana, que teria como consequência esperada a elevação do nível de satisfação do cliente. As ações de captação, nesse contexto, deveriam recair sobre o recrutamento, a seleção e admissão de pessoas que possuíssem tal competência. (Carbone et al., 2009, p. 54)

Segundo Carbone et al. (2009), para realizar o mapeamento de competências, existem técnicas e métodos a serem empregados. Para eles, o primeiro passo do processo de mapeamento é a identificação das competências organizacionais, a qual pode ser realizada por meio de uma pesquisa que observe dados da organização – como missão, visão, objetivos, planejamentos, relatórios, regimentos, estatutos, manuais de conduta ou quaisquer outros documentos que possibilitem identificar o que ela já desenvolveu. Outras formas de pesquisa são: entrevistas, individuais ou coletivas com as pessoas que trabalham na organização, questionários, observação de rotinas e reuniões para discussão.

Para conduzir entrevistas, é importante formular questões objetivas e claras, informar o objetivo da conversa, garantir o anonimato dos entrevistados, ouvir com atenção as respostas e pedir autorização, caso seja gravada. A gravação permite que a conversa seja ouvida diversas vezes; além disso, pode ser transcrita, o que auxilia na interpretação das respostas. Cada entrevistado, independentemente do cargo ou da função, deve ser valorizado e ouvido com respeito, pois toda opinião reflete conhecimento sobre a organização. Para a realização de entrevistas, Carbone et al. (2009, p. 60) sugerem perguntas como:

> Que competências profissionais você julga relevantes para a consecução dos objetivos organizacionais? Para que a organização consiga concretizar sua estratégia, os funcionários devem ser capazes de quê? Como você reconhece um desempenho competente? O que caracteriza um funcionário competente?

O segundo passo, após a identificação das competências, é definir quais dessas questões são mais importantes, o que pode ser feito por meio de um questionário que apresente uma escala. Vejamos um exemplo.

Quadro 2.4 – **Modelo de questionário para avaliação das competências**

Por favor, considerando os atuais objetivos estratégicos da organização em que você trabalha, assinale um número de um a seis, na escala à direita de cada item, a fim de indicar o quão importante você considera cada uma das competências a seguir relacionadas. Lembre-se: quanto mais próximo do número um você se posicionar, menor o grau de importância da competência, e quanto mais próximo do número seis você se posicionar, maior o grau de importância.

Competências	Escala – graus de importância
Identificar oportunidades negociais a partir do conhecimento do comportamento do consumidor.	Nem um pouco importante 1 2 3 4 5 6 Extremamente importante
Implementar ações de comunicação interna para estimular o desenvolvimento profissional.	Nem um pouco importante 1 2 3 4 5 6 Extremamente importante
Comunicar-se, na forma oral e escrita, com clareza e objetividade.	Nem um pouco importante 1 2 3 4 5 6 Extremamente importante

Fonte: Carbone et al., 2009, p. 63.

De acordo com Carbone et al. (2009), antes de aplicar o questionário, é importante realizar uma avaliação semântica. Caso as frases não estejam claras ou contenham ambiguidades, toda a aplicação do questionário pode ser perdida. Para fazer a validação semântica, é preciso entrevistar pessoas com diferentes características (gênero, idade, nível de escolaridade, cargo exercido etc.) com o intuito de identificar e corrigir eventuais falhas, garantindo que as descrições de cada item sejam verdadeiramente compreendidas. Ainda segundo os autores, para se descrever adequadamente as competências, alguns cuidados devem ser tomados e algumas sugestões devem ser seguidas, conforme apontado no Quadro 2.5.

Quadro 2.5 – Sugestões e cuidados na descrição de competências

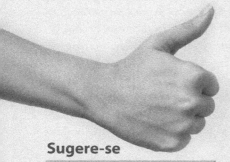

Sugere-se

- utilizar verbos que expressem uma ação concreta, ou seja, que representem comportamentos passíveis de observação no ambiente de trabalho, como *analisar, organizar, selecionar, comunicar, avaliar, estabelecer, elaborar, desenvolver* e *formular*;

- submeter as descrições das competências à crítica de pessoas-chave da organização, visando identificar inconsistências e inadequações;

- realizar validação semântica das competências descritas, visando garantir que todos os funcionários compreendam da mesma forma o comportamento descrito.

Evitar

- construções muito longas e com múltiplas ideias, que dificultem a compreensão das pessoas, como "desenvolve, sugere e implementa soluções que atendam às necessidades da organização, assumindo riscos, conciliando interesses e responsabilizando-se por compromissos assumidos, a fim de obter melhores resultados";

- ambiguidades, como "implementa modelos de gestão bem-sucedidos em outras organizações";

- irrelevância e obviedades, como "coordena reuniões que são marcadas";

- duplicidades, como "soluciona problemas de forma criativa e original";

- abstrações, como "pensa o ainda não pensado, sugerindo ideias que resolvam conflitos";

- a utilização de verbos que não expressem uma ação concreta, ou seja, que não representem comportamentos passíveis de observação no trabalho, como *saber, apreciar, acreditar, entender, pensar, conhecer* e *internalizar*.

Fonte: Adaptado de Carbone et al., 2009, p. 57-58.

Além da descrição das competências necessárias, para que a organização seja bem-sucedida de acordo com o que almeja em suas estratégias, é preciso mapear as competências individuais. Os mesmos exemplos, cuidados e procedimentos citados podem ser seguidos na análise da dimensão profissional.

Feito o mapeamento, é necessário avaliar quais são as competências que a organização já apresenta. Isso é feito por meio da certificação de competências, processo que analisaremos no próximo capítulo. Antes disso, vamos verificar como essas práticas estão integradas em um modelo de gestão por competências.

Síntese

Apresentamos, neste capítulo, as competências individuais, de que forma elas variam em relação ao grau de complexidade do trabalho e como precisam estar em conformidade com as competências organizacionais. Isso porque novos conceitos na área da administração e pressões sobre o trabalho oportunizaram às empresas um cuidado em relação à competência individual. Além disso, verificamos que as competências humanas podem ser classificadas como *técnicas* ou *gerenciais* e que tanto as competências individuais quanto as organizacionais são relevantes para as organizações. Afirmamos também que é preciso alinhar os objetivos estratégicos – os quais estão relacionados ao desempenho e à competitividade da organização – com as competências profissionais e que a organização deve levantar informações, por meio de um mapeamento de competências, para verificar quais competências organizacionais e individuais já apresenta e quais precisa desenvolver.

Para saber mais

Para saber mais sobre o tema deste capítulo, leia o livro de Fernandes (2013). Nessa obra, o autor ressalta, com propriedade, como as competências individuais devem estar entrelaçadas com as competências organizacionais para que a organização alcance resultados positivos de desempenho. Além disso, o autor conta como implementar as práticas de gestão de pessoas utilizando o conceito de *competências*.

FERNANDES, B. R. **Gestão estratégia de pessoas com foco em competências**. Rio de Janeiro: Elsevier, 2013.

Questões para revisão

1. Os eventos fazem com que as organizações se ajustem ao novo ou a crises. Quais foram as principais mudanças que ocorreram no mundo do trabalho que levaram ao surgimento do modelo de competências?
   a) Ocorrência de anomalias e desenvolvimento da noção de serviços para atender apenas clientes externos.
   b) Ocorrência de eventos e desenvolvimento da noção de serviços para atender apenas clientes internos.
   c) Ocorrência de eventos e desenvolvimento da noção de serviços para atender clientes internos e externos.
   d) Ausência de eventos e comunicação como uma necessidade para haver concordância sobre os objetivos organizacionais.

2. Segundo Fernandes (2006), quanto maior o nível de complexidade da tarefa, maior o nível de abstração requerido. Pode-se supor que organizações que sejam inovadoras, que atuem em um setor de conhecimento intensivo ou em setores de alta tecnologia, demandem indivíduos com:
   a) maior grau de qualificação e competências com maior grau de complexidade.
   b) maior grau de qualificação e competências com menor grau de complexidade.
   c) menor grau de qualificação e competências com maior grau de complexidade.
   d) menor grau de qualificação e competências com menor grau de complexidade.

3. Considere a alternativa que complementa a afirmação:
   O mapeamento de competências é realizado para identificar a lacuna (*gap*) entre as competências (organizacionais e individuais) existentes na organização e as:
   a) competências desejadas pelos clientes.
   b) competências desejadas pela organização.
   c) competências desejadas pelos fornecedores.
   d) competências desejadas pelos concorrentes.

4. Segundo Carbone et al. (2009), para garantir que as descrições dos comportamentos sejam compreendidas de fato, é necessário fazer a validação semântica por meio de entrevistas com pessoas que tenham diferentes características e identificar e corrigir falhas que possam ter ocorrido. Conforme a sugestão do autor, essa recomendação se refere à aplicação de:
   a) entrevista.
   b) conceito.
   c) validação.
   d) questionário.

5. Depois de realizado o mapeamento, é necessário avaliar quais são as competências que a organização já apresenta.
   Considere a alternativa que representa esse procedimento:
   a) Teste de competências.
   b) Gestão de competências.
   c) Certificação de competências.
   d) Seleção de competências.

Questões para reflexão

1. Por que, nas últimas décadas, as organizações têm valorizado mais o conhecimento do que os equipamentos?

2. Como são constituídas as competências organizacionais? Explique.

3. Considerando uma organização por meio de uma visão sistêmica, como deve se dar a interação entre as competências individuais e organizacionais?

4. Como a organização pode criar novas competências e manter ou potencializar as já existentes?

5. Reflita sobre as sugestões e cuidados que devem ser tomados na descrição de competências.

3 Gestão por competências e certificação de competências

Conteúdos do capítulo
- O modelo de gestão por competências.
- Avaliação e certificação de competências.
- Avaliação de competências organizacionais.
- Avaliação de competências individuais e profissionais.
- O *balanced scorecard* (BSC) como sistema de avaliação de desempenho.

Após o estudo deste capítulo, você será capaz de:
- entender a relevância e a aplicação do modelo de gestão por competências diante das estratégias e competências organizacionais;
- compreender a relevância da avaliação e da certificação de competências organizacionais e individuais para o mapeamento de competências e para a gestão por competências;
- analisar como as competências organizacionais podem ser avaliadas;
- entender como as competências individuais podem ser avaliadas na organização;
- acompanhar e aplicar o *balanced scorecard* (BSC) como sistema de avaliação de desempenho no que se refere à concepção de gestão por competências.

A gestão por competências pressupõe um alinhamento entre a estratégia organizacional, o desempenho e as competências organizacionais e individuais. Para concluir o mapeamento de competências, é preciso, além de identificar as competências organizacionais e individuais necessárias para que a organização atinja seus objetivos, avaliar as competências organizacionais e individuais já existentes. Para que isso seja possível, podemos contar com sistemas de avaliação como a avaliação 360° e o *balanced scorecard* (BSC).

O BSC é um sistema completo e sistêmico que considera várias dimensões de desempenho – financeiro, de clientes, de processos internos e de aprendizagem e crescimento – em função da visão e da estratégia organizacional. A partir da avaliação de competências, é possível analisar de que forma a gestão de pessoas pode contribuir para a gestão por competências.

3.1 O modelo de gestão por competências

As mudanças que ocorrem nos sistemas econômicos e sociais afetam a forma de atuação das organizações e, por conseguinte, seus modelos de gestão e a maneira como se relacionam com os trabalhadores. Segundo Sarsur (2007), entender o contexto contemporâneo é fundamental para entender o porquê da crescente adoção do sistema de gestão por competências nas organizações. A autora ressalta que foram três importantes mudanças que propiciaram essa adoção:

1. As mudanças no mercado, advindas da globalização e das mutações no trabalho, as quais envolvem a precarização do emprego e o aumento da informalidade nas relações de trabalho.
2. O impacto das mudanças sobre os trabalhadores, que precisam se adequar às crescentes exigências do mercado e acabam por perder sua identidade.
3. O processo de individualização, com a perda de representação das entidades sindicais.

Vimos, por meio das concepções de Zarifian (2001), que o contexto do trabalho mudou e que os antigos testes de inteligência foram substituídos por outros modos de trabalho, cuja abordagem leva em conta as competências, voltadas aos conhecimentos, às habilidades e às atitudes. O modelo de gestão por competências (GC) surge no âmbito da gestão de recursos humanos (RH) para abarcar as mudanças no mundo do trabalho.

Desse modo, para as organizações, o surgimento do conceito de *competências* enseja novas práticas de RH: recrutamento e seleção, planejamento de treinamentos, elaboração de planos de cargos e salários, planejamento de mobilidade funcional, avaliação, entre outras. Em suma, a atividade principal do setor de RH, com essa perspectiva, passou a ser o gerenciamento de competências, uma vez que elas geram um desempenho profissional.

Quando tratamos de competências individuais, verificamos que sua origem está nos trabalhos de McClelland (1973). Foi ele quem estabeleceu as primeiras relações entre as práticas de RH e as competências, quando propôs usar o *teste de competências* no lugar dos testes de inteligência (QI), alegando que este último não era adequado para prever o sucesso na profissão. Posteriormente, o autor associou-se a uma empresa de consultoria para estudar as competências de administradores bem-sucedidos. Dessa experiência, surgiram inventários sobre competências que poderiam ser utilizados para práticas de recrutamento, seleção e treinamento.

Posteriormente a essa experiência de McClelland, McLagan (1980, citado por Fernandes, 2004), sugere que o conceito de *competências* faça parte do sistema de gestão de pessoas, o que inclui as práticas de seleção, avaliação, plano de desenvolvimento individual, treinamento, sucessão e carreira.

A partir de então, o modelo de gestão por competências passou a ser refinado tanto na área de gestão de pessoas quanto na de estratégia, integrando a noção de competências individuais e organizacionais, cuja relevância já destacamos anteriormente. Assim, a gestão de pessoas é inserida na administração da organização para formar as competências. "A gestão de pessoas 'entrega' as competências que sustentam (ou sustentarão) o sucesso organizacional. Uma empresa será inovadora – terá a competência de inovação – se dispuser de pessoas inovadoras; e as pessoas serão inovadoras se o sistema de gestão as incentivar" (Fernandes, 2004, p. 36).

Segundo Fleury e Fleury (2004), articular as competências organizacionais e humanas envolve um percurso que se inicia com a definição da estratégia de negócio, passa pela identificação das competências essenciais e das funções da organização, para, então, terminar com o alinhamento destas com as competências individuais. Assim, o sistema de gestão por competências faz parte de um sistema global de gestão da organização e usa como referência a estratégia organizacional para recrutar, selecionar, treinar, gerir carreiras, entre outras atividades, com o intuito de atingir seus objetivos (Brandão; Guimarães, 2001).

Segundo Carbone et al. (2009), a gestão de pessoas por competências é um sistema que visa planejar, captar, desenvolver e avaliar as competências necessárias à consecução dos objetivos organizacionais nos seus diferentes níveis. Esse modelo de gestão de pessoas envolve vários processos – como o mapeamento, a avaliação e a certificação de competências, o treinamento por competências e a remuneração baseada em competências – e atividades de planejamento, acompanhamento e avaliação de competências, considerando todos os níveis hierárquicos da organização, com base na definição das competências essenciais à sua sobrevivência e ao seu crescimento (Brandão; Guimarães, 2001). A Figura 3.1 ilustra a relação entre a estratégia e as atividades relacionadas à gestão por competências.

Figura 3.1 – Processo de gestão de desempenho baseado nas competências

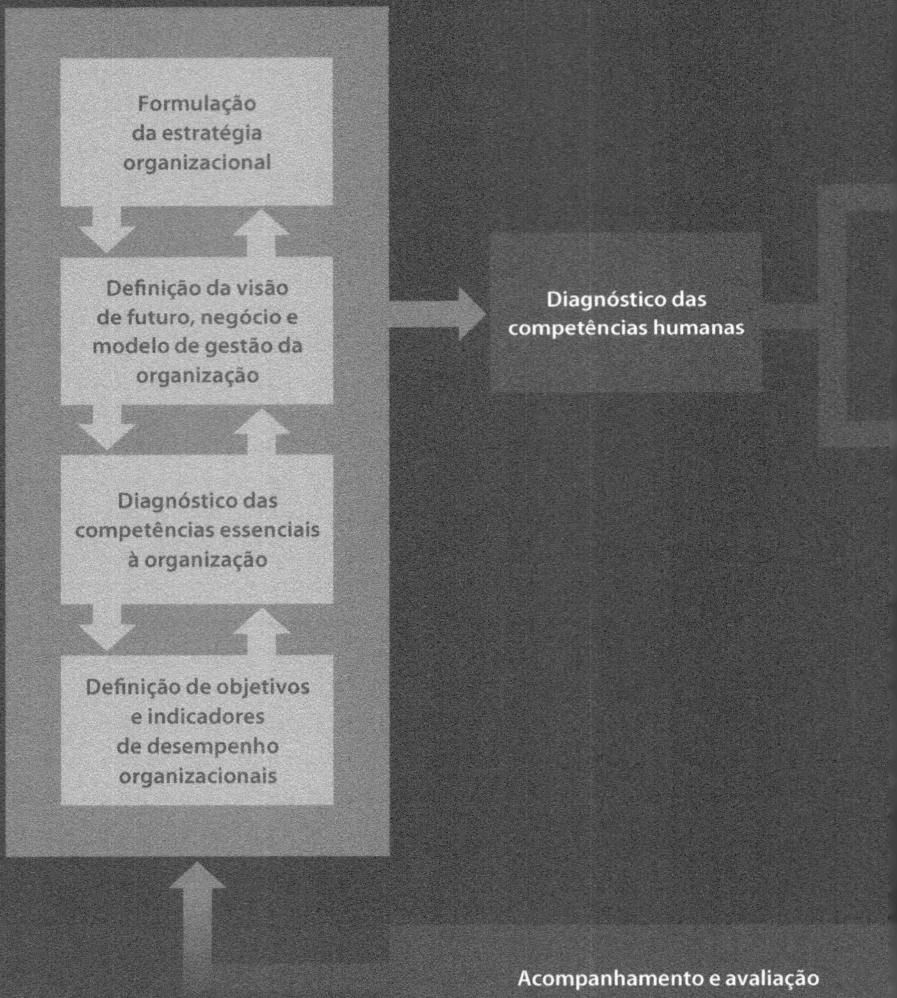

- Formulação da estratégia organizacional
- Definição da visão de futuro, negócio e modelo de gestão da organização
- Diagnóstico das competências essenciais à organização
- Definição de objetivos e indicadores de desempenho organizacionais

Diagnóstico das competências humanas

Acompanhamento e avaliação

GESTÃO POR COMPETÊNCIAS E CERTIFICAÇÃO DE COMPETÊNCIAS

- Identificação e desenvolvimento de competências internas
- Seleção e desenvolvimento de competências externas
- Formulação de planos operacionais de trabalho e de gestão
- Definição de indicadores de desempenho e de remuneração de equipes e indivíduos

Fonte: Adaptado de Guimarães et al., 2000, por Brandão; Guimarães, 2001, p. 14.

Esse processo de gestão pode ser visto de forma que se apresente a relação entre a formulação da estratégia organizacional e a gestão por competências, considerando o mapeamento, a captação, o desenvolvimento, o acompanhamento, a avaliação e, por fim, a retribuição, de modo inter-relacionado. Vejamos:

Figura 3.2 – Modelo de gestão por competências

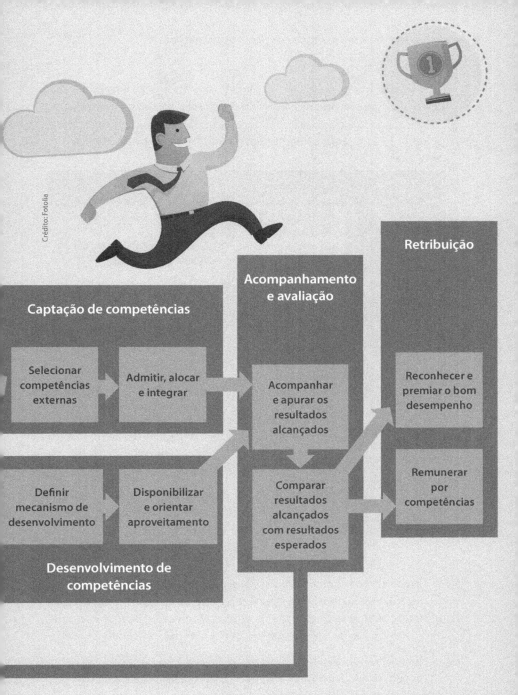

Fonte: Adaptado de Brandão, 2012, por Abrantes, 2012, p. 26.

A seguir, vamos observar um exemplo de articulação entre as competências organizacionais e individuais em relação a dada estratégia.

Quadro 3.1 – **Estratégia, competências organizacionais e competências individuais**

Estratégia	Competências organizacionais	Competências individuais
Volume de vendas **Excelência operacional** (bens de consumo, *commodities*)	• Custo • Qualidade • Processo produtivo • Distribuição • Monitoramento de mercado • Comercialização • Parcerias estratégicas	• Orientação para custos e qualidade • Gestão de recursos e prazos • Trabalho em equipe • Planejamento • Interação com sistemas • Multifuncionalidade • Relacionamento interpessoal
Foco na customização **Inovação em produtos** (produtos para clientes ou segmentos específicos)	• Inovação de produtos e processos • Qualidade • Monitoramento tecnológico • Imagem • Parcerias tecnológicas estratégicas	• Capacidade de inovação • Comunicação eficaz • Articulação interna e externa • Absorção e transferência de conhecimentos • Liderança e trabalho em equipe • Resolução de problemas • Utilização de dados e informações técnicas • Aprimoramento de processos/ produtos e participação em projetos

Fonte: Fernandes, 2004, p. 37.

De acordo com Leme (2005, p. 1), *gestão por competências* é "o processo de conduzir os colaboradores para atingirem as metas e os objetivos da organização através de suas competências técnicas e comportamentais". Dito de outra forma, sob a perspectiva das competências individuais,

> entendemos competências humanas como combinações sinérgicas de conhecimentos, habilidades e atitudes, expressas pelo desempenho profissional dentro de determinado contexto organizacional, que agregam

valor a pessoas e organizações (Carbone; Brandão; Leite, 2005). São reveladas quando as pessoas agem ante as situações profissionais com as quais se deparam (Zarifian, 2001) e servem como ligação entre as condutas individuais e a estratégia da organização. (Brandão et al., 2008, p. 877)

A partir dos anos 1990, o sistema de gestão por meio de competências foi adotado de maneira crescente pelas organizações no Brasil (Dutra et al., 2006). Apesar de haver a inserção e a difusão desse modelo de gestão, segundo esses mesmos autores, a prática ainda tem se concentrado na qualificação da pessoa em relação à posição ou ao cargo que ocupa na empresa, o que mostra que, no contexto nacional, a gestão por competências ainda está vinculada ao paradigma taylorista/fordista, o qual reflete uma relação menos dinâmica entre a organização e seus colaboradores.

Agora que já entendemos como surgiu a gestão por competências, como ela integra a dimensão organizacional e individual e a importância de conhecer as necessidades da organização por meio do mapeamento de competências, vamos avançar para a gestão de pessoas por competências, a qual envolve práticas de recursos humanos, como recrutamento, seleção, avaliação, treinamento e desenvolvimento, carreira e remuneração.

No capítulo anterior, verificamos que o mapeamento de competências consiste em identificar as competências organizacionais e individuais de que a organização necessita e aquelas que ela já apresenta, por meio de análise documental, entrevistas individuais ou coletivas, observação e aplicação de questionários (Brandão, 2012). Para identificar as competências necessárias à organização, vimos também que há técnicas específicas que podem ser aplicadas, da mesma forma que, para identificar as competências já existentes, é possível contar com outras técnicas. Somente conhecendo as competências necessárias e as já existentes é que se pode concluir o mapeamento e conhecer a lacuna que de fato existe na organização.

É preciso lembrar que a avaliação está relacionada ao desempenho e por isso é necessário levar em consideração, além do desempenho dos indivíduos que trabalham na organização, o desempenho dos concorrentes. Inicialmente, trataremos da avaliação das competências para, então, chegar à certificação das competências individuais e às práticas de recursos humanos.

3.2 Avaliação e certificação de competências

A certificação de competências é um processo de avaliação utilizado para reconhecê-las e atestá-las. Segundo Brandão e Guimarães (2001), consiste em comparar o resultado do desempenho com o que se espera de desempenho. Inicialmente, verificaremos como é possível avaliar as competências organizacionais existentes.

3.2.1 Avaliação das competências organizacionais

Podemos identificar e avaliar as competências organizacionais utilizando o modelo de Mills et al. (2002) – já citado no Capítulo 1 desta obra –, que compara o desempenho da organização com o dos concorrentes. A aplicação do Quadro 3.2 pode ser feita por meio de entrevistas com as pessoas que atuam na organização, além de questionários, observação e pesquisa documental. A avaliação pode ser conduzida por uma pessoa, ou equipe, da própria organização ou, ainda, por um consultor especializado.

Quadro 3.2 – **Competências em relação aos concorrentes**

Desempenho da empresa	Força ou fraqueza	Competência
Muito abaixo da média do setor	Fraqueza significativa	Muito baixa
Abaixo da média do setor	Fraqueza	Baixa
Na média do setor	Nem força nem fraqueza	Média
No mesmo nível que o melhor	Força	Alta
Liderança inquestionável	Força significativa	Muito alta

Fonte: Mills et al., 2002, p. 10.

Algumas questões podem acompanhar a aplicação do modelo, tais como:

- Em que áreas a organização deve ser absolutamente competente para obter sucesso?
- Quais são os fatores essenciais para que esse setor tenha sucesso? E para que essa organização tenha sucesso?
- Entre as organizações do setor, qual é superior? (Devem ser citadas uma ou duas).
- Foi necessário desenvolver novas competências ao longo do tempo ou as já existentes foram suficientes? Se sim, quais, quando, como?

A aplicação desse quadro deve ser feita individualmente e com pessoas que conheçam a organização. É preciso pedir a elas que pensem sobre quais são as principais competências da organização (as duas ou três mais importantes) e como as veem em relação aos concorrentes. Caso haja alguma dificuldade com a compreensão do termo *competências*, é possível substituí-lo por *fatores-chave de sucesso*, ou, ainda, explicar que se trata daquilo que a organização faz de melhor. É fundamental orientar o participante a responder às solicitações pensando em relação aos concorrentes, mesmo que a organização não seja melhor do que eles.

Após a obtenção dos resultados individuais, é necessário compará-los e verificar qual padrão permanece e quais as diferenças entre as respostas. Os padrões de convergência indicam consenso sobre o que a organização realmente pensa que faz. Os padrões de divergência mostram pontos de vista isolados, que devem levar a reflexões sobre o porquê de haver tais discordâncias – as quais não devem ser ignoradas, pois podem revelar pontos não visíveis a outros respondentes.

Nessa avaliação, é possível que alguns respondentes estejam avaliando a organização de maneira a minimizar seus pontos fortes, subestimando-a, ou, por vezes, o contrário, eles podem superestimá-la. Em geral, quanto mais conhecemos a organização, mais capazes nos tornamos de analisar esses resultados. Contudo, é necessário ter cuidado, pois nem sempre conhecer a organização há muito tempo é vantajoso, tendo em vista que o olhar pode estar tão viciado que somente uma pessoa nova na organização, ou um consultor externo, consegue perceber certos detalhes.

Depois de comparadas as avaliações dos respondentes, devem ser destacadas as respostas que obtiveram mais consenso. Esse resultado pode gerar uma avaliação realista, otimista ou pessimista. Para saber em qual situação a organização se encaixa, é preciso conhecer muito bem o setor em que ela atua e analisar o desempenho de seus concorrentes.

A análise da concorrência pode ser feita por meio da observação de informações divulgadas na mídia, por meio de conversas com representantes de associações e federações do setor e mediante a leitura de documentos públicos referentes a essas organizações, tanto em canais de divulgação técnicos como gerais – jornais comuns, jornais com foco econômico de abrangência local e nacional, revistas econômicas, revistas setoriais, revistas acadêmicas de administração e economia, demonstrativos contábeis públicos das empresas de capital aberto, jornais e relatórios de associações e federações, entre outros.

Por meio das informações sobre as organizações concorrentes, é possível analisar se o cenário avaliado está adequado ou precisa de ajuste. Se o resultado gerado pela avaliação for otimista, é aconselhável reduzir em um ou dois pontos sua pontuação; se for pessimista, aumentar em um ou dois pontos. Esse passo é importante porque, muitas vezes, os

Quadro 3.3 – **Levantamento das competências organizacionais e dos recursos constitutivos**

	Para cada competência listada no quadro abaixo, detalhe os recursos que a compõem: (um para cada competência):		
COMPETÊNCIA	RECURSOS TANGÍVEIS (prédios, plantas, equipamentos, empregados, posição geográfica, licenças, estrutura física)	CONHECIMENTOS, HABILIDADES E EXPERIÊNCIA	SISTEMAS E PROCEDIMENTOS (documentos, seleção, avaliação de desempenho, compras, ...)
A			
B			
C			

gestores não percebem mudanças no ambiente, o que pode atrasar seus redirecionamentos estratégicos. Digamos que uma das principais competências identificadas em determinada organização seja a de "distribuir os produtos em todos os estados do Brasil, até mesmo em pequenas cidades, de forma rápida e eficiente". Essa frase mostra que tal organização tem competência na área de logística (distribuição). Se o resultado geral avaliado pelos entrevistados, considerando os concorrentes, foi de que essa competência é "muito alta", mas a análise do setor revelou que há uma ou mais empresas com essa competência mais bem desenvolvida, é aconselhável ajustar a pontuação para "média" ou "alta", dependendo da disparidade.

De todo modo, é sempre importante lembrar que as competências são dinâmicas e podem mudar, tanto para melhor quanto para pior, ao longo do tempo – razão por que devem ser periodicamente reavaliadas. Reconhecê-las permite o planejamento de ações para modificá-las.

Depois de realizados esses ajustes e de se definirem as principais competências (normalmente duas ou três), é necessário passar para o próximo passo: usar a visão baseada em recursos (VBR) para identificar os recursos constitutivos de cada competência. O Quadro 3.3 pode ser utilizado para essa finalidade.

CULTURA E VALORES (memória, valores, crenças, comportamentos preferidos, ...)	REDES DE RELACIONAMENTOS (grupos de interesse, redes de fornecedores, clientes, autoridades legais, consultores etc.)	RECURSOS IMPORTANTES PARA A MUDANÇA (recursos valiosos que se tornaram ultrapassados e precisam ser mudados)

Fonte: Elaborado com base em Mills et al., 2002, por Takahashi, 2007.

As letras A, B e C correspondem às competências organizacionais identificadas. Para cada linha (competência), há seis colunas, conforme a tipologia de recursos utilizada (Mills et al., 2002). Novamente, é essencial pedir aos entrevistados que citem quais são os mais importantes recursos que compõem cada uma das competências. Por exemplo: "Para a competência A, quais são os recursos físicos mais importantes?", ou, ainda, "Quais são os recursos físicos mais importantes para o desenvolvimento da competência A?". O somatório de respostas nos levará a conhecer dois importantes resultados: (1) como é constituída cada competência; e (2) quais recursos são mais importantes para a organização de forma geral. De acordo com essas respostas, podemos perceber, por exemplo, se a organização é altamente dependente de recursos físicos, de recursos humanos e conhecimentos ou, ainda, do relacionamento que tem com seus *stakeholders*.

Para a realização dessa etapa, é possível, também, utilizar outras tipologias, como a de Grant (1991), que classifica os recursos em seis diferentes tipos: humanos, financeiros, físicos, organizacionais, reputacionais e tecnológicos. O importante é obter uma classificação que permita uma melhor compreensão das principais competências da organização.

Barney e Hesterly (1997) apresentaram, como exemplo da aplicação desses passos, o caso do supermercado americano Walmart. Com base em sua história e na análise do setor, verificou-se que essa empresa desenvolveu duas importantes competências. Uma delas é a de distribuir os produtos de forma rápida e adequada nas diversas unidades espalhadas pelo país. Essa competência tem foco na logística e tornou-se crucial para atingir a estratégia da organização, conforme podemos notar no relato de um fornecedor: "Todos, desde o condutor da empilhadeira até eu, o CEO, sabíamos que tínhamos de entregar pontualmente. Não dez minutos depois. Nem 45 minutos antes [...] A mensagem era clara: vocês têm essa janela de entrega de 30 segundos. Ou vocês estão lá ou estão fora." (Fishman, citado por Barney; Ketchen Junior; Wright, 2011). A outra competência identificada foi a de vender os produtos a preços baixos, por conta de acordos com fornecedores. A esse respeito, vejamos outro relato:

> Todos os entrevistados creditam ao Walmart uma integridade fundamental em seu modo de negociar, que é incomum no mundo de bens de

consumo, varejo e supermercados. O Walmart não trapaceia seus fornecedores, mantém a palavra e paga suas faturas pontualmente. "São pessoas duras, mas muito honestas; elas o tratam muito decentemente", diz Peter Campanella, ex-gerente da Corning. (Fishman, citado por Barney; Ketchen Junior; Wright, 2011)

Esse caso traz um ponto importante a ser considerado. Quando avaliamos as competências organizacionais e investigamos como elas foram desenvolvidas, estamos tentando conhecer as razões do seu sucesso, ou insucesso, e como a organização realiza suas atividades. Não estamos avaliando a ética de sua conduta e se os caminhos que percorreu foram corretos. Contudo, isso não significa dizer, em absoluto, que a retidão e a ética não são importantes para a administração. Pelo contrário, elas são, de fato, essenciais, se quisermos ter uma sociedade mais integrada e justa. De todo modo, a avaliação de competências é um exercício, e não um julgamento de valor, independentemente dos resultados encontrados. Se a organização, por exemplo, adquiriu recursos por meios ilegais, não podemos negar que esses recursos, de fato, acabaram por compor a competência que está sendo avaliada. Isso não significa, contudo, que concordamos com a utilização de meios ilegais.

Por fim, é importante lembrar que, embora o Quadro 3.3 permita a identificação dos recursos que compõem as competências, estas são desenvolvidas ao longo do tempo por meio da articulação e combinação de recursos e, portanto, podem sofrer alterações.

3.2.2 Avaliação das competências individuais na organização

As competências individuais podem ser atestadas por meio da certificação de competências, um processo de avaliação que reconhece se as pessoas estão de fato tendo o desempenho esperado, definido pela organização por meio de indicadores. As próprias organizações podem avaliar e certificar as competências por meio de testes e sistemas de avaliação de desempenho. Contudo, existem organizações que são especializadas nesse trabalho – como a National Skills Standards Board (NSSB), dos Estados Unidos; o Instituto Técnico de Capacitação e Produtividade (Intecap), da

Guatemala; o Instituto Salvadorenho de Formação Profissional (Insaforp), de El Salvador; o Centro Novas Oportunidades, de Portugal; além de algumas instituições de ensino que atuam como certificadoras da educação profissional.

A certificação de competências faz parte de um projeto da Organização Internacional do Trabalho (OIT) e refere-se ao aperfeiçoamento da certificação ocupacional, uma iniciativa que resultou do deslocamento do conceito de competências para a qualificação e o treinamento profissional.

A NSSB, por exemplo, é uma organização não governamental (ONG) americana que estabelece normas e padrões de certificação profissional com entidades representantes do mundo do trabalho, como associações de classe e sindicatos, e com educadores e profissionais da área de recursos humanos em 15 setores da economia norte-americana. Segundo Carbone et al. (2009), a maioria das organizações acaba por optar em fazer a avaliação e a certificação internamente, por meio dos mecanismos e instrumentos de gestão do desempenho profissional. Outro exemplo de ONG é a europeia Cedefop – European Centre for the Development of Vocational Training.

Entre os métodos contemporâneos de avaliação do desempenho profissional, os dois mais utilizados são a avaliação 360° e o *balanced scorecard* (BSC).

A avaliação 360°, ou avaliação por múltiplas fontes, consiste em obter uma avaliação (*feedback*) do desempenho de diferentes pessoas dentro da organização, partindo do pressuposto de que, assim, a avaliação será mais fidedigna. É um método que tem sido bastante difundido por minimizar distorções, permitir ampla participação e gerar subsídios para os gestores de pessoas – por exemplo, orientação e desenvolvimento profissional, identificação e alocação de talentos, remuneração e benefícios. Esse modelo de avaliação, segundo Carbone et al. (2009), pode ser utilizado de modo integrado a outros métodos. Outra forma de realizar a avaliação das competências existentes, segundo os autores, é por meio da autoavaliação, por meio da qual o próprio profissional indica a importância e o grau de domínio das competências referentes ao cargo e às atividades que desempenha.

Uma terceira forma de avaliar as competências individuais é por meio do *balanced scorecard* (BSC), ou "cartão de ponto balanceado", modelo desenvolvido por Kaplan e Norton (1997). O diferencial desse instrumento é que ele não considera somente o desempenho econômico e financeiro do indivíduo, mas também outras três dimensões: clientes, processos internos e aprendizagem e crescimento.

De acordo com Kaplan (2010), as raízes das medições financeiras e não financeiras estão nos trabalhos anteriores de Simon, Drucker e Anthony, porém, apesar das indicações prévias, a maioria das organizações utilizava, até os anos 1990, um sistema de gestão com informações quase exclusivamente financeiras, baseado fortemente em orçamentos e desempenho de curto prazo.

A seguir, vamos saber um pouco mais sobre o BSC, reconhecendo a abrangência dessa ferramenta na área da administração e as relações que estabelece entre a gestão por competências e os objetivos estratégicos.

3.2.3 O *balanced scorecard* (BSC) como sistema de avaliação de desempenho

Quando a indústria japonesa ganhou força e a indústria americana começou a perder mercado, um dos motivos verificados foi a obsessão desta com o resultado de curto prazo, quando então diversos autores começaram a destacar a relevância dos ativos intangíveis. A falta de adesão das organizações à ideia de inserir os valores dos ativos intangíveis em seus balanços contábeis ocorreu, em primeiro lugar, em função do fato de que esses valores são indiretos, uma vez que conhecimento e tecnologia raramente têm um impacto direto na receita e no lucro. Em segundo lugar, o valor dos ativos intangíveis depende do contexto e da estratégia organizacional, não podendo ser separado dos processos organizacionais que transformam intangíveis em resultados financeiros e em clientes ou da importância que investidores seniores terão para uma instituição financeira. Portanto, o valor criado por investir em ativos intangíveis individuais não é linear como um balanço contábil.

Um terceiro ponto é que ativos intangíveis raramente têm valor em si mesmos, uma vez que, para criar valor, devem ser associados a outros ativos. Uma nova estratégia de crescimento de vendas, por exemplo, pode exigir novos conhecimentos sobre os clientes, novas técnicas de vendas, sistemas de informação, entre outros aspectos. A falta de investimento em um deles pode levar a estratégia ao insucesso. Assim, o valor emerge da conjugação de todos os ativos, tangíveis e intangíveis.

Diante dessa constatação, diversos autores passaram a recomendar a incorporação dos ativos intangíveis à contabilidade empresarial. Para os economistas financeiros, contudo, esses argumentos eram considerados "blasfêmia" (Kaplan, 2010).

O BSC surgiu, então, como um sistema de gestão que reconhece a limitação de se administrar somente visando alcançar objetivos financeiros em períodos de curto prazo, quando a organização está buscando estratégias de longo prazo para melhorar a capacidade de relacionamento com clientes e fornecedores, bem como fomentar os processos de operação e inovação, os recursos humanos, os recursos de informação e o clima e a cultura organizacional.

Como a melhoria dos processos com base em investimentos em ativos intangíveis é algo incerto – ao se tratar da necessidade de se obter resultados financeiros e para clientes –, o BSC inclui métricas de resultado e sinaliza quando a estratégia de longo prazo parece ter alcançado as expectativas e os resultados desejados. Em suma, segundo Kaplan (2010), o BSC foi introduzido para preencher uma lacuna na teoria de gestão e avaliação, fornecer um componente que faltava e estabelecer uma ponte entre literaturas conflitantes que atuavam de forma isolada – entre elas, as literaturas de qualidade e de gestão enxuta, de economia financeira e a teoria de *stakeholders*.

Como uma das limitações dos modelos anteriores era justamente considerar somente o desempenho passado em relação à lucratividade e à rentabilidade, o BSC adiciona a perspectiva de geração de valor futuro. Seu principal benefício é equilibrar objetivos de curto e longo prazo, coletivos e individuais, e indicadores financeiros e não financeiros. Assim, o BSC procura avaliar resultados que vão além dos ativos tangíveis, envolvendo os intangíveis – como produtos e serviços de qualidade, funcionários competentes e motivados, processos eficientes e clientes satisfeitos (Brandão et al., 2008). Vejamos, na figura a seguir, as perspectivas do BSC.

GESTÃO POR COMPETÊNCIAS E CERTIFICAÇÃO DE COMPETÊNCIAS

Figura 3.3 – *Balanced scorecard*

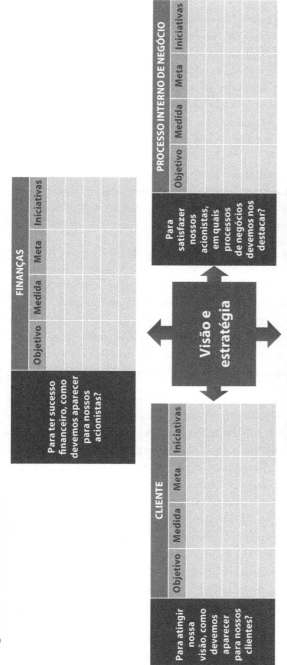

Fonte: Kaplan; Norton, 1996, p. 9.

O desempenho financeiro refere-se às métricas tradicionais da área de finanças, como retorno sobre investimentos internos e externos. A dimensão de clientes inclui medidas como participação de mercado, busca de novos clientes, força da marca, satisfação e lealdade do cliente, orientação de mercado, apesar das dificuldades de mensurar todas elas. Os processos internos de negócio envolvem a decisão de definir quais processos são críticos (incluindo os operacionais e os de inovação) e em qual deles a organização deve investir para se destacar e ter excelência perante os clientes e acionistas.

A quarta dimensão, que trata da aprendizagem e do conhecimento, envolve capacitação dos empregados e implementação de sistemas de informação, motivação e empoderamento (*empowerment*). Sua definição é um pouco vaga, sendo ela reconhecida por Kaplan (2010, p. 22) como o ponto fraco do modelo:

> Nós reconhecemos que a ligação mais fraca no mapa estratégico e *Balanced Scorecard* foi a perspectiva de aprendizagem e crescimento. Por muitos anos, como um executivo a descreveu, a perspectiva de aprendizagem e crescimento foi "o buraco negro do *Balanced Scorecard*". Enquanto empresas tinha medições genéricas para funcionários, tais como satisfação e moral do funcionário, *turnover*, absenteísmo e atrasos [...], ninguém tinha métricas que ligassem as capacidades de seus funcionários com a estratégia.

Em 2002 e 2003, Kaplan conduziu um projeto de pesquisa com profissionais da área de recursos humanos para explorar melhor essa dimensão. Desse projeto, surgiram os conceitos de *capital humano estratégico disponível* e de *emprego estratégico*, os quais, depois, foram relacionados ao capital informacional e ao capital organizacional. Posteriormente, o modelo foi expandido para organizações do setor público e ONGs.

Segundo o modelo apresentado, a visão e a estratégia da organização são a base para a definição dos quatro itens presentes em cada uma das dimensões apresentadas no quadro: objetivo, medida, meta e iniciativas. Todas as perspectivas e seus respectivos descritores estão inter-relacionados, como mostram as setas da ilustração. Para descrever, por exemplo, os objetivos financeiros, devem ser levados em conta os objetivos em relação aos clientes, os processos críticos que se pretende desenvolver e os processos de aprendizagem e crescimento. As relações estabelecidas internamente na organização devem, então, ser expressas em um mapa causal. Vejamos, na Figura 3.4, a estrutura de um mapa estratégico, proposta por Kaplan e Norton (1997).

Figura 3.4 – O mapa estratégico liga ativos intangíveis e processos críticos à proposição de valor e a resultados financeiros e de clientes

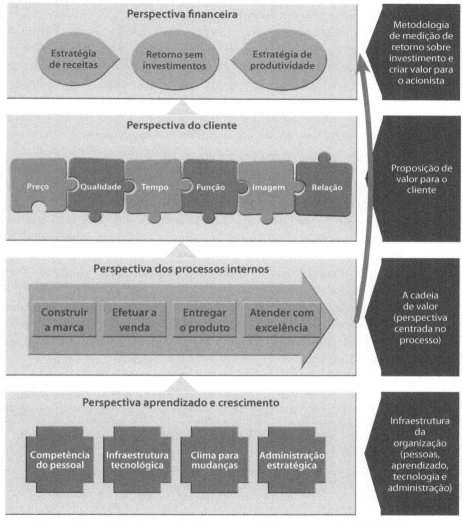

Fonte: Elaborado com base em Kaplan; Norton, 1997, por Fernandes, 2004, p. 61.

Dessa forma, todo projeto de BSC deve, primeiramente, construir um mapa com os objetivos estratégicos e apenas então selecionar as métricas para cada um deles. Fernandes (2004) destaca, no entanto, que cada organização deve analisar as dimensões que julga mais relevantes para, então, desenvolver seu próprio mapa estratégico.

Como pudemos observar, apesar de o BSC não ser um modelo inviável, está longe de ser simples. Ele é abrangente e relaciona os objetivos organizacionais e individuais. Nesse sentido, pode ser utilizado para se realizar a avaliação das competências dos profissionais, as quais devem estar alinhadas às competências organizacionais. Uma observação relevante é a de que a perspectiva de aprendizagem e crescimento sustenta as outras perspectivas. Não podemos esquecer que, conforme vimos anteriormente, a aprendizagem resulta no desenvolvimento de competências, assim como toda competência é a expressão da aprendizagem realizada pela organização. Desse modo, fica clara a relação entre o BSC, a gestão por competências e a aprendizagem organizacional.

Em 2001, Kaplan e Norton publicaram o livro *Organização orientada para a estratégia: como as empresas que adotam o balanced scorecard prosperam no novo ambiente de negócios*, no qual enfatizam as competências individuais sob a perspectiva de aprendizagem e crescimento. Nessa perspectiva, de acordo com Fernandes (2004), eles destacam três categorias: competências estratégicas (conhecimentos e habilidades), tecnologias estratégicas (sistemas de informação, banco de dados, redes e outras ferramentas) e clima para ação (mudanças culturais necessárias à motivação da força de trabalho).

Quadro 3.4 – **Categorias e indicadores para a perspectiva de aprendizado**

Categoria	Indicador	Explicação
Competências estratégicas	Habilidades	Índice de cobertura das habilidades estratégicas
	Compartilhamento de conhecimentos	Compartilhamento das melhores práticas
Tecnologias estratégicas	Infraestrutura	Cobertura da tecnologia estratégica
	Aplicações	

(continua)

(Quadro 3.4 – conclusão)

Categoria	Indicador	Explicação
Clima para ação	Conscientização	Compreensão da estratégia (%)
	Alinhamento	Metas alinhadas com o *balanced scorecard* (%)
	Preparação	Tempo médio na empresa (posições-chave)
	Motivação	Moral (satisfação) e programas de sugestões

Fonte: Adaptado de Kaplan; Norton, 2001, p. 106, por Fernandes, 2004, p. 75.

Vejamos outro exemplo de Kaplan e Norton (2001), fornecido por Fernandes (2004, p. 76), retirado da *Mobil North America Marketing and Refining* (Nobil NAM&R), em que foram definidos os seguintes objetivos para a perspectiva de aprendizado:

1. Competências e habilidades essenciais
    * Estimular e facilitar o desenvolvimento por nosso pessoal de conhecimentos mais amplos sobre as áreas de marketing e refino, de ponta a ponta.
    * Construir as habilidades de liderança necessárias à articulação da visão, à promoção do raciocínio integrado sobre o negócio e ao desenvolvimento do pessoal.
2. Acesso à informação estratégica
    * Desenvolver as informações estratégicas necessárias à execução das nossas estratégias.
3. Envolvimento organizacional
    * Possibilitar a consecução de nossa visão mediante a promoção do conhecimento da estratégia e a criação de um clima propício à motivação e à capacitação dos empregados para a concretização da visão.

Dos três objetivos definidos pela empresa, os dois primeiros não puderam ser implementados, porque não foram encontrados instrumentos de mensuração. Outros casos foram relatados por Kaplan e Norton (2001) e por autores posteriores, atestando a dificuldade de se mensurar a aprendizagem e o crescimento. Como veremos nos capítulos seguintes, realmente esses não são conceitos simples nem fáceis de serem medidos.

Síntese

Neste capítulo, verificamos que o modelo de gestão por competências (GC) surgiu em virtude da necessidade de adequação das práticas de recursos humanos às mudanças do mundo do trabalho. Esse modelo passou a ser utilizado tanto na área de gestão de pessoas quanto na de estratégia, integrando a noção de competências individuais e organizacionais. Vimos, também, que as competências organizacionais podem ser avaliadas por meio de um instrumento de análise que considera o desempenho dos concorrentes, e que as competências individuais podem ser mensuradas por meio da certificação de competências, que é um processo de avaliação que reconhece se as pessoas estão correspondendo ao desempenho esperado pela organização. Entre os métodos atuais de avaliação de desempenho profissional, os dois mais utilizados são a avaliação 360° e o BSC. O BSC surgiu para suprir a limitação de outros modelos – que consideravam apenas o desempenho passado em relação à lucratividade e à rentabilidade – e para acrescentar a perspectiva de geração de valor futuro. Ele permite avaliar o desempenho de funcionários com base em diversos resultados.

Para saber mais

O livro *Competências*, de Dutra, Fleury e Ruas, é uma coletânea de artigos em que se discorre sobre o tema das competências. A obra discute diferentes tópicos da gestão de pessoas, como a noção de competências no mundo do trabalho e as práticas modernas na gestão de pessoas. Além disso, fornece alguns estudos de casos em empresas e dois capítulos sobre o uso, na França, da noção de competências na gestão de recursos humanos.

DUTRA, J. S.; FLEURY, M. T.; RUAS, R. L. **Competências**: conceitos, métodos e experiências. São Paulo: Atlas, 2008.

Questões para revisão

1. "Entender o contexto contemporâneo é fundamental para entender o porquê da crescente adoção do sistema de gestão por competências nas organizações" (Sarsur, 2007). Selecione a alternativa que não influenciou essa adoção:
   a) Mudanças de mercado advindas da globalização.
   b) Aumento da informalidade nas relações de trabalho.
   c) Adequação às exigências internas.
   d) Processo de individualização com a perda de representação das entidades sindicais.

2. As relações entre práticas de recursos humanos e competências foram estabelecidas por meio da proposta do uso de um teste de competências no lugar dos testes de inteligência. Que autor propôs essa mudança?
   a) Porter.
   b) Teece.
   c) Kotler.
   d) McClelland.

3. A avaliação 360° consiste em uma avaliação do desempenho de diferentes pessoas da organização. Escolha a alternativa a seguir que está relacionada a esse método:
   a) Contribuir para minimizar distorções.
   b) Contribuir para aumentar distorções.
   c) Permitir pouca participação.
   d) Gerar despesas para os gestores.

4. O BSC surge como um sistema de gestão que reconhece a limitação de se administrar somente visando alcançar objetivos financeiros em períodos de curto prazo, quando a organização está buscando estratégias de longo prazo [...].
   Selecione a alternativa que não representa um dos benefícios do BSC:
   a) Equilibrar objetivos de curto e longo prazo.
   b) Equilibrar objetivos coletivos, individuais e indicadores financeiros e não financeiros.

c) Avaliar resultados apenas dos ativos tangíveis.
d) Avaliar produtos e serviços de qualidade.

5. Selecione a alternativa que se refere às quatro perspectivas do BSC:
   a) Finanças; cliente; processo externo de negócio; aprendizagem e crescimento.
   b) Finanças; cliente; processo interno de negócio; aprendizagem e crescimento.
   c) Tecnologia; cliente; processo externo de negócio; aprendizagem e crescimento.
   d) Tecnologia; cliente; processo interno de negócio; aprendizagem e crescimento.

Questões para reflexão

1. Qual necessidade motivou as organizações a abandonarem os antigos testes de inteligência e a adotarem uma gestão voltada para as competências?

2. Reflita e comente sobre as diferenças entre competências organizacionais e individuais.

3. Em que o método BSC difere dos outros métodos de desempenho já desenvolvidos?

4. Por que o mapa estratégico requer a ligação entre o BSC e as medições?

5. Reflita e comente sobre a relação entre BSC, gestão por competências e aprendizagem organizacional.

4 Gestão de pessoas por competências

Conteúdos do capítulo
- A gestão de pessoas no modelo de gestão por competências.
- Modelo de gestão de pessoas por competências de Dutra e práticas de recursos humanos.
- Gestão de pessoas por competências nas organizações públicas.

Após o estudo deste capítulo, você será capaz de:
- entender a relevância e a contribuição da gestão de pessoas para a gestão por competências;
- utilizar o modelo de gestão de pessoas por competências de Dutra para conduzir as práticas de recursos humanos, entendendo como elas se diferenciam do modelo tradicional de gestão por pessoas por cargos;
- sistematizar informações obtidas por meio da aplicação do modelo de gestão de pessoas por competências de Dutra considerando a complexidade e as carreiras;
- compreender que o modelo de gestão de pessoas por competências pode ser adaptado para a realidade das organizações públicas.

A gestão de pessoas contemporânea tem adotado técnicas novas para conduzir suas práticas de recrutamento e seleção, treinamento e desenvolvimento, avaliação de desempenho, carreira e sucessão, remuneração, entre outras. Quando alinhada à uma gestão organizacional por competências, a gestão de pessoas tem relevante papel para promover o desenvolvimento das competências organizacionais e individuais existentes ou necessárias à organização.

Para isso, é importante eleger um sistema que envolva as noções de complexidade e agregação de valor. Cabe aos gestores de pessoas utilizar ferramentas que gerem dados e, com base neles, sistematizar os resultados, tomando decisões e pensando em ações que levem em consideração os objetivos estratégicos e as competências organizacionais. Em relação às organizações públicas e não governamentais, podem ser necessários alguns ajustes no que se refere aos modelos existentes.

4.1 Integrando gestão por competências e gestão de pessoas

Já falamos sobre a gestão por competências e seu enfoque holístico e sistêmico, a relação que estabelece com a estratégia organizacional e com o mapeamento e a avaliação das competências organizacionais e individuais. Portanto, você já tem mais conhecimentos sobre as organizações a ponto de entender a lacuna (mapeamento) que pode haver entre as competências necessárias para se atingir os objetivos estratégicos e as competências existentes (avaliação). A partir dessa percepção, podemos aproximar o modelo de gestão por competências da gestão de pessoas e entender como suas práticas são fundamentais para a eficiência desse sistema. A Figura 4.1 mostra essa relação.

Figura 4.1 – **Alinhando a gestão de pessoas à estratégia organizacional**

Fonte: Carbone et al., 2009, p. 71.

No modelo apresentado na figura, podemos observar como o planejamento organizacional orienta o planejamento de gestão de pessoas, o qual está relacionado, de forma recíproca, com a avaliação de desempenho – que, por sua vez, norteia as práticas de gestão de pessoas, como educação corporativa, identificação e alocação de talentos, orientação de carreira, comunicação interna, remuneração e benefícios. Essas vinculações permitem o desenvolvimento de competências que alimentam novamente a estratégia organizacional e o diagnóstico de competências.

O mapeamento de competências é, portanto, fundamental e sinaliza o ponto de partida do processo de alinhamento com a gestão de pessoas. A relação entre as dimensões organizacional e individual é bem ilustrada por Le Boterf, citado por Carbone et al. (2009, p. 73), quando este afirma que "o desenvolvimento de competências humanas depende essencialmente de três fatores: do interesse da pessoa por aprender; de um ambiente de trabalho que incentive a aprendizagem; e do sistema de educação corporativa disponível ao indivíduo".

Quando a avaliação de uma competência individual indicar que ela não atende ao esperado e compromete a competência organizacional, é necessário que o subsistema *educação corporativa* providencie alguma ação de treinamento para promover a aprendizagem profissional. O segundo subsistema apresentado na Figura 4.1, chamado *identificação e alocação de talentos*, é responsável pelo recrutamento e seleção de profissionais que tenham como atender às demandas definidas no mapeamento das competências necessárias.

Da mesma forma, os resultados encontrados na avaliação de desempenho recomendam as decisões sobre a carreira e a orientação profissional, possibilitando que a gestão concilie as necessidades da organização, as oportunidades profissionais internas e as aspirações individuais. A política de *remuneração e benefícios* pode servir como um estímulo ao desenvolvimento e à entrega de competências individuais, pois a remuneração variável pode atender a expectativas de reconhecimento por parte dos funcionários.

O último subsistema, *comunicação interna*, pode também estimular o desenvolvimento dos indivíduos, atuando como canal de distribuição de informações sobre os objetivos e as metas organizacionais, sobre as competências e o desempenho desejados, sobre os benefícios existentes e as metodologias e ferramentas que existem para o compartilhamento de conhecimento (Carbone et al., 2009).

Como verificamos anteriormente, uma das dimensões das competências é a complexidade (Fernandes, 2006). Quanto maior o grau de abstração das atividades, mais complexo, naturalmente, será o resultado esperado. Contudo, é preciso cuidado ao se descrever o desempenho esperado de atividades complexas; é necessário que isso seja feito de uma forma clara e, principalmente, passível de ser analisada.

Dutra (2004) destaca que o desempenho esperado em relação a cada competência pode não ocorrer por dois motivos: (1) por falta de desenvolvimento da competência por parte do indivíduo; ou (2) pela sua não disponibilidade de entregar a competência. Uma pessoa pode ser competente em algo, mas não estar disposta a entregar sua competência para a organização por vários motivos, como questões salariais ou desmotivação. Por isso, é preciso realizar com cautela o mapeamento e a avaliação de desempenho por competências.

Vejamos, a seguir, um quadro que sintetiza conceitos, métodos e aplicações inerentes à gestão por competências e sua relação com a gestão de pessoas, segundo a visão de Carbone et al. (2009).

Quadro 4.1 – Síntese de conceitos, métodos e aplicações inerentes à gestão por competências

Nível da competência	Definição	Formas de mapeamento das competências desejadas pela organização
Competência organizacional	Atributos da organização que conferem vantagem competitiva a ela, geram valor distintivo percebido pelos clientes e são difíceis de ser imitados pela concorrência.	◆ Análise documental (interpretação do conteúdo da estratégia organizacional e de outros documentos relevantes). ◆ Utilização de métodos e técnicas de pesquisa social (sobretudo entrevistas individuais ou coletivas com dirigentes da organização e especialistas). ◆ Realização de *workshops* com a participação de dirigentes e especialistas.
Competência humana ou profissional	Combinações sinérgicas de conhecimentos, habilidades e atitudes, expressas pelo desempenho profissional em determinado contexto organizacional, que agregam valor a pessoas e organizações.	◆ Análise documental (interpretação das competências organizacionais desejadas e do conteúdo de planos tático-operacionais de trabalho e gestão). ◆ Utilização de métodos e técnicas de pesquisa social (sobretudo observação participante e não participante, entrevistas individuais ou coletivas com gestores e técnicos da organização e questionários estruturados).

Formas de mapeamento das competências existentes na organização	Aplicações do mapeamento de competências na gestão organizacional e de pessoas
• Avaliação do desempenho organizacional, sob diferentes perspectivas (resultado econômico-financeiro, qualidade dos processos internos, satisfação do cliente, inovação e aprendizagem, por exemplo).	• Diagnóstico organizacional. • Identificação de lacunas, ou *gaps*, de competências. • Subsídio à tomada de decisões quanto à realização de fusões, aquisições e alianças estratégicas. • Subsídio à tomada de decisões quanto a investimentos em capacitação, pesquisa e desenvolvimento.
• Avaliação do desempenho humano no trabalho, incluindo a realização de pesquisas de clima e de satisfação do cliente em relação ao trabalho realizado por funcionários. • Avaliação de potencial. • Certificações internas ou externas de conhecimentos e competências. • Aplicação de questionários de autoavaliação de competências e identificação de necessidades de aprendizagem. • Avaliação do capital humano, utilizando indicadores de renovação, de estabilidade e de eficiência da competência instalada.	• Orientação estratégica das ações de gestão de pessoas. • Diagnóstico setorial ou individual. • Identificação de lacunas, ou *gaps*, de competências. • Identificação de necessidades de aprendizagem. • Sistematização da capacitação profissional. • Formulação de objetivos instrucionais. • Orientação profissional e de carreira. • Subsídio a ações de alocação, recrutamento e seleção. • Reconhecimento, promoção e premiação. • Remuneração por competências. • Endomarketing para estimular o autodesenvolvimento. • Orientação aos sistemas de compartilhamento de competências.

Fonte: Carbone et al., 2009, p. 75-76.

Vimos, assim, que o modelo de gestão por competências visa estimular o desenvolvimento das competências dos indivíduos que atuam na organização e que a gestão de pessoas tem um papel relevante para que isso se cumpra. A seguir, observaremos um modelo de gestão de pessoas elaborado para organizar as práticas de recursos humanos de forma alinhada às competências organizacionais.

4.2 Modelo de gestão de pessoas por competências de Dutra e práticas de recursos humanos

O conceito de *competências* serve de base para o modelo de Dutra (2001), o qual se volta às práticas de recursos humanos, considerando as dimensões de complexidade, agregação de valor e espaço ocupacional. Com base nesses itens, o autor desenvolve a ideia de eixos de carreira e trajetória de desenvolvimento profissional. A ideia central de seu modelo é a de que, quando um profissional concentra sua carreira na mesma área, ele tende a se desenvolver mais rapidamente, visto que, caso mude de área, é preciso que assimile novos conhecimentos. Outra ideia presente em seu modelo é a de que, com o passar do tempo, o desenvolvimento profissional conduz o indivíduo a assumir atribuições mais complexas, as quais exigem mais especialidade, levando ao aumento do valor da competência que ele entrega à organização. Desse modo, como aponta Fernandes (2004), o desenvolvimento profissional proporciona competências mais complexas e valiosas, o que, consequentemente, propicia um aumento de remuneração. Na Figura 4.2, podemos ver os conceitos desse modelo de gestão de pessoas.

Figura 4.2 – **Conceitos do modelo de gestão de pessoas baseado em competências de Dutra**

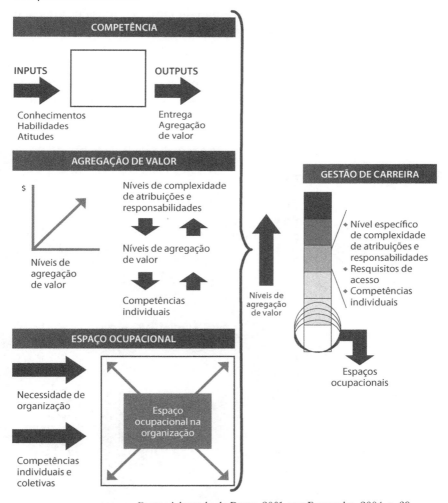

Fonte: Adaptado de Dutra, 2001, por Fernandes, 2004, p. 39.

A ascensão de uma pessoa a níveis mais altos e complexos está vinculada ao seu amadurecimento, pois exige dela capacidade mental, experiência, conhecimento, compreensão do mundo e resistência mental superior. Se houver uma boa relação entre o amadurecimento profissional e a oportunidade de ascensão, a tendência é de que ocorra bem-estar, fluência e efetividade na tomada de decisão. Contudo, se houver um desequilíbrio entre esses dois fatores, podem ocorrer sentimentos negativos, como ansiedade, medo, perplexidade, aborrecimento e frustração (Dutra; Hipólito; Silva, 2000). A Figura 4.3 ilustra essa relação.

Figura 4.3 – **Relação entre capacitação e complexidade do trabalho**

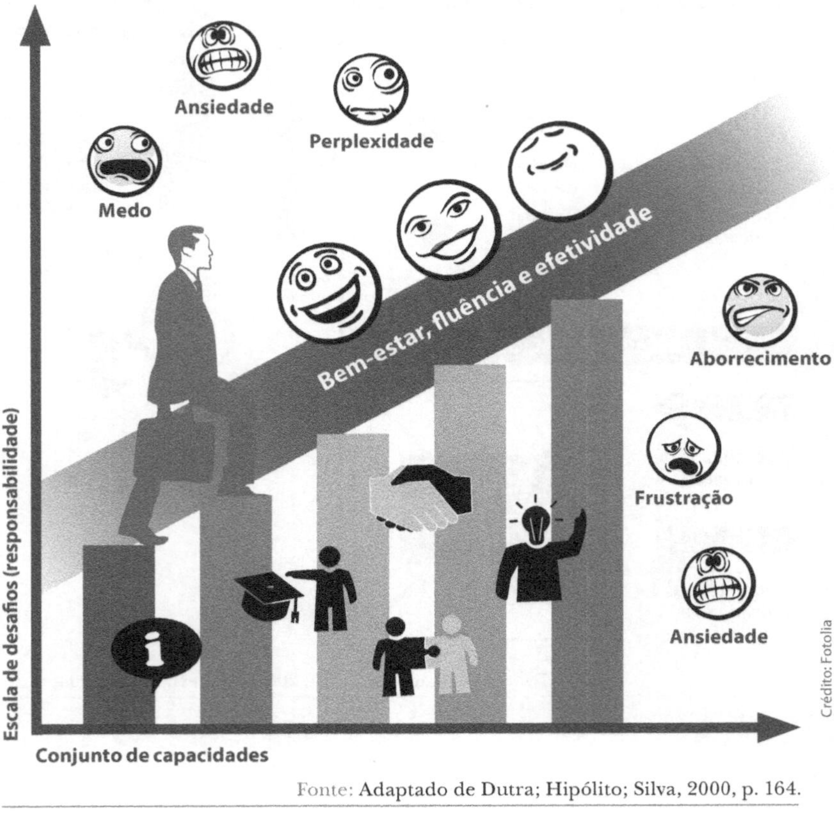

Fonte: Adaptado de Dutra; Hipólito; Silva, 2000, p. 164.

O nível de complexidade a ser alcançado tem sido significativamente alterado nas últimas décadas por conta de mudanças ocorridas no mundo do trabalho em decorrência, por exemplo, das revoluções informacional e comunicacional, dos efeitos da globalização e da diluição das fronteiras geográficas. O crescimento da atuação internacional de algumas empresas e do número de expatriados em diversos países tem demandado novas competências individuais no que diz respeito à inteligência cultural – são as chamadas *competências interculturais*, desenvolvidas pela aprendizagem intercultural (Leung; Ang; Tan, 2014; Gertsen; Søderberg, 2010, 2011). O exemplo que se segue nos auxilia a compreender melhor a relação entre eixos de carreira, competências e níveis de complexidade.

Exemplos de eixos de carreira, competências e níveis de complexidade

A título de exemplo, uma empresa industrial, processadora de insumos minerais, definiu os seguintes eixos de carreira:
- eixo suporte ao negócio: abrange posições voltadas ao apoio à gestão ou à sistematização de informação para a tomada de decisão gerencial. Inclui as atividades ligadas à administração, como RH, finanças, compras, jurídica, entre outras;
- eixo comercial: inclui posições voltadas à comercialização dos produtos e dos serviços da empresa;
- eixo manufatura: abrange posições voltadas à transformação dos insumos em produtos acabados, posições que lidam diretamente com a produção, como operação e manutenção de máquinas, áreas de engenharia, controle da qualidade, logística interna, entre outros;
- eixo gerencial: envolve posições que fazem gestão de pessoas.

A empresa definiu, também, as seguintes competências, comuns a todos os eixos:
- negociação: prepara-se para a negociação, levanta dados e informações necessárias, estuda e apresenta alternativas criativas que otimizam os benefícios para as partes envolvidas. Tem argumentação coerente. Está aberto a pontos de vista distintos dos seus;
- planejamento e gestão de tempo e de recursos: identifica os objetivos do trabalho e planeja ações, recursos necessários e o tempo para cumprir o serviço solicitado. Acompanha as atividades de sua área, de modo a assegurar sua consecução, e a avaliação das ações tomadas;

- orientação para resultados: atua com determinação e foco, superando as metas de forma consistente e com qualidade. Assume riscos calculados;
- orientação para clientes: atua orientando as necessidades do cliente tanto interno quanto externo à empresa. Atende solicitações, busca informações sobre as preferências e necessidades atuais e futuras, principalmente aquelas não percebidas, e desenvolve soluções para os clientes – sempre com rapidez e foco.

A empresa entendeu que, dentro de suas operações, seria possível distinguir 10 níveis de complexidade, assim descritos:

- nível 1: exerce trabalho repetitivo, padronizado, operacional/braçal, com abrangência local e foco em tarefas;
- nível 2: exerce trabalho que exige conhecimento técnico elementar, foco em atividades. Atua com base em instruções detalhadas e estruturadas;
- nível 3: exerce trabalho que exige conhecimento técnico. Coleta, sistematiza e organiza dados. Concebe e executa seu trabalho negociando com outros profissionais para obter informações básicas para seu trabalho;
- nível 4: orienta equipes operacionais, analisa e recomenda decisões referentes ao processo técnico em que atua, a partir de um conhecimento geral desse processo;
- nível 5: responde por processos, pode atuar em qualquer fase dos processos em nível técnico ou atua sob supervisão em aplicações que requerem conhecimento tecnológico (superior). Atua com autonomia em questões estruturadas de sua unidade e solicita orientação nessas questões quando julga necessário;
- nível 6: participa de decisões referentes a vários processos dentro de uma unidade. Tem conhecimento amplo dos processos da unidade, mesmo que responda por eles ou se afilie a um processo definido. Atua com autonomia em questões não estruturadas de sua unidade e solicita orientação quando julga necessário;
- nível 7: participa de decisões da unidade. Coordena projetos e equipes. Interage com outras unidades para execução de projetos, orientado pelos resultados finais esperados; conhece com profundidade todos os processos da unidade em que atua;
- nível 8: é modelo de conhecimento tecnológico no seu campo do saber, ou exerce trabalho gerencial de nível tático. Representa seus pares em projetos corporativos, seja em projetos em seu campo de atuação específico, seja em projetos organizacionais;

- nível 9: concebe, sugere e gerencia projetos que têm impacto na empresa como um todo. Influencia decisões estratégicas;
- nível 10: define em colegiado as estratégias organizacionais e responde pela manutenção da viabilidade da empresa a longo prazo.

Esses eixos de carreira podem ser representados graficamente, conforme mostra a Figura 4.4.

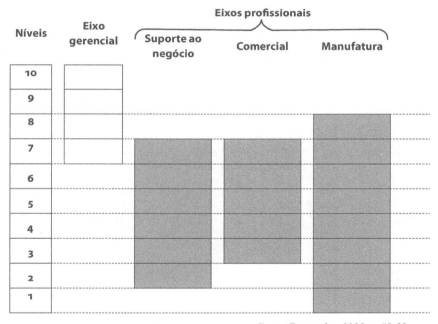

Figura 4.4 – Eixos de carreira e níveis de complexidade

Fonte: Fernandes, 2006, p. 58-60.

No modelo de Dutra (2001), a até então tradicional noção de cargos é substituída pela de competências. O nível da competência, que expressa o nível de desenvolvimento profissional, passa a ser a base para recrutamento, seleção, treinamento e desenvolvimento, carreira e remuneração. As competências gerais e específicas de cada carreira são divididas em níveis de complexidade, com suas respectivas atribuições e responsabilidades (*outputs*) e com os requisitos de acesso de cada nível de complexidade (*inputs*). Com base nessas definições, podemos verificar em qual nível se enquadra cada funcionário, considerando sua remuneração. Por meio desse modelo, é possível, também, verificar se o desempenho dos profissionais corresponde às responsabilidades e aos requisitos esperados, tanto em termos de superação como de defasagem (Fernandes, 2006).

Para elucidar a utilização do modelo de Dutra, Fernandes (2006) expõe o exemplo de determinado profissional (B) de uma divisão (X), que tem uma atividade manufatureira e recebe remuneração referente ao nível de complexidade 4, entre 7 níveis. As competências designadas

Quadro 4.2 – **Avaliações de atribuições e responsabilidades**

NÍVEL 4	
COMPETÊNCIAS	**ATRIBUIÇÕES E RESPONSABILIDADES**
Autodesenvolv./ Gestão Conhec.	Repassa assuntos pertinentes à sua unid./proc., visando à manutenção e reciclagem de conhecimentos, respondendo pela capacitação dos operadores de sua área, servindo como modelo de capacitação técnica.
Aprimor. Criativo de Proc. E Prod.	Aprimora de forma criativa os processos da área, prevendo as prováveis consequências de suas ações. É procurado para discutir e sugerir mudanças em processos ou propostas de inovação.
Cultura da Qualidade	Busca o aperfeiçoamento contínuo dos padrões de qualidade na operação da fábrica como um todo e aplica-os nos processos relativos à sua área.
Relac. Interpes./ Trab. Equipe	Articula-se com profissionais responsáveis por outras equipes de trabalho visando obter sinergia entre suas ações e passa orientações básicas para as pessoas das equipes em que participa.
Flexibilidade (Multifuncional.)	Assume diversos papéis dentro de sua área de atuação.
Inter. Sist. Inf./ Complex. Tarefas	Opera novos processos visando prever ou identificar causas para problemas.

Total = (0+2+4+3) = 9
Média = (9/6) = 1,5

para esse nível são seis, em termos de atribuições e responsabilidades, e espera-se que o profissional tenha certo *background* (requisitos de acesso) referente a conhecimentos, experiência e formação. O normal é esperar que ele corresponda ao que foi definido para sua função. Porém, é possível que não corresponda às expectativas, supere-as ou, ainda, opte por não querer responder (entrega). A apreciação do grau de atendimento desse profissional é feita por meio de uma avaliação formal, conforme mostram os dois quadros que se seguem (Fernandes 2006).

AVALIAÇÃO			
NA (0)	D (1)	A (2)	S (3)
X			
		X	
	X		
		X	
	X		
			X
0	2	4	3

Fonte: Adaptado de Dutra, 2001, por Fernandes, 2004, p. 42.

Conforme podemos observar no quadro, na primeira coluna são inseridas as competências, na segunda, as atribuições e responsabilidades e, na terceira, uma escala que vai de zero a três – o zero correspondente à informação "não atende", o número um correspondente a "em desenvolvimento", o dois a "atende" e o três a "supera". Na última linha, temos o somatório dos resultados por valor de escala. Os resultados são somados e divididos pelo seu total para se obter a média. O próximo quadro mostra a avaliação dos requisitos de acesso.

Quadro 4.3 – **Avaliação dos requisitos de acesso**

Eixo Produção

		NÍVEL 4			
		\multicolumn{4}{c}{AVALIAÇÃO}
\multicolumn{2}{c}{REQUISITOS DE ACESSO}	NA (0)	D (1)	A (2)	S (3)
Formação	◆ 2º grau completo ou Técnico em Química			X	
Experiência	◆ 2º grau: 3 anos ◆ Técnico em Química: 2 anos			X	
Conhecimento	◆ Operação em 5 setores		X		
\multicolumn{2}{r}{Total = (0+1+2+3) = 5 Média = (5/3) = 1,66}	0	1	4	0

Fonte: Adaptado de Dutra, 2001, por Fernandes, 2004, p. 42.

Nesse quadro, temos os requisitos de acesso divididos por formação, experiência e conhecimento. O mesmo processo matemático do quadro anterior é feito para a obtenção da média da avaliação. De posse dos resultados dos dois quadros, o próximo passo é inseri-los em um gráfico de coordenadas XY. Tal processo deve ser realizado com diferentes funcionários que tenham a mesma situação profissional. O resultado de cada um deles deve ser inserido no mesmo gráfico para que seja possível visualizar seus desempenhos de forma comparativa.

Figura 4.5 – Atribuições e requisitos de acesso de profissionais da Divisão X

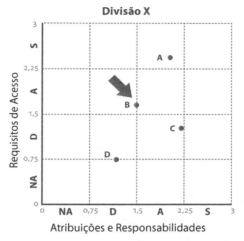

Fonte: Adaptado de Dutra, 2001, por Fernandes, 2004, p. 43.

Vejamos, na Figura 4.6, como ficaria o gráfico se ele fosse estendido a todas as pessoas que trabalham no nível 4 de complexidade, na mesma organização e com atividades correlatas. Na representação, cada cor significa uma divisão da empresa.

Figura 4.6 – Atribuições e requisitos de acesso – profissionais de nível 4

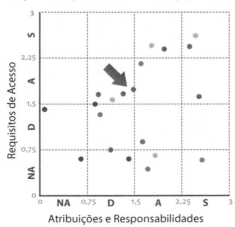

Fonte: Adaptado de Dutra, 2001, por Fernandes, 2004, p. 43.

Os resultados obtidos com esses instrumentos de avaliação são uma fonte de informação importante para a organização e devem ser utilizados como base para a definição de ações de gestão de pessoas para cada profissional avaliado. A Figura 4.7 mostra um exemplo de ações que podem ser realizadas de acordo com a escala de notas.

Figura 4.7 – **Ações sugeridas para cada quadrante**

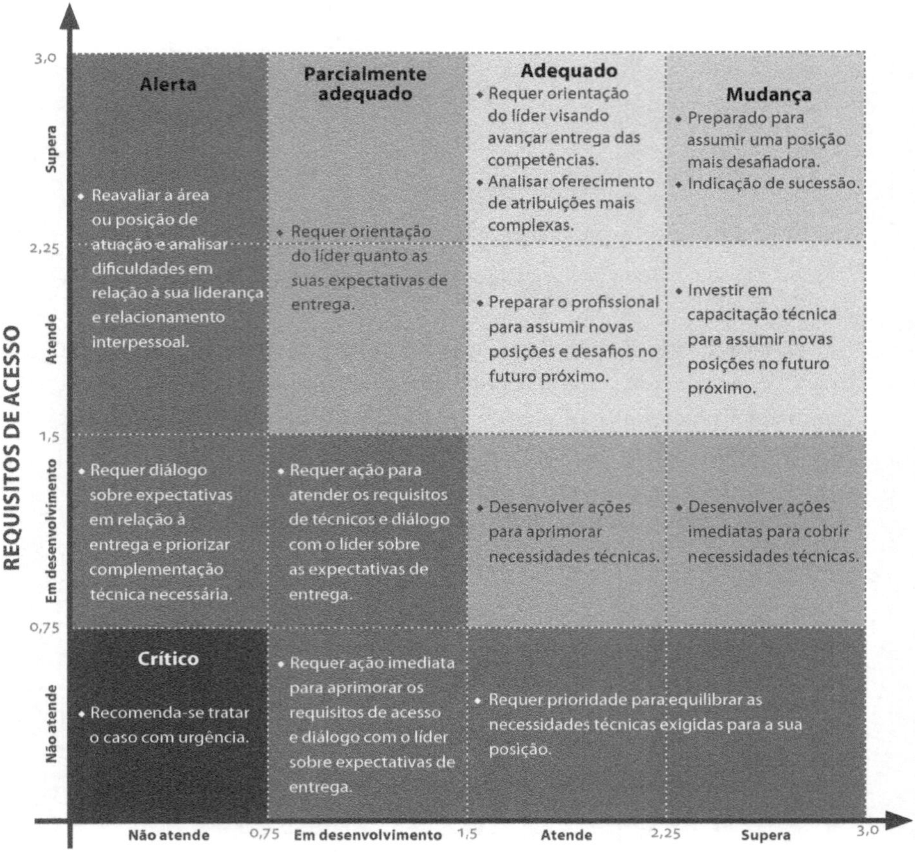

REQUISITOS DE ACESSO	Não atende	Em desenvolvimento	Atende	Supera
Supera (2,25–3,0)	**Alerta** • Reavaliar a área ou posição de atuação e analisar dificuldades em relação à sua liderança e relacionamento interpessoal.	**Parcialmente adequado** • Requer orientação do líder quanto as suas expectativas de entrega.	**Adequado** • Requer orientação do líder visando avançar entrega das competências. • Analisar oferecimento de atribuições mais complexas.	**Mudança** • Preparado para assumir uma posição mais desafiadora. • Indicação de sucessão.
Atende (1,5–2,25)			• Preparar o profissional para assumir novas posições e desafios no futuro próximo.	• Investir em capacitação técnica para assumir novas posições no futuro próximo.
Em desenvolvimento (0,75–1,5)	• Requer diálogo sobre expectativas em relação à entrega e priorizar complementação técnica necessária.	• Requer ação para atender os requisitos de técnicos e diálogo com o líder sobre as expectativas de entrega.	• Desenvolver ações para aprimorar necessidades técnicas.	• Desenvolver ações imediatas para cobrir necessidades técnicas.
Não atende (0–0,75)	**Crítico** • Recomenda-se tratar o caso com urgência.	• Requer ação imediata para aprimorar os requisitos de acesso e diálogo com o líder sobre expectativas de entrega.	• Requer prioridade para equilibrar as necessidades técnicas exigidas para a sua posição.	

Fonte: Adaptado de Dutra, 2001, por Fernandes, 2004, p. 44.

GESTÃO DE PESSOAS POR COMPETÊNCIAS

Na Figura 4.7, os eixos X e Y sobrepõem os resultados obtidos com a escala de avaliação que vai de zero a três. Cada cor corresponde a uma situação e estabelece ações a serem tomadas. As situações são: crítico, alerta, parcialmente adequado, adequado e mudança. Por exemplo, se um funcionário está em situação crítica, recomenda-se que ações sejam tomadas imediatamente, pois se trata de um caso de urgência. Nesse caso, as soluções podem envolver treinamento e desenvolvimento, realocação ou até mesmo demissão. Contudo, se um funcionário se encontra no outro extremo, no quadrante de mudança, é necessário refletir se ele não está sendo subestimado, pois pode ser alguém que tenha condições de assumir uma posição de maior complexidade e maiores desafios.

Independentemente de qual for a situação, é preciso lembrar, de acordo com Le Boterf (2003), que o desenvolvimento de competências humanas depende do interesse da pessoa por aprender; de um ambiente de trabalho que incentive a aprendizagem; e do sistema de educação corporativa disponível. Indivíduos superqualificados atuando em atividades de baixa complexidade e indivíduos subqualificados atuando em atividades de alta complexidade podem se sentir desmotivados e ineficientes. Vejamos um exemplo em relação aos quadrantes da figura apresentada.

O pianista e o "tocador de ouvido"

Algumas pessoas conseguem tocar algumas músicas ao piano decorando-as após muita prática, mesmo que não saibam ler uma partitura musical. Ainda assim, têm bom desempenho – conseguem entregar uma boa *performance*.

Outras pessoas têm boa *performance* ao piano porque, além de prática, conhecem teoria musical e possuem desenvoltura para ler e interpretar uma partitura.

Pois bem, o "músico de ouvido" corresponde às pessoas posicionadas no quadrante direito inferior: até entregam, mas sem conhecimentos, habilidades e atitudes (*inputs*) capazes de sustentar essa entrega num horizonte de tempo mais longo. Ou, posto de outra forma, se algum dia alguém colocar uma partitura à frente de nosso pianista prático e solicitar que toque, não obterá retorno. Já o nosso pianista "desenvolvido" (que na Figura 4.8 estaria representado nos quadrantes superiores à direita) não enfrentaria dificuldade em executar a obra.

A analogia nos aponta a diferença entre profissionais que, apesar de pouco "estofo", entregam, e profissionais com grande bagagem e que também entregam. Enquanto os primeiros não conseguem adaptar-se ao novo – uma nova tecnologia, um novo processo de trabalho – o segundo, por ser capaz de maior abstração, consegue responder aos novos desafios.

Crédito: designed by freepik.com

Fonte: Fernandes, 2006, p. 64.

Outra forma de apresentar os resultados da avaliação é por meio da distribuição de competências, que pode ser feita em relação a um funcionário, a uma carreira, a uma área ou à organização em geral, levando em conta o nível de agregação desejado, conforme mostra a próxima figura.

Figura 4.8 – **Pontuação para cada atribuição e responsabilidade – Divisão X**

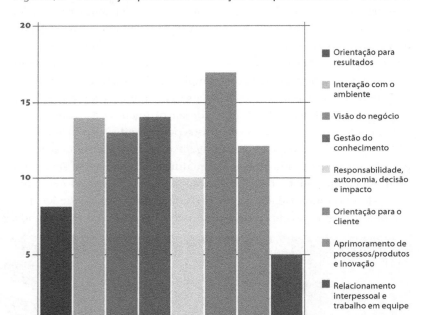

Fonte: Fernandes, 2004, p. 45.

Com base nos dados mostrados em um gráfico como o da figura, os gestores de pessoas podem elaborar e propor treinamentos visando melhorar as competências. No caso do gráfico anterior, pode-se visualizar que o relacionamento interpessoal e o trabalho em equipe são competências que estão defasadas e que precisariam de uma intervenção imediata dos gestores – por meio de um treinamento, por exemplo.

O modelo de Dutra pode ser utilizado manualmente ou com a ajuda de *softwares*. Seus resultados são relevantes para as práticas da área de recursos humanos, desde que estejam integrados com a gestão por competências e alinhados com os objetivos estratégicos da organização. Conforme aponta Fernandes (2006), trata-se de um modelo que avalia o grau de competência humana na organização e fornece bases para alinhar os recursos humanos à estratégia organizacional, tendo potencial, dessa forma, para contribuir com o desenvolvimento das competências organizacionais.

Vejamos, no Quadro 4.4, as características das práticas de recursos humanos, mais especificamente na gestão por competências.

Quadro 4.4 – Gestão de pessoas por competências

Processos	Características
Treinamento e desenvolvimento	Mecanismos de evolução das competências. Permite reconhecer e desenvolver os atributos de competência.
Recrutamento e seleção	Construção de uma equipe mais eficiente e eficaz. Permite a recomposição da equipe de forma mais eficiente.
Avaliação de desempenho	"Não existe evolução sem avaliação!". Garante os mecanismos de avaliação (*feedback*) imprescindíveis a um modelo de gestão como esse, no qual a intervenção é uma parte fundamental.
Carreira e sucessão	Motivação/Reconhecimento/Espaço ocupacional. Em vez de valorizar apenas o "tempo de casa" do funcionário, esse modelo leva em consideração a forma como a carreira do profissional é construída, segundo os aspectos que agregam valor à organização.
Segurança e saúde ocupacional	Com esse modelo, a empresa se torna mais apta a reconhecer e assumir suas responsabilidades junto a seus funcionários.
Relações trabalhistas	Esse modelo leva alguma desvantagem nesse quesito, diante do modelo tradicional, mais bem adaptado às leis trabalhistas vigentes.
Remuneração	Esse modelo permite associar a remuneração ao desempenho, premiando os profissionais mais competentes, e aqueles que evoluem no sentido de agregar valor à empresa.

Fonte: Amaral, 2008, p. 5.

4.3 Gestão de pessoas por competência nas organizações públicas

Diferentemente do contexto das organizações privadas, as primeiras iniciativas da gestão de pessoas por competência nas organizações públicas brasileiras ocorreram, segundo Amaral (2008), no período de 2000 a 2004. A autora relata uma pesquisa conduzida pela Escola Nacional de Administração Pública (Enap), em 2005, por meio da qual foram levantadas questões e desafios para o desenvolvimento de competências no setor público. Dessa pesquisa, participaram diversas organizações governamentais que utilizam esse modelo em um ou mais dos seus subsistemas de gestão de pessoas – entre as organizações governamentais pesquisadas, 18,75% seguem o modelo de gestão de pessoas por competências.

A pesquisa da Enap constatou que, entre as maiores dificuldades encontradas para a implantação do modelo de gestão de pessoas por competências, estavam a complexidade de se adotar o modelo na gestão pública (43,75%), seguida da legislação e da estrutura organizacional burocratizada e altamente hierarquizada e da falta de iniciativas federais. Outros desafios a essa implantação foram a necessidade do desenvolvimento de metodologias adequadas à identificação das competências organizacionais e o mapeamento das competências dos servidores. Esses desafios se referem tanto às atividades de recrutamento e seleção quanto à integração do modelo de competências aos processos de gestão de pessoas dessas organizações. O Quadro 4.5 mostra os resultados da pesquisa da Enap.

Quadro 4.5 – **Resultados do estudo Enap**

	Total de 16 organizações participaram do estudo	
Ações	75%	Estão estudando os conceitos e iniciando a estruturação da GPPC[1].
	25%	Terminaram o primeiro passo a caminho da GPPC, mapeamento das competências organizacionais e individuais.
	18,75%	Declaram que têm todos os principais processos da GPPC implantados e em desenvolvimento.

(continua)

(Quadro 4.5 – conclusão)

Total de 16 organizações participaram do estudo			
Obstáculos encontrados	43,75%	Das organizações apresentaram dificuldades em compatibilizar a tecnologia da GPPC com a gestão pública.
	37,5%	Tiveram dificuldades com o mapeamento.
	37,5%	Apontaram a presença de barreiras culturais.
	25%	Apontaram a falta de um modelo institucional.
	18,75%	Dificuldade com os profissionais de RH
	12,5%	Mão de obra terceirizada
	12,5%	Dispersão geográfica
	12,5%	Descontinuidade
	6,25%	Ceticismo por parte dos servidores
	6,25%	Orçamento
Marco inicial	12,5%	1999
	6,25%	2000
	18,75%	2002
	12,5%	2003
	12,5%	2004
	37,5%	Outros anos

Fonte: Amaral, 2008, p. 11.
Nota: [1] Gestão de pessoas baseada em competências.

Podemos perceber, ao analisar os dados do quadro, que as dificuldades encontradas por essas organizações vão desde aspectos mais gerais, como a gestão pública e os fatores culturais, até aspectos mais operacionais, como a avaliação das competências. De todo modo, é preciso levar em consideração que a administração pública tem suas especificidades e todo modelo de gestão deve ser pensado de maneira que se incluam tais particularidades. Segundo Amaral (2008), alguns conceitos da gestão de pessoas baseada no modelo por competências são incompatíveis com as organizações públicas devido ao engessamento causado pela burocracia e por um modelo tradicional de gestão, o qual não tem normalmente como características: espaço ocupacional (possibilidades de desempenhar tarefas com maior complexidade), carreiras sem fronteiras (sequência de experiências profissionais e pessoais diversas), flexibilidade (de cargo e organização), autodesenvolvimento (formação e desenvolvimento) e descentralização (de cargo e função).

Para a implantação desse modelo em organizações públicas, fazem-se necessárias carreiras estruturadas e uma área de recursos humanos bem definida. O principal desafio, segundo Amaral (2008), é o desenvolvimento de metodologias, técnicas e mecanismos apropriados ao contexto, às peculiaridades locais e à cultura organizacional. Trata-se de um problema que surge quando determinados modelos criados para o setor privado são implantados por organizações públicas. Se, por um lado, a administração pública, no contexto nacional, procura se renovar e, de fato, anseia por novos modelos e instrumentos de gestão, por outro, não pode adotar modelos que não atendam às suas especificidades.

Para implantar a gestão de pessoas por competências no âmbito das organizações públicas, Amaral (2008) sugere como proposta o mapeamento de competências – uma vez que este é, de fato, o início do processo.

Figura 4.9 – **Diferenças e semelhanças na aplicação do mapeamento de competências**

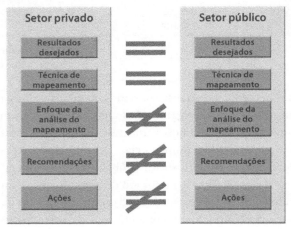

Fonte: Amaral, 2008, p. 14.

Em relação ao uso do modelo, o que muda, nas organizações públicas, é o enfoque de análise do mapeamento, as recomendações e as ações.

A técnica em si e os resultados desejados são os mesmos, uma vez que os gestores de recursos humanos precisam pensar estrategicamente tanto no setor público quanto no privado. O enfoque da análise do mapeamento é diferente por causa da estrutura organizacional, tendo em vista que as carreiras públicas tendem a durar 30 ou 40 anos e são regidas por legislação e regimentos internos. As recomendações divergem porque, na organização pública, é necessário pensar em como lidar com a estabilidade, que pode ser convertida em força. Segundo Amaral (2008), é possível usar a estabilidade como uma garantia para experimentar a evolução e habilitar a melhoria, pois, como não há risco de demissão, o profissional pode evoluir com menos temor. Porém, reconhece a autora, é preciso que o servidor tenha maturidade e autoconhecimento que permitam que se conscientize do valor da aprendizagem e do desenvolvimento contínuo. Novamente esbarramos na questão da entrega, da motivação e dos mecanismos institucionais que promovem oportunidade e valorização. Quanto às ações, há divergência entre os setores público e privado porque, no primeiro, elas devem estar pautadas na legislação pública referente à gestão de pessoas.

Embora diversas organizações, como Banco do Brasil (BB), Caixa Econômica Federal (CEF), Empresa Brasileira de Pesquisa Agropecuária (Embrapa) e Agência Nacional de Energia Elétrica (Aneel), já tenham adotado pressupostos da gestão por competências, algumas questões permanecem em aberto, como a remuneração variável, o concurso público baseado em competências, a relação com o desempenho e os cargos de confiança (Brandão; Bahry, 2005). De modo geral, as empresas desistem de seus programas de gestão e remuneração por competências em virtude das dificuldades de mensuração, de fornecer *feedbacks* e de manter o processo claro aos seus funcionários. É por isso que o planejamento e o monitoramento das atividades são fundamentais para as organizações que adotam esse sistema de gestão.

Um estudo realizado por King, Fowler e Zeithaml (2002) mostrou a relevância de se levar em conta, na gestão por competências, o papel dos gerentes intermediários, incluindo-os nas discussões sobre o tema, uma vez que são eles que atuam em uma posição mediadora e monitoram as competências da organização. A opinião dos gerentes pode ser obtida por meio de conversas formais e informais e com o uso de entrevistas, questionários, pesquisas, fóruns e grupos de discussão presencial ou *on-line*.

Síntese

Com o estudo deste capítulo, você pôde entender que o planejamento organizacional orienta o planejamento de gestão de pessoas e que está relacionado, de forma recíproca, com a avaliação de desempenho. Os resultados revelados na avaliação de desempenho delineiam as decisões sobre a carreira, a qual deve estar alinhada com as necessidades da organização. Apresentamos o modelo de Dutra (2001), base para práticas de recursos humanos é o conceito de competências. O autor desenvolve a ideia de eixos de carreira e trajetória de desenvolvimento profissional, levando em conta o pressuposto de que, quando um profissional se concentra em uma mesma área, tende a se desenvolver com mais rapidez; caso mude de área, o desenvolvimento pode ser mais lento, devido à necessidade de adquirir novos conhecimentos. Por fim, vimos que o modelo de gestão de pessoas por competência pode ser utilizado também em organizações públicas, desde que haja carreiras estruturadas e uma área de recursos humanos bem definida.

Para saber mais

Para aprofundar seu conhecimento sobre o tema deste capítulo, leia o livro de Bergamini (2012). A autora fala sobre a necessidade de as organizações contratarem pessoas competentes e sobre o fato de as competências individuais serem um diferencial competitivo. Além disso, estabelece relações entre competências e motivação, liderança e cultura. Além do livro, os filmes *A procura da felicidade* e *O Diabo veste Prada* são interessantes para complementar o capítulo, pois mostram como ocorre o desenvolvimento das competências individuais mediante situações extremas, já que os personagens retratados alinham suas competências às necessidades das organizações em que estão inseridos. É interessante observar também como as organizações mantêm os personagens sob avaliação por todo o tempo de trabalho e como focam nos resultados que alcançam.

BERGAMINI, C. W. **Competência**: a chave do desempenho. São Paulo: Atlas, 2012.

Questões para revisão

1. O conceito de competências, no modelo de Dutra (2001), engloba as dimensões de complexidade, agregação de valor e espaço ocupacional.
   Com base nesses elementos, o autor desenvolveu a ideia de eixos de carreira. Selecione a alternativa que explicita essa ideia:
   a) Quando um profissional concentra sua carreira na mesma área, tende a se desenvolver mais lentamente.
   b) Quando um profissional concentra sua carreira na mesma área, tende a se desenvolver mais rapidamente.
   c) Quando um profissional não concentra sua carreira na mesma área, tende a se desenvolver em várias áreas da mesma forma e rapidamente.
   d) Quando um profissional não concentra sua carreira na mesma área, ele tende a se desenvolver mais rapidamente.

2. Assinale a alternativa que complete a seguinte frase: "A ascensão de uma pessoa a níveis mais altos e complexos está vinculada ao seu amadurecimento, pois exige dela [...]":
   a) capacidade mental, experiência e conhecimento.
   b) investimentos em cursos no exterior.
   c) cumprimento nos prazos das atividades.
   d) cumprimento de horas extras.

3. O que faz o modelo de Dutra?
   a) Fornece bases para afastar os recursos humanos da estratégia organizacional.
   b) Fornece informações financeiras.
   c) Fornece informações logísticas.
   d) Avalia o grau de competência humana na organização.

4. O desenvolvimento das competências humanas depende essencialmente de três fatores. Quais são eles?
   a) Interesse da pessoa por aprender; ambiente de trabalho que incentive a aprendizagem; força de vendas.
   b) Interesse da pessoa por aprender; indivíduos motivados; sistema de educação corporativa disponível ao colaborador.

c) Interesse da organização no lucro; ambiente de trabalho que incentive a aprendizagem; sistema de educação corporativa disponível ao colaborador.

d) Interesse da pessoa por aprender; ambiente de trabalho que incentive a aprendizagem; sistema de educação corporativa disponível ao colaborador.

5. Segundo Amaral (2008), alguns conceitos de gestão de pessoas baseada no modelo por competências são incompatíveis com as organizações públicas.

Selecione a alternativa que contém os requisitos necessários para a implantação desse modelo em organizações públicas:

a) Área de recursos humanos inflexível e carreiras estruturadas.
b) Área de recursos humanos inflexível e ceticismo por parte dos servidores.
c) Área de recursos humanos bem definida e carreiras estruturadas.
d) Área de recursos humanos bem definida e ceticismo por parte dos servidores.

Questões para reflexão

1. Reflita sobre a relação entre capacitação e complexidade do trabalho.

2. Diferencie os métodos e a aplicações da competência organizacional e da competência humana ou profissional.

3. O que você compreende por trajetória de desenvolvimento profissional?

4. O que você entende por desenvolvimento de competências humanas?

5. Quais são as principais diferenças entre a aplicação da gestão de pessoas por competências nas organizações públicas e nas organizações privadas?

5 Aprendizagem organizacional

Conteúdos do capítulo
- A origem dos estudos de aprendizagem organizacional e a diferença entre eles e os estudos de organizações de aprendizagem.
- Conceitos e classificações da aprendizagem organizacional.
- As perspectivas da aprendizagem organizacional.
- A relação entre aprendizagem organizacional e cultura organizacional.

Após o estudo deste capítulo, você será capaz de:
- compreender como surgiram os estudos de aprendizagem organizacional;
- entender os conceitos de aprendizagem organizacional e as diferenças entre eles e os conceitos de organizações de aprendizagem;
- compreender que aprendizagem organizacional é um processo que ocorre ao longo do tempo;
- analisar as perspectivas cognitiva, comportamental e cultural, acerca das quais se pode estudar e verificar a aprendizagem organizacional;
- compreender a relação entre aprendizagem organizacional e cultura organizacional, entendendo que os valores organizacionais norteiam as decisões e ações tomadas na organização.

A aprendizagem organizacional compreende a noção de que há, na organização, uma relação mútua de influências entre ela e seus colaboradores. Contudo, o principal não é entender como a aprendizagem individual converte-se em aprendizagem organizacional, mas perceber que todos os níveis de aprendizagem estão presentes de forma dinâmica na organização e que a cultura, representada pelas crenças e valores organizacionais, tem um profundo impacto nesse processo, uma vez que guia decisões e ações. Portanto, aprendizagem organizacional envolve cognição, comportamento e cultura – aspectos que representam as perspectivas de aprendizagem.

5.1 Introdução à aprendizagem organizacional

Quando falamos em *aprendizagem organizacional*, a pergunta que vem à mente é se é possível que organizações aprendam. Sim, elas podem aprender. Evidentemente, essa é uma forma ilustrativa de se tratar o tema no âmbito organizacional. Sabemos que são os indivíduos que aprendem, mas, quando falamos que "organizações aprendem", queremos dizer que, dentro das organizações, ocorre um processo de aprendizagem.

Existe uma significativa diferença ao se tratar de aprendizagem individual e organizacional. As literaturas que apoiam esses estudos são diferentes, sendo a primeira suportada pelas áreas da educação e da psicologia e a segunda, pelas áreas da administração e da sociologia organizacional. Falar em aprendizagem organizacional requer falar sobre os processos de mudança e a respeito do fluxo de conhecimento nas organizações, tendo em vista que existem mecanismos de retenção de conhecimento – o que explica por que os conhecimentos e as rotinas são mantidos mesmo com a entrada e saída de indivíduos ao longo do tempo.

O conceito de *aprendizagem organizacional* é muito amplo e não há um consenso entre os autores da área. O que há é um consenso sobre alguns pontos importantes que o compõem, como a noção de mudança contínua. Embora, conforme aponta Antonello (2005), esse conceito seja fundamental para entender como as organizações funcionam e se modificam ao longo do tempo. Devido à sua amplitude, não existe, necessariamente, uma teoria ou modelo preponderante (Takahashi, 2007). Contudo, a principal ideia que perpassa todas as teorias é a de que a aprendizagem organizacional integra, de forma global, as esferas individual, grupal e organizacional.

Quando analisamos as organizações e seu funcionamento, podemos fazê-lo de diversas maneiras e por meio das mais variadas teorias da administração. A aprendizagem organizacional é uma das maneiras de entender como as organizações evoluem e têm sucesso, pois permite a compreensão da sua dinâmica. Em outras palavras, funciona como uma lente para analisar organizações (Prange, 2001).

Autores como Cyert e March (1963), Argyris e Schön (1978), Senge (1990), Nonaka e Takeuchi (1997) vêm discutindo os conceitos da aprendizagem organizacional e fornecendo consistência para serem utilizados tanto na análise organizacional quanto nas práticas gerenciais da organização.

Em suma, podemos dizer que o avanço dos estudos na área de aprendizagem organizacional, nas últimas décadas, permitiu que ela se constituísse em um forte mecanismo para se compreender a evolução das organizações, revelando-se, assim, um campo de estudo reconhecido nacional e internacionalmente (Easterby-Smith; Crossan; Nicolini, 2000). Mas é preciso que saibamos reconhecer quando a aprendizagem é, de fato, organizacional. Isso requer entender os meios pelos quais ela ocorre.

5.2 Os primeiros estudos sobre a aprendizagem organizacional

Cyert e March foram os primeiros autores a tratar da aprendizagem organizacional, em 1963. Em sua obra *Behavioral Theory of The Firm* (1963), eles afirmam que a "escolha organizacional é fortemente condicionada pelas regras dentro das quais ela ocorre. Essas regras, por sua vez, refletem o processo de aprendizagem organizacional pelo qual a firma adapta-se ao seu ambiente" (Cyert; March, 1963, p. 84, tradução nossa), enfatizando que as regras que orientam as decisões e as ações são oriundas de um processo de aprendizagem pelo qual a organização passa no decorrer do tempo, e que esse processo ocorre no dia a dia por meio de uma dinâmica para adaptar-se ao seu ambiente.

A contribuição dessa obra foi de tal dimensão que March foi homenageado por meio de uma conferência, a qual resultou na publicação de uma edição especial da revista *Organization Science* (1991), a qual reuniu as principais contribuições sobre o tema (Takahashi, 2007). Essa edição foi revisada e transformada em livro por Cohen e Sproull (1995). A partir dos anos 1970, as publicações sobre tal tema aumentaram lentamente, vindo a crescer significativamente somente a partir dos anos 1990, quando mais de 184 artigos foram escritos por 149 autores (Prange, 2001).

Atualmente, as publicações e pesquisas dedicadas ao estudo da aprendizagem são incontáveis. De todo modo, March e Olsen (1976), Argyris e Schön (1978) e Hedberg (1981) são alguns dos autores que permanecem como clássicos. Em geral, com esses estudos, a expressão *aprendizagem* passou a englobar noções como adaptação, padrões de processamento de informações, desenvolvimento de teorias organizacionais em uso e, para Shrivastava (1983), institucionalização da experiência.

Em 1990, Senge publicou a obra *A quinta disciplina*, que tem como principal intento discorrer sobre as práticas que conduzem a organização à aprendizagem organizacional por meio da melhoria do desempenho e da competitividade, do pensamento sistêmico, da melhoria da qualidade, da inovação gerencial, entre outros aspectos. Essa obra marcou a literatura da área, porque o autor revelou uma preocupação mais gerencial sobre o tema – seguido por Pedler et al., no Reino Unido, e por Field e Ford, na Austrália, que também privilegiaram os instrumentos para intervir em organizações de aprendizagem (Easterby-Smith; Araujo, 2001).

Segundo Easterby-Smith e Araujo (2001), as primeiras áreas da administração que pesquisaram a aprendizagem foram a psicologia/desenvolvimento organizacional, ciência gerencial, teoria organizacional, estratégia, gestão da produção e antropologia cultural. Considerando as obras publicadas até então, dois diferentes focos de estudo se consolidaram: o da aprendizagem organizacional – cujos autores têm a preocupação de entender como as organizações aprendem – e o das organizações de aprendizagem – cujos autores estão mais interessados em prescrever formas para as organizações aprenderem.

5.3 Aprendizagem organizacional e organizações de aprendizagem

A base do conhecimento sobre aprendizagem é a mesma nas correntes de estudos de aprendizagem organizacional e de organizações de aprendizagem. A diferença é que os estudiosos priorizaram preocupações diferentes. Enquanto um grupo procura entender o que é aprendizagem organizacional e como ela ocorre, o outro está mais preocupado em verificar como as organizações podem gerir esse processo.

Os autores da corrente de organizações de aprendizagem estão mais voltados para a ação. Eles buscam desenvolver modelos normativos e metodologias para a criação de mudanças, prescrevem intervenções baseadas em mensuração – como a curva de aprendizagem – e defendem que é possível definir processos normativos que levem a organização a uma capacidade acentuada de aprendizagem. A organização que aprende é aquela que tem habilidades para criar, adquirir e transferir conhecimentos, modificando seu comportamento de modo que reflita novos conhecimentos (Garvin, 2000; 2002).

Já os autores da aprendizagem organizacional estão focados em pesquisar como as informações são interpretadas e as respostas são elaboradas diante das mudanças ambientais; como as organizações mudam seu comportamento e sua ação e como conduzem mudanças incrementais e transformacionais; como as pessoas atribuem significado às suas experiências de trabalho. Nessa abordagem, a aprendizagem emerge das relações sociais, no ambiente natural de trabalho (Takahashi, 2007), e considera-se a cultura organizacional.

Todo processo de aprendizagem organizacional envolve, em maior ou menor escala, algum processo de mudança, uma vez que aprender implica desorganizar ou tentar organizar algo que está em desordem. Primeiramente, tentamos entender uma situação que se apresenta de alguma forma desarticulada ou, até mesmo, caótica. Aprendemos ressignificando e ordenando essa situação. Por causa do contraditório movimento de ordem e desordem inerente à aprendizagem organizacional – sabendo que *aprendizagem* implica em desordem e *organizacional* em ordem –, os autores Weick e Westley (1996) a chamam de *oxímoro*, uma figura de linguagem que reúne, em uma mesma expressão, palavras com sentidos contrários.

As correntes de aprendizagem organizacional e organizações de aprendizagem têm, portanto, perspectivas distintas e apresentam diferentes contribuições à área, conforme mostram Loiola e Bastos (2003) por meio do quadro que se segue.

Quadro 5.1 – **Aprendizagem organizacional *versus* organizações que aprendem**

	Aprendizagem organizacional	Organizações que aprendem
Principais teóricos	Pesquisadores acadêmicos	Consultores e pesquisadores orientados para a transformação organizacional
Base para construção teórica	Teorização com base na investigação empírica	Teorização com base em experiências práticas de sucesso
Foco de análise	Processo: como as organizações estão aprendendo	Atributo: o que as organizações devem fazer para aprender
Orientação da literatura	Descritiva, crítica e analítica	Prescritiva e normativa
Orientação normativa	Preocupada também em encontrar respostas acerca das possibilidades concretas de as organizações aprenderem	Apoiada na ausência de questionamento das possibilidades de as organizações aprenderem

Fonte: Loiola; Bastos, 2003, p. 182.

Tendo compreendido as contribuições de cada uma das duas perspectivas, vamos verificar, a seguir, outros conceitos e classificações de aprendizagem organizacional.

5.4 Conceitos e classificações de aprendizagem organizacional

Como os estudos sobre a aprendizagem organizacional foram desenvolvidos com base em campos diferentes, conforme já vimos – psicologia, educação, sociologia, entre outros –, foi difícil estabelecer um consenso entre os autores sobre seu conceito. Todavia, há consenso de que mudança e conhecimento organizacional são elementos que fazem parte desse conceito, bem como de que a aprendizagem organizacional é de suma importância para o desempenho estratégico (Fiol; Lyles, 1985). Uma questão amplamente debatida entre os diversos estudiosos é saber reconhecer quando a aprendizagem ocorre no nível organizacional, e não no individual ou de grupo (Prange, 2001).

A confusão conceitual sobre a aprendizagem organizacional começou na década de 1960, antes mesmo do desenvolvimento dos estudos de aprendizagem em administração, quando um autor chamado Simon afirmou que aprendizagem organizacional não consistia somente no desenvolvimento ou mudança no estado do conhecimento – o que nem sempre é perceptível –, mas em mudanças claramente visíveis por meio de ações (Takahashi, 2007). A partir dessa contribuição, estava semeada uma grande discussão na área: Afinal, aprendizagem traz resultados visíveis ou não? Aprendizagem implica necessariamente mudança no comportamento? Posteriormente, outros estudos surgiram, permitindo a incorporação de novas ideias ao conceito, como mostra o Quadro 5.2.

Quadro 5.2 – **Abordagem de aprendizagem organizacional por autor**

Autor	Aprendizagem organizacional
Argyris (1977)	Aprendizagem organizacional está relacionada ao processo de identificação e correção de erros. Essa visão foi ponto de controvérsia tanto pela sua ênfase nos erros quanto por assumir o indivíduo como agente-chave. Nonaka foi um dos autores a criticá-la, enquanto March e Olsen não negam a importância do indivíduo, mas acrescentam a importância de regras e procedimentos como veículo da aprendizagem organizacional (Antal et al., 2001).

(continua)

(Quadro 5.2 – conclusão)

Autor	Aprendizagem organizacional
Argyris e Schön (1978)	Apresentaram uma primeira classificação de aprendizagem organizacional em *single loop* e *double loop* (circuito simples e circuito duplo). A deuteroaprendizagem foi citada como o processo de aprender a aprender.
Hedberg (1981)	A aprendizagem na empresa é mais do que a simples soma das aprendizagens individuais, embora ela ocorra por meio de indivíduos. Para o autor, as organizações não têm cérebro, mas apresentam sistemas cognitivos e memórias.
Daft e Weick (1983)	Aprendizagem organizacional é definida como o processo pelo qual se desenvolve o conhecimento das relações ação-resultado entre a organização e o ambiente.
Kolb (1984)	Aprendizagem é o processo pelo qual o conhecimento é criado por meio da transformação da experiência.
Fiol e Lyles (1985)	Aprendizagem organizacional significa o processo de melhoria de ações por meio de melhor conhecimento e compreensão. Apresentaram a classificação de aprendizagem de nível inferior e nível superior.
Senge (1990)	Trata da aprendizagem por meio de cinco disciplinas: o domínio pessoal, que implica autoconhecimento, os modelos mentais, que se referem à reflexão em ação, o aprendizado em equipe, a visão comum e o raciocínio sistêmico.
Stata (1997)	Aprendizagem organizacional ocorre por meio do compartilhamento de ideias, conhecimentos e modelos mentais e se fundamenta no conhecimento e na experiência do passado – ou seja, na memória.
Huber (1991)	Aprendizagem organizacional composta de quatro diferentes processos: aquisição de conhecimento, distribuição de informação, interpretação de informação e memória organizacional.

Fonte: Takahashi, 2007, p. 47.

Nessas definições, podemos identificar a presença de expressões, citadas anteriormente, que representam pontos de convergência entre esses autores, como *conhecimento organizacional* e *mudança*. Fiol e Lyles, em 1985, apresentaram esses pontos de forma organizada, como veremos posteriormente.

Na década de 1980, surgiram trabalhos que revisavam as contribuições feitas até então e elencavam os pontos de consenso, sintetizando o avanço do conhecimento nesse campo de estudo. O primeiro deles foi feito por Shrivastava, em 1983, que analisou as pesquisas e sintetizou os aspectos que, até o momento, caracterizavam-nas. Segundo Takahashi (2007, p. 49), entre esses aspectos, Shrivastava (1983) constatou que a aprendizagem:

- é um processo organizacional, e não individual, influenciado por aspectos sociais, políticos e variáveis estruturais, o que envolve compartilhar conhecimentos, crenças ou pressupostos entre os indivíduos;
- está intimamente relacionada com a experiência que a organização apresenta;
- tem resultado partilhado de modo organizacional, consensualmente validado;
- envolve mudanças fundamentais na teoria em uso, ou esquemas de referência, bem como na reorientação da visão de mundo daqueles que tomam as decisões, tanto referentes às mudanças estruturais quanto às procedimentais;
- ocorre em diversos níveis, como individual, departamental, planta, corporação, setor;
- é institucionalizada na forma de sistemas de aprendizagem que incluem mecanismos formais e informais de partilhar informações gerenciais, planejamento e controle.

Uma relevante contribuição de Shrivastava (1983) foi destacar o papel da institucionalização do conhecimento, pois sistemas de aprendizagem são os mecanismos pelos quais a aprendizagem é perpetuada e institucionalizada em organizações. Foi a primeira vez que um autor falou desse importante processo. Organizações que criam conhecimentos e não os internalizam, também não os retêm, o que não é bom estrategicamente, visto que são facilmente perdidos. Rotinas, regras e manuais são exemplos de conhecimentos institucionalizados, convertidos em mecanismos estáveis da organização, e retidos, de alguma forma, pela memória organizacional.

Depois de Shrivastava, Fiol e Lyles, em 1985, identificaram as áreas de consenso e dissenso na literatura de aprendizagem organizacional. As autoras destacaram como pontos mais divergentes a heterogeneidade das referências utilizadas nos trabalhos publicados; os focos de análise utilizados com base em diferentes disciplinas; e o tipo de estrutura organizacional que favorece a aprendizagem organizacional. Quanto aos consensos, Fiol e Lyles (1985) identificaram três pontos: alinhamento ambiental, distinção entre níveis de aprendizagem e fatores contextuais.

O alinhamento ambiental tem sido reconhecido como uma questão importante para a sobrevivência, o crescimento, a inovação e a competitividade das organizações – quesitos que, para darem certo, precisam que a organização tenha potencial para aprender, desaprender e reaprender, com base em seu comportamento passado. A respeito dos níveis de aprendizagem, a maioria dos estudiosos concorda que a aprendizagem organizacional é diferente da aprendizagem individual e que a primeira não é a mera soma das diversas aprendizagens individuais. Já os fatores contextuais nos processos de aprendizagem são quatro – cultura, estratégia, estrutura e ambiente – e afetam a probabilidade de a aprendizagem ocorrer.

Os diversos autores que estudaram o tema da aprendizagem nas organizações até os dias de hoje concordam que os quatro fatores contextuais criam, possibilitam e reforçam o processo de aprendizagem, sendo, ao mesmo tempo, criados por esse processo.

Já falamos da cultura organizacional e sua relação com a aprendizagem, uma vez que há uma estreita relação entre os valores e as crenças e as estratégias existentes na organização. Mudanças profundas sempre envolvem a cultura organizacional, pois acabam por provocar uma reestruturação de normas e regras. A postura estratégica das organizações pode facilitar ou inibir os processos de aprendizagem, afetando sua capacidade de aprender e estabelecendo limites ao que ela absorve e utiliza de conhecimentos. De todo modo, o que os gestores reconhecem como relevante em termos de opção estratégica depende do que eles aprenderem por meio de sua experiência de gestão. A postura estratégica, portanto, pode criar espaço para a aprendizagem ou restringir novas experiências e mudanças.

A estrutura organizacional também afeta o processo de aprendizagem, uma vez que estruturas mais engessadas, hierarquizadas, podem inibir mudanças, enquanto estruturas mais orgânicas, horizontalizadas, podem facilitar a comunicação e o fluxo do conhecimento organizacional. O ambiente é outro fator que influencia a aprendizagem. Se ele for muito estável, pode promover pouco a aprendizagem; por outro lado, se for muito dinâmico, pode dificultar o monitoramento e as respostas às mudanças vigentes.

Em 2001, Prange estudou as pesquisas feitas entre os anos 1963 e 1993 e destacou aspectos relevantes sobre o sujeito da aprendizagem (quem aprende), conteúdo, momentos e resultados, os quais deveriam ser mais bem estudados. Uma das informações importantes apontada pela autora refere-se à aprendizagem pela experiência e à dependência de histórias. Prange constatou que, para além das pesquisas de Levitt e March, poucos estudos estavam considerando que as diferentes histórias e experiências levam a diferentes percursos de aprendizagem.

Segundo Takahashi (2007), Prange também constatou que muitos autores estavam negligenciando os processos de geração de conhecimento e os processos de transferência de aprendizagem individual para organizacional, assim como estavam deixando de relacionar processos com resultados, ou seja, de explorar qual tipo de aprendizagem leva a qual tipo de conhecimento – apesar de convergirem sobre o fato de que a aprendizagem conduz a algum tipo de conhecimento.

O Quadro 5.3 foi elaborado por Prange (2001) e mostra, cronologicamente, as definições propostas pelos autores, quem eles consideravam como sujeito de aprendizagem, o que era aprendido e como ocorria a aprendizagem. Em outras palavras, o quadro integra definição, sujeito, conteúdo e processo de aprendizagem dividido por autor e inclui as principais contribuições dos autores mais relevantes dos 30 anos analisados.

APRENDIZAGEM ORGANIZACIONAL

Quadro 5.3 – Desenvolvimento da teoria da aprendizagem organizacional (AO)

Autor/ano	Definição AO	Quem? (sujeito da AO)	O quê? (conteúdo da AO)	Como? (processos de AO)
Cyert e March (1963)	É o comportamento adaptativo das organizações ao longo do tempo	Nível agregado das organizações	Procedimentos operacionais, padrão e regras organizacionais	Adaptação de objetivos, atenção e regras de busca; pela experiência
Cangelosi e Dill (1965)	Série de interações entre a adaptação em nível individual, subgrupo e organizacional	Indivíduos e subgrupos em organizações	Decisões gerenciais complexas	Adaptação a padrões de comportamento conflitantes causados por estresse
Argyris e Schön (1978)	É o processo pelo qual os membros organizacionais detectam erros e os corrigem ao reestruturar a teoria em uso da organização	Aprendizagem individual em organizações	Teorias em uso ou teorias de ação organizacionais	Compartilhamento de suposições; pesquisa individual e coletiva constrói e modifica teorias em uso; processo obscuro
Ducan e Weiss (1979)	Processo na organização pelo qual as relações entre ação e resultados e o efeito do ambiente nessas relações é desenvolvido	Indivíduo é o único que pode aprender, é parte do sistema de aprendiz, onde há trocas entre eles sobre o aprendido	Base de conhecimento organizacional	Desenvolvimento de relações ação-resultado via: compartilhamento, avaliação e integração

(continua)

(Quadro 5.3 – conclusão)

Autor/ano	Definição AO	Quem? (sujeito da AO)	O quê? (conteúdo da AO)	Como? (processos de AO)
Fiol e Lyles (1985)	Aprendizagem organizacional significa o processo de aperfeiçoar ações por meio de melhor compreensão e conhecimento	Aprendizagem organizacional não é apenas a soma de aprendizagens individuais	Padrões de associações cognitivas e/ou novas respostas ou ações (mudança cognitiva x comportamental)	Aprendizagem de nível mais baixo como repetição do comportamento passado. Aprendizagem de nível mais alto como desenvolvimento de associações complexas
Levitt e March (1988)	As organizações são vistas como aprendendo pela codificação de inferências de sua história em comportamentos de rotina	Aprendizagem organizacional é mais do que aprendizagens individuais, ou seja, há um componente emergente	Rotinas (regras, procedimentos, quadros de referência, culturas, estruturas, paradigmas)	Aprendizagem pela experiência direta; pela experiência dos outros; e de paradigmas para interpretação
Huber (1991)	Uma entidade aprende se, por meio do processamento de informações, seus comportamentos potenciais se modificam. Uma organização aprende se uma unidade adquire conhecimento que ela reconhece como útil	Conceito de entidade, que inclui indivíduos, grupos, organizações, indústria, sociedade	Informação, conhecimento	Processamento de informação: aquisição, distribuição, interpretação e armazenagem de informação; os processos relacionados de aprendizagem organizacional permanecem não especificados
Weick e Roberts (1993)	Aprendizagem organizacional consiste de ações inter-relacionadas de indivíduos, ou seja, uma "inter-relação ponderada", que resulta numa mente coletiva	Conexões entre comportamentos, em lugar de pessoas	Comportamento, ações	Inter-relação ponderada via contribuição, representação e subordinação

Fonte: Prange, 2001, p. 46-48.

É possível verificar, por meio dos conceitos apresentados, o predomínio de um enfoque processual, coletivo e de inter-relação entre os indivíduos. Portanto, a aprendizagem organizacional é um fenômeno coletivo que ocorre no dia a dia das organizações e se dá com base nas reflexões, ações e experiências das pessoas que a compõem. Por isso, ela é diferente da aprendizagem individual, embora ambas sejam importantes para a área da administração.

Bitencourt (2001, p. 70) estudou empresas brasileiras e afirmou que "a aprendizagem organizacional refere-se a como a aprendizagem na organização acontece, isto é, às habilidades e processos de construção e utilização do conhecimento (perspectiva processual)". Segundo Takahashi (2007), a autora identificou os seguintes pontos básicos referentes ao conceito de *aprendizagem organizacional*:

- processo (em termos de continuidade);
- transformação (baseada na mudança de atitude);
- grupo (enfatizando o coletivo);
- criação e reflexão (sob a ótica da inovação e da conscientização);
- ação (apropriação e disseminação do conhecimento, tendo como referência uma visão pragmática).

Para Bitencourt (2001), as descobertas (*insights*) – fundamentais para não bloquear as mudanças – e a memória organizacional – que ajuda a reter o conhecimento – são dois componentes importantes da aprendizagem organizacional e reforçam os pontos de consenso já citados por autores anteriores.

Posteriormente, duas importantes revisões foram realizadas por trazerem um mapeamento mais preciso dos estudos de aprendizagem organizacional: a de Easterby-Smith e Lyles (2003) e a de Easterby-Smith et al. (2004).

De acordo com Takahashi (2007), a revisão de Easterby-Smith e Lyles (2003) permitiu uma classificação dos estudos em duas áreas – *aprendizagem* e *gestão do conhecimento* – e a identificação dos principais autores em cada uma delas. Quanto à primeira contribuição, os autores mapearam o campo e o dividiram entre os estudos voltados ao processo de aprendizagem e de gestão do conhecimento e os estudos voltados ao conteúdo e ao resultado.

Vale ressaltar que os estudos de gestão do conhecimento são recentes em relação aos de aprendizagem, tendo emergido por conta da discussão sobre o conhecimento e da percepção de estudiosos e práticos sobre a necessidade e a possibilidade de geri-lo. Enquanto os primeiros trabalhos sobre a aprendizagem são dos anos 1960 e 1970, os de gestão do conhecimento surgiram somente na década de 1990.

Figura 5.1 – **Classificação da aprendizagem e da gestão do conhecimento**

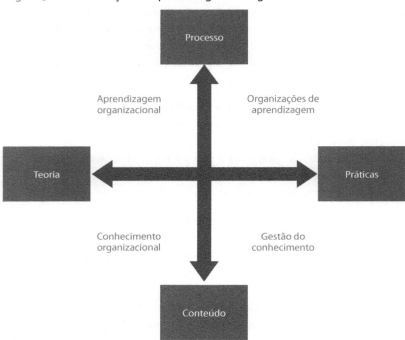

Fonte: Easterby-Smith; Lyles, 2003, p. 3.

Conforme podemos observar na Figura 5.1, um dos eixos divide os estudos em dois tipos: aquele que tem foco em processo (procura entender como este ocorre) e o que tem foco em conteúdo (procura entender o resultado do processo). O outro eixo, horizontal, divide os estudos em teoria e práticas: estudos que procuram desenvolver conhecimento sobre como ocorre o processo *versus* aqueles que buscam elaborar práticas para aplicação do conhecimento. Esses quatro tipos de estudos são importantes e têm uma base comum na literatura. Para elaborar práticas que possam gerir o conhecimento, é preciso compreender o que é conhecimento organizacional (teoria), em que resulta (conteúdo) e como é criado e utilizado (processo).

Entre esses eixos de estudo, o que muda é a perspectiva de estudo. Enquanto uns se aprofundam na teoria em relação ao processo, outros se aprofundam na teoria em relação ao conteúdo, no processo de elaboração e consolidação de práticas ou, ainda, no conteúdo e no resultado das práticas.

Em suma, estudiosos da aprendizagem organizacional encontram-se em um campo de estudo voltado à teoria e ao processo; os estudiosos de conhecimento organizacional estão voltados à teoria e ao conteúdo; os pesquisadores de organizações de aprendizagem preocupam-se com os aspectos práticos do processo; e os estudiosos de gestão do conhecimento preocupam-se com a gestão prática do conteúdo, que é o próprio conhecimento.

A segunda contribuição importante da revisão teórica de Easterby-Smith e Lyles (2003) foi a identificação dos principais autores de cada subdivisão de estudo relacionados à aprendizagem organizacional. Eles se basearam na frequência com que as obras eram citadas na literatura, na época de publicação, no tema do trabalho e no tipo de texto em que está a citação. Com isso, classificaram os autores em três grupos principais: os clássicos, os de fundamentação e os populares. O termo *popular* adotado não teve conotação pejorativa, sendo usado no sentido de que tais autores eram muito citados (Takahashi, 2007). O Quadro 5.4 demonstra os resultados dessa classificação, englobando os autores populares e de fundamentação.

Quadro 5.4 – **Autores (de fundamentação e populares) da aprendizagem e do conhecimento**

Campos	Autores de fundamentação	Autores/Trabalhos populares
Aprendizagem Organizacional (a partir dos anos 50)	Cyert e March (1963); Cangelosi e Dill (1965); Argyris e Schön (1978); Hedberg (1981); Shrivastava (1983); Daft e Weick (1984); Fiol e Lyles (1985); Senge (1990); Crossan, Lane e White (1999)	Edição especial da revista Organization Science em 1991
Organizações de Aprendizagem (a partir dos anos 80)	Garratt (1988); Pedler et al. (1989); De Geus (1988); Senge (1990)	Senge (1990)
Conhecimento Organizacional (a partir dos anos 50)	Nelson e Winter (1982)	Nonaka (1995); Nonaka e Takeuchi (1995)
Gestão do conhecimento	Nonaka (1995); Nonaka e Takeuchi (1995)	Nonaka (1995); Nonaka e Takeuchi (1995)

Fonte: Adaptado de Easterby-Smith; Lyles, 2003, por Takahashi, 2007, p. 49.

O trabalho de Nonaka e Takeuchi (1995) serviu de base para os estudos de gestão do conhecimento e, como se pode ver, é mais recente do que os de aprendizagem organizacional. Estudos de organizações de aprendizagem, mais voltados à prática, tiveram maior adesão nas escolas americanas de administração, principalmente por conta das obras de Senge (1990), que se tornou muito popular, e de Nonaka e Takeuchi (1995).

Os clássicos identificados por Easterby-Smith e Lyles (2003), e que não constam no quadro, foram apenas quatro: (1) John Dewey, que estudou e descreveu a aprendizagem por meio das experiências; (2) Michel Polanyi, que descreveu e cunhou a expressão *conhecimento tácito*; (3) Penrose, que escreveu a teoria do crescimento da firma; e (4) Frederick Hayek, economista que analisou a aprendizagem e o conhecimento sob uma perspectiva econômica.

No ano seguinte, em 2004, Easterby-Smith, que é um importante pesquisador da Universidade de Lancaster, na Inglaterra, publicou mais um trabalho, com outros autores, de revisão da literatura, trazendo novas e relevantes contribuições ao campo. Eles analisaram diversas publicações e identificaram as sete principais contribuições já feitas aos estudos de aprendizagem desde 1978, quando foi publicada a obra de Argyris e Schön. As sete principais contribuições são (Takahashi, 2007):

1. a noção de aprendizagem de *single* e *double loop* (circuito simples e duplo de aprendizagem), pontuando a necessidade de mudanças incrementais e radicais;
2. os conceitos de *teoria em uso* e *teoria assumida*, que ajudam a explicar por que o *double loop* é difícil de ocorrer, pela relação com os valores organizacionais;
3. a ideia de Hedberg (1981) sobre desaprendizagem;
4. a contribuição prática de Senge (1990);
5. a introdução da perspectiva sociocultural por autores como Duguid e Brown (1991) e Cook e Yanow (1993);
6. a contribuição de Nonaka e Takeuchi (1995) para a o ciclo de criação do conhecimento.

Em 2005, foi a vez de Antonello publicar uma revisão teórica por meio da qual identificou seis focos, ou ênfases, para abordar a aprendizagem organizacional: (1) socialização da aprendizagem individual; (2) processo-sistema; (3) cultura; (4) gestão do conhecimento; (5) melhoria contínua; e (6) inovação. Essas ênfases estão relacionadas, segundo a autora, a uma noção mais abrangente de mudança organizacional, a qual está associada à velocidade, à frequência, à magnitude e às necessidades de aprender. A autora retoma os pontos citados por Bitencourt (2001) e agrega mais dois itens comuns aos estudos e definições de aprendizagem organizacional (Takahashi, 2007):

1. Situação – A aprendizagem sempre ocorre em função da atividade, do contexto e da cultura nos quais ocorre ou se situa, sendo carregada de significado informal.
2. Cultura – Baseada na história compartilhada, edifica-se pela construção de significados de forma compartilhada para dar sentido às experiências.

O Quadro 5.5 ilustra, de forma sintetizada, os pontos comuns que perpassam o processo de aprendizagem organizacional apontados pelos autores em suas revisões.

Quadro 5.5 – Pontos comuns entre autores quanto ao conceito de aprendizagem organizacional

Shrivastava (1983)	Fiol e Lyles (1985)	Prange (2001)	Bitencourt (2001)	Antonello (2005)
• É um processo organizacional (aspectos sociais e políticos) em vez de individual • Relacionado à experiência • Resultado é organizacional, partilhado, consensual e validado • Envolve mudanças fundamentais na teoria em uso, com reorientação da visão de mundo • Ocorre nos diversos níveis • É institucionalizada	• Alinhamento ambiental • Distinção entre aprendizagem individual e organizacional • Fatores contextuais que podem afetar a probabilidade de a AO ocorrer: cultura, estratégia, estrutura, ambiente	• Aprendizagem pela experiência e dependência da história organizacional • Aprendizagem conduz a algum tipo de conhecimento (rotinas, base de conhecimentos, teorias organizacionais de ação, sistemas cognitivos, mente coletiva)	• Processo (continuidade) • Transformação (baseada na mudança de atitudes) • Grupo (coletivo) • Criação e reflexão (inovação e conscientização) • Ação (apropriação e disseminação do conhecimento)	• Processo (continuidade e noção de espiral) • Mudança (baseada na transformação de atitudes) • Grupo (interação e o coletivo) • Criação e reflexão (inovação e conscientização) • Ação (pragmático-apropriação e disseminação do conhecimento; experienciar, vivenciar e compartilhar pelas interações) • Situação (contexto e cultura) • Cultura (construção de significados e história compartilhada)

Fonte: Takahashi, 2007, p. 54.

Em 2007, Vasconcelos e Mascarenhas sintetizaram as dimensões que fazem parte das diversas definições de aprendizagem organizacional. Podemos acrescer a essa síntese o importante aspecto salientado por Shrivastava (1983), referente à institucionalização do conhecimento. Assim, temos como resultado um quadro completo das dimensões inseridas no conceito de aprendizagem organizacional.

Quadro 5.6 – **Dimensões dos conceitos de aprendizagem organizacional**

Foco	Dimensões conceituais básicas
Foco no processo	A aprendizagem organizacional é um processo contínuo e abrangente.
Noção de mudança	A aprendizagem organizacional envolve mudanças nos padrões de comportamento.
Natureza coletiva	A aprendizagem organizacional enfatiza a interação no coletivo.
Foco na criação e reflexão	A aprendizagem organizacional é o processo-base para o questionamento e a inovação.
Foco na ação	Numa perspectiva pragmática, pela apropriação e pela disseminação do conhecimento. Numa perspectiva sociológica, pela ênfase na interação social, na experimentação e no compartilhamento de experiências.
Abordagem contingencial	A aprendizagem ocorre em função da situação e do contexto social, sendo imbuída de significações culturais.
Abordagem cultural	Como um fenômeno coletivo e baseado em uma história compartilhada, a aprendizagem organizacional é um processo pelo qual são construídos os significados comuns à coletividade.
Abordagem institucional	Aprendizagem organizacional é institucionalizada, seu resultado é organizacional, partilhado, consensual, validado (legitimado) e inclui mecanismos formais e informais de partilhar informações.

Fonte: Vasconcelos e Mascarenhas, 2007, p. 16, adaptado por Takahashi, 2007, p. 54.

Tendo entendido a pluralidade de conceitos e definições da aprendizagem organizacional e os pontos de consenso que existem entre os diversos autores, podemos discutir as diversas perspectivas da aprendizagem organizacional. Como vimos, alguns autores defendem que a aprendizagem, para ser organizacional, deve resultar em mudanças no comportamento. Já para outros, deve resultar em mudanças na cognição (modelos mentais) ou em mudanças culturais. A seguir, vamos analisar o que significa cada uma dessas perspectivas e discutir se é possível adotar somente uma delas.

5.5 Perspectivas de aprendizagem organizacional

Três perspectivas de estudos em aprendizagem organizacional foram desenvolvidas ao longo do tempo: comportamental, cognitiva e sociocultural. Cada uma delas apresenta uma ênfase diferente para constatar a ocorrência da aprendizagem na organização e contribui para o conhecimento global sobre aprendizagem.

A primeira a surgir foi a perspectiva comportamental, tendo em vista que os estudos de aprendizagem organizacional nasceram com os estudos de aprendizagem individual (Shrivastava, 1983) e da área de educação. A perspectiva cognitiva apareceu depois, por meio dos estudos da psicologia cognitiva, com os trabalhos de Skinner e Guthrie sobre o estímulo-resposta. Posteriormente, a própria psicologia alterou o foco de seus estudos, incluindo o processamento de informações com ênfase na solução de problemas. Com isso, a aprendizagem passou a ser vista como mudança nos estados de conhecimento, em vez de mudança nas respostas ou probabilidade de respostas (Takahashi, 2007). Fleury e Fleury (2004, p. 40) apresentam as seguintes nomenclatura e descrição para cada uma das perspectivas:

* Modelo behaviorista – seu foco principal é o comportamento, pois este é observável e mensurável; partindo do princípio de que a análise do comportamento significa o estudo das relações entre eventos estimuladores e respostas, planejar o processo de aprendizagem implica estruturar esse processo passível de observação, mensuração e réplica científica.
* Modelo cognitivista – pretende ser um modelo mais abrangente do que o behaviorista, explicando melhor os fenômenos mais complexos, como a aprendizagem de conceitos e a solução de problemas; procura

utilizar tanto dados objetivos, comportamentais, como dados subjetivos, levando em consideração crenças e percepções do indivíduo que influenciam seu processo de apreensão da realidade.

Nicolini e Meznar (1995), contudo, afirmam que essas duas perspectivas não ajudam na definição de aprendizagem organizacional, uma vez que limitam o fenômeno, pois não se trata nem somente de aquisição de conhecimento, nem somente de padrões de comportamento. Os autores chamam a atenção para o fato de que a aprendizagem organizacional envolve uma dimensão social, o que inclui a perspectiva cultural, já que abarca um processo de representação, formalização e normalização de conhecimentos. Cook e Yanow (1993) foram os primeiros autores a tratarem da perspectiva cultural de aprendizagem organizacional, definindo-a como:

> um processo cultural que se refere à aquisição, sustentação ou mudança de significados intersubjetivos por meio de artefatos e ações coletivas do grupo. Neste enfoque, a aprendizagem organizacional pode envolver significados intersubjetivos criados e sustentados pelas interações culturais, ideia que difere daquelas provenientes das discussões da aprendizagem baseada na prática. A aprendizagem torna-se coletiva quando ela é concebida no nível de interação social. (Takahashi, 2007, p. 62)

Corley e Gioia (2003) também afirmam que, mais do que mudanças no comportamento e no conhecimento, a aprendizagem envolve mudanças no significado das ações e dos símbolos. Patriotta (2003), por sua vez, defende que o conhecimento pode ser conceituado de modo holístico, ligando ação, contexto e processos.

Elkjaer (2003) ressalta que, no campo da teoria social, a aprendizagem faz parte da chamada *teoria da aprendizagem social*. De acordo com essa teoria, a aprendizagem ocorre por meio da participação social e é situacional, porque depende de experiências, da distribuição de poder e das especificidades do contexto organizacional. Assim, os indivíduos e suas ações são considerados, na teoria da aprendizagem social, conforme situações específicas, ou seja, o olhar lançado a eles depende de sua inserção no processo social (Takahashi, 2007).

Por conta de teorias como essa, o enfoque cultural passou a ser incorporado aos estudos de aprendizagem organizacional, ganhando força como perspectiva de estudo. De acordo com esse enfoque, as organizações apresentam, segundo Hedberg (1981), sistemas cognitivos e memória organizacional, visto que carregam, de maneira figurada, ideologias e uma visão de mundo dominante. Para o autor, essa memória que, de alguma forma, retém conhecimentos, é responsável por manter comportamentos, normas e valores na organização, mesmo que haja mudança de seus colaboradores e líderes. Essa manutenção depende, certamente, do grau de consolidação do conhecimento na memória organizacional. Perceber isso nos permite entender por que determinadas rotinas são tão difíceis de se modificar em algumas organizações, assim como novas rotinas implementadas.

A esse respeito, Fleury e Fleury (2004) afirmam que rotinas e procedimentos acabam por ser incorporados na memória organizacional, de forma explícita ou inconsciente, possibilitando que o conhecimento seja recuperado pelos membros da organização.

O quadro a seguir, elaborado por Tsang (1997), ilustra as diferenças entre as perspectivas de aprendizagem de alguns autores.

Quadro 5.7 – Definições de aprendizagem organizacional segundo as perspectivas e a natureza do estudo

Definição	Perspectiva
Cook e Yanow (1993): ênfase em significados intersubjetivos, artefatos e ação coletiva	Cultural
Shrivastava (1981): processo pelo qual a base de conhecimento organizacional é desenvolvida e formada	Cognitiva
Huber (1991): uma entidade aprende se, por meio do processamento de informações, a faixa de seus comportamentos potenciais é modificada	Cognitiva e comportamental (potencial)
Levitt e March (1988): organizações são vistas como aprendizagem por codificar inferências da história em rotinas que guiam o comportamento	Cognitiva e comportamental (potencial)
Fiol e Lyles (1985): processo de melhorar as ações por meio de melhor conhecimento e compreensão	Cognitiva e comportamental (atual)
Swieringa e Wierdsma (1992): mudança do comportamento organizacional	Comportamental (atual)

Fonte: Tsang, 1997, p. 76.

Em suma, podemos dizer que a aprendizagem é organizacional não somente porque muda padrões cognitivos ou comportamentos, mas porque envolve interação e construção social, ação coletiva e compartilhamento de conhecimentos (Weick; Westley, 1996). Assim, se o fenômeno da aprendizagem organizacional é complexo e diferente da soma das aprendizagens individuais, então, certamente, ele envolve comportamento, cognição e cultura.

Cada uma das perspectivas apresentadas no Quadro 5.7 traz uma contribuição diferente. A comportamental destaca a mudança – ou ao menos o potencial de mudança – no comportamento decorrente da aprendizagem. A cognitiva ressalta a mudança nos modelos mentais de processamento de informações que atuam como filtros da realidade. A cultural se volta aos aspectos sociais que envolvem o relacionamento humano e sua interação intrínseca no processo de aprendizagem organizacional.

Seria possível estudar a aprendizagem organizacional somente por meio de uma perspectiva? Naturalmente que sim. Contudo, seria essa uma forma adequada de compreender um fenômeno tão complexo e plural como esse? Certamente não. A seguir, vamos compreender um pouco melhor por que é preciso integrar a perspectiva cultural aos estudos da aprendizagem organizacional.

5.6 Cultura organizacional e aprendizagem organizacional

O conceito de *cultura organizacional* é relevante para os estudos de aprendizagem organizacional porque considera, segundo Antal et al. (2001), o contexto no qual ela ocorre, permitindo compreender como as estruturas, normas e rotinas das organizações expressam aprendizagens já adquiridas.

Morgan (1996, p. 114) define o termo *cultura* como "padrão de desenvolvimento refletido nos sistemas sociais de conhecimento, ideologia, valores, leis e rituais quotidianos". Já Schein (1983) define *cultura* como um conjunto de pressupostos tácitos sobre o mundo, partilhado pelas pessoas, e que determina comportamentos, percepções, sentimentos e pensamentos, ainda que em determinado grau. Para o autor, esse conjunto de pressupostos é criado, descoberto e desenvolvido por um grupo de pessoas durante sua adaptação externa e integração interna. Tais pressupostos se perpetuam porque são aceitos como válidos e como a correta forma de pensar, sentir e agir (Schein, 1986).

Mas qual a relação da cultura com as organizações? Assim como a sociedade desenvolve e configura sua cultura com base naquilo em que acredita, as organizações também o fazem. Cada organização está inserida em uma sociedade e a representa, absorvendo traços da cultura local e nacional, mesclando-os com seus próprios padrões de cultura e subcultura (Morgan, 1996). Portanto, toda organização é um fenômeno cultural, que varia de acordo com a sociedade em que se insere.

Além de absorver os padrões da sociedade, as organizações desenvolvem valores e crenças (pressupostos) que são compartilhados entre seus membros. Os pressupostos básicos são difíceis de se identificar, sendo tão aceitos que parecem invisíveis para estranhos (Schein, 1986).

E qual a relação da cultura organizacional com a aprendizagem organizacional? Como afirmamos anteriormente, a aprendizagem ocorre permeada por valores e crenças organizacionais, os quais norteiam a interpretação do ambiente e as decisões e ações dos gestores. Os elementos culturais são aprendidos no processo de solução de problemas, sejam eles de adaptação ao ambiente, sejam de gerenciamento interno. Dessa forma, podemos dizer que a cultura da organização é subjacente à sua vivência, história e experiência e está expressa nos artefatos, símbolos e valores organizacionais. Por isso, para entender o que a organização aprendeu ao longo do tempo, é necessário compreender sua constituição social, estrutura, identidade, história e razão de ser.

A cultura organizacional sistematiza os produtos de aprendizagem, ou seja, interfere na forma com a qual as empresas criam e organizam seu conhecimento e suas rotinas (Dodgson, 1993). Em outras palavras, a aprendizagem ocorre apoiada nas características culturais da organização. Assim, a cultura existente na organização determina, de certa forma, como e o que a organização aprende, porque facilita a absorção, utilização e institucionalização de novos conhecimentos.

Cook e Yanow (1993, citados por Souza, 2004, p. 8), discorrendo sobre a relação entre cultura e aprendizagem, ressaltam, por meio de um exemplo, que "o conhecimento necessário para produzir as flautas da melhor qualidade, assim como jogar basquete ou executar uma sinfonia, não reside em um indivíduo, mas na organização como um todo. A organização não nasceu com tal conhecimento, precisou aprendê-lo". Quando a cultura organizacional retém as crenças dos dirigentes da organização a respeito de eventos passados e atuais, ela configura os modelos mentais dessa gestão e orienta a aprendizagem futura. Assim, a aprendizagem passada pode tanto ser vantajosa – ao orientar novas ações com base em resultados positivos já alcançados – quanto pode ser uma barreira, pois corre o risco de impedir ações que demandem "desaprendizagem" (*unlearning*) ou aprendizagem de novos padrões (Takahashi, 2007). Starkey e McKinlay (1997), ao observarem a mudança de gestão da Ford, nos anos 1980, verificaram que a vontade de aprender associada ao desafio da mudança dos valores culturais fundamentou a aprendizagem organizacional da empresa, o que permitiu um movimento de "desaprendizagem" de competências passadas e aprendizagem de novos modos de gestão.

A cultura nas organizações pode, assim, tanto facilitar quanto dificultar novas ações. Quando a história organizacional é fonte de orgulho, por exemplo, a aprendizagem já consolidada pode complicar a adoção de novas práticas, dificultando a ocorrência da aprendizagem organizacional. A crença no sucesso passado pode, inclusive, impedir os gestores de perceberem mudanças no ambiente, levando-os à uma inércia, ou rigidez na conduta, o que atrasa transformações necessárias até mesmo, à sobrevivência da organização: "Longos períodos de sucesso podem resultar em complacência organizacional e visão afunilada: quanto mais duradouro é o sucesso, tanto maiores as forças internas em prol da estabilidade e tanto menos o sistema é capaz de aprender e inovar" (Tushman; Nadler, 1997, p. 174).

Segundo Tushman e Nadler (citados por Takahashi, 2007), quando há forte consistência interna nas ações fundamentadas em crenças organizacionais, há falta de estímulo ao aprendizado e à inovação. Portanto, organizações mais inovadoras tendem a funcionar como eficientes sistemas de aprendizagem, pois maximizam sua capacidade de criar conhecimento e convertê-lo em tecnologias, produtos e serviços.

Alguns autores analisaram a relação entre cultura e aprendizagem e seus estudos tornaram-se a base de pesquisas posteriores responsáveis por permitir uma melhor compreensão de como ocorre essa aprendizagem. Embora Argyris e Schön (1978) não tratem explicitamente da cultura organizacional, eles elaboraram conceitos fundamentais que relacionam cultura e aprendizagem – aprendizagem de ciclo simples, aprendizagem de ciclo duplo e deuteroaprendizagem.

A aprendizagem de circuito simples ocorre quando as mudanças são incrementais, como pequenos ajustes nas rotinas. A aprendizagem de ciclo duplo ocorre quando a cultura organizacional é, de alguma forma, modificada e renovada. A mudança nos modelos mentais depende da capacidade da organização de aprender, ou seja, do seu potencial de mudar as lógicas dominantes (Prahalad; Bettis, 1997). Muitas vezes, as mudanças na lógica dominante são desencadeadas por crises ou problemas graves, casos em que é necessário desaprender para abrir espaço a novas aprendizagens (Hedberg, 1981). Portanto, "desaprendizado" é o processo pelo qual as empresas eliminam as lógicas e os comportamentos antigos, abrindo espaço a novos conhecimentos – um processo, portanto, de mudança cultural (Takahahsi, 2007). Já a deuteroaprendizagem diz respeito ao domínio da própria capacidade de aprender, que ocorre quando a organização entende como deve aprender.

Outro aspecto que intervém no processo de aprender e desaprender, e que faz parte da cultura organizacional, é o fator político. Segundo Rodrigues, Child e Luz (2004), na maioria das vezes, há uma cultura dominante – e a posição de poder determina preferências que influenciam o processo de aprendizagem organizacional. Portanto, esse processo não é um fenômeno neutro, uma vez que a ideologia da organização determina quais conhecimentos são relevantes e quais são dispensáveis. Além disso, decisões e ações muitas vezes são tomadas para servir a determinados fins políticos, e não necessariamente técnicos.

Em suma, nas organizações há uma clara relação entre aprendizagem, cultura, conhecimento e mudança. Neste capítulo, tratamos de alguns desses aspectos. No próximo, vamos explorar mais profundamente a relação da aprendizagem com a mudança e o conhecimento.

Síntese

Você aprendeu, neste capítulo, que as organizações aprendem pelos indivíduos e com eles, por meio de uma relação mútua de influências. A aprendizagem organizacional envolve cognição, comportamento e cultura, aspectos que representam as perspectivas de aprendizagem. Portanto, o conceito de *aprendizagem* é amplo e, em função dessa amplitude, tem sido pesquisado por vários autores com diferentes linhas de pesquisa. A aprendizagem foi discutida, inicialmente, em 1963, por Cyert e March, que afirmaram que as regras organizacionais são norteadoras das escolhas organizacionais. Por meio do estudo desses autores, a expressão *aprendizagem organizacional* passou a ser amplamente utilizada como sinônimo de adaptação, padrões de processamento de informações, desenvolvimento de teorias em uso, entre outros. É necessário compreender que a aprendizagem é um processo que ocorre ao longo do tempo e que o conhecimento que lhe é inerente pode ser incorporado pela memória organizacional. A aprendizagem é organizacional não somente porque muda padrões cognitivos, mas porque envolve interação e construção sociais, ação coletiva, bem como o compartilhamento e a institucionalização de conhecimentos.

Para saber mais

Neste capítulo, a sugestão de leitura para aprofundar seus conhecimentos é o livro de Abrahamson (2006). O autor, professor da Columbia Business School, de New York, possibilita que entendamos melhor o que é mudança organizacional, fenômeno que sempre está associado à aprendizagem organizacional. Abrahamson propõe a "recombinação criativa", a qual tem como objetivo proporcionar mudanças sem maiores traumas para a organização, aproveitando os recursos de que ela já dispõe. Outra sugestão para complementar o estudo proposto pelo tema do capítulo é o filme *Monstros S.A*. Trata-se de uma animação que nos ajuda a pensar sobre os impactos de uma mudança em uma organização tradicionalista e a resistência que a liderança pode ter a modificações.

ABRAHAMSON, E. **Mudança organizacional:** uma abordagem criativa, moderna e inovadora. São Paulo: M. Books, 2006.

Questões para revisão

1. O conceito de *aprendizagem organizacional* foi discutido, inicialmente, em 1963. Selecione a alternativa que contém o nome dos autores precursores desse conceito:
   a) Fiol e Lyles.
   b) Prahalad e Hamel.
   c) Argyris e Schön.
   d) Cyert e March.

2. Uma relevante contribuição de Schrivastava (1983) foi destacar o papel da institucionalização do conhecimento. Selecione a alternativa que contém exemplos de conhecimentos institucionalizados:
   a) Rotinas, regras e manuais.
   b) Rotinas, regras e parâmetros.
   c) Rotinas, flexibilidade e manuais.
   d) Rotinas, flexibilidade e parâmetros.

3. Três perspectivas de estudos em aprendizagem organizacional foram desenvolvidas ao longo do tempo. Assinale a alternativa que as apresenta:
   a) Comportamental, cognitiva e socioeconômica.
   b) Comportamental, cognitiva e sociocultural.
   c) Comportamental, emocional e sociocultural.
   d) Comportamental, emocional e socioeconômica.

4. Segundo Weick e Westley (1996), podemos dizer que a aprendizagem é organizacional não somente porque muda padrões cognitivos ou comportamentos.
   Selecione a alternativa que expressa os fatores que também estão envolvidos na aprendizagem organizacional:
   a) Interação social; ação e construção individuais; compartilhamento de conhecimentos.
   b) Interação e construção sociais; ação individual; compartilhamento de conhecimentos.

c) Interação e construção sociais; ação coletiva; compartilhamento de conhecimentos.
d) Interação e construção sociais; ação coletiva; treinamento.

5. Segundo Hedberg (1981), é necessário desaprender para abrir espaço às novas aprendizagens. Selecione a alternativa que conceitua corretamente o termo *desaprendizado*:
   a) Esquecer o que foi aprendido.
   b) Processo pelo qual as empresas eliminam as lógicas e comportamentos antigos, abrindo espaço a novos conhecimentos. Um processo, portanto, de mudança cultural.
   c) Dificuldade de se aprender algo novo.
   d) Facilidade de se aprender algo novo.

Questões para reflexão

1. Quais são as principais diferenças entre aprendizagem organizacional e organizações de aprendizagem?

2. Por que a expressão *aprendizagem organizacional* foi considerada por alguns autores como oxímoro?

3. A aprendizagem organizacional traz resultados visíveis?

4. Quais foram os dissensos e consensos encontrados na literatura de aprendizagem organizacional?

5. Qual a relação entre a cultura e as organizações?

6 Aprendizagem organizacional: mudança e conhecimento

Conteúdos do capítulo

- Níveis de aprendizagem individual, grupal e organizacional.
- Aprendizagem e mudança organizacional.
- Aprendizagem e conhecimento organizacional.
- Fluxo de conhecimento organizacional na aprendizagem organizacional.
- Relação entre competência e aprendizagem organizacional.

Após o estudo deste capítulo, você será capaz de:

- entender os diferentes níveis de aprendizagem – individual, de grupo e organizacional;
- compreender a relação entre aprendizagem e mudança organizacional, conforme o grau dessa mudança;
- compreender a relação entre conhecimento e aprendizagem organizacional, que ocorre quando os conhecimentos são institucionalizados e convertidos em práticas e rotinas;
- entender que existe um fluxo de conhecimento nas organizações e que nem todo conhecimento criado ou adquirido é, necessariamente, internalizado;
- compreender a relação entre competência organizacional e aprendizagem organizacional.

Aprendizagem organizacional é um processo dinâmico e envolve as ações individual e coletiva e a memória organizacional. Podemos compreender a aprendizagem na organização priorizando o estudo de um único indivíduo, de um grupo de indivíduos ou da organização como um todo. Porém, na prática, é necessário compreender a aprendizagem organizacional como um todo, pois todas essas instâncias se influenciam mutuamente.

Para que possamos dizer que a aprendizagem ocorreu no nível organizacional, é preciso que mudanças profundas tenham ocorrido, afetando, de alguma forma, os valores organizacionais. Ademais, é necessário que determinados conhecimentos tenham sido institucionalizados e internalizados. O resultado do processo de aprendizagem é o próprio conhecimento, convertido em mecanismos estáveis, como novas rotinas organizacionais. Portanto, conhecimento pode ser criado, utilizado e institucionalizado, pois se trata de um fluxo, e não apenas de uma informação.

Todo processo de aprendizagem organizacional resulta no desenvolvimento de competência(s) organizacional(is), assim como toda competência expressa um processo de aprendizagem organizacional. Podemos dizer, de maneira metafórica, que a competência é como o DNA da organização, uma vez que traz em si informações sobre o que a organização já vivenciou, como ela se caracteriza e o que já aprendeu.

6.1 Níveis de aprendizagem nas organizações

Neste capítulo, trataremos da relação entre aprendizagem organizacional, mudança e conhecimento. Contudo, antes de entrar nesse tema, é preciso deixar clara a questão dos níveis de aprendizagem.

Falar de níveis de aprendizagem não é o mesmo que falar de perspectivas de aprendizagem (comportamental, cognitiva e cultural). Quando falamos em *níveis*, estamos nos referindo a quem aprendeu – indivíduo, grupo ou organização (Fleury; Fleury, 2004) –, e não à forma da aprendizagem e a suas evidências (mudança nos modelos mentais, comportamento ou valores). Em relação aos níveis de aprendizagem, poderíamos falar também do nível interorganizacional, que ocorre quando a aprendizagem acontece entre organizações – como em um arranjo produtivo local (APL), um sistema de franquias, entre outros.

A origem dos estudos de aprendizagem se encontra, primeiramente, na psicologia. Para alguns autores, os indivíduos são a fonte primária e únicos sujeitos da aprendizagem, sendo os responsáveis por criar as formas ou estruturas organizacionais (Bastos et al., 2002). De todo modo, além de tratar da aprendizagem em um nível individual, podemos estudá-la em níveis coletivos – em grupo ou na organização como um todo, mesmo que os indivíduos não deixem de ser o centro do processo.

O tema *aprendizagem grupal* é relativamente recente para os estudos da área. Começou a ser explorado na década de 1990, sendo ampliado somente a partir de 2000 (Silva, 2013). Ele foi apresentado por Senge (1990) como uma das cinco disciplinas necessárias para se atingir a vantagem competitiva. Segundo Cohen (1991, citado por Lucas, 2015, p. 5),

> embora a aprendizagem em nível de grupo envolve atividades primariamente norteadas por esforços individuais, a aprendizagem de grupo é diferente da combinação das aprendizagens individuais. Aprendizagem de grupo não é um agregado de aprendizagem individual, mas requer um processo de compartilhamento e interação.

Para que haja aprendizagem grupal, existe a necessidade de ocorrer interação e compartilhamento de experiências, conhecimentos e práticas, embora nem todos do grupo possam apresentar as mesmas soluções diante dos mesmos problemas.

Grupo de trabalho é um fenômeno social que integra indivíduos às organizações e é "composto por duas ou mais pessoas interdependentes entre si, com objetivos comuns e com papéis mais ou menos determinados" (Vasconcelos; Mascarenhas, 2007, p. 8). Os diversos indivíduos que compõem um grupo trazem seus conhecimentos especializados e tomam decisões diferentes no contexto de uma atividade ou projeto, sempre em interação com sistemas, procedimentos, regras e outros atores organizacionais. A aprendizagem, nesse nível, ocorre, portanto, de forma coletiva:

> Durante esse processo, estes indivíduos compartilham informações, vivem experiências coletivas e devem refletir coletivamente sobre o significado

destas experiências, produzindo novos conhecimentos passíveis de serem empregados em novas situações ou em novos desafios. Estes conhecimentos podem compor o que denominamos de 'mapas mentais compartilhados'. (Vasconcelos; Mascarenhas, 2007, p. 9)

Vejamos, no quadro a seguir, a importância do grupo para os indivíduos e as organizações.

Quadro 6.1 – **Principais funções dos grupos nas organizações**

Importância do grupo para a organização	Importância do grupo para o indivíduo
• São responsáveis pela execução de tarefas que não poderiam ser feitas por indivíduos trabalhando sozinhos. • São capazes de fornecer uma multiplicidade de talentos e habilidades que serão utilizados em tarefas distintas. • Fornecem recursos para avaliação e solução de problemas, tomada de decisão e de implementação de ações corretivas. • Podem oferecer meios mais eficientes para o controle organizacional e do comportamento dos indivíduos. • Podem facilitar as mudanças nas políticas e nos procedimentos da organização. • Podem aumentar a estabilidade da organização, transmitindo aos membros mais novos valores e normas.	• Podem ajudar no processo de aprendizagem sobre a organização e seu contexto. • São capazes de promover a conscientização das potencialidades e limitações dos indivíduos. • Podem oferecer condições para o aprendizado de novas habilidades e adoção de novos comportamentos. • Concedem a obtenção de certas recompensas desejadas e que não estariam disponíveis para o indivíduo isolado. • Fonte de satisfação de necessidade, tais como a de reconhecimento, pertencimento e referência.

Crédito: Fotolia

Fonte: Silva, 2013, p. 16.

Conforme vimos no quadro, os grupos desempenham importante papel tanto para a organização quanto para os próprios indivíduos. Reconhecendo tal importância, autores diversos elaboraram definições para a aprendizagem grupal, como vemos no Quadro 6.2.

Quadro 6.2 – **Definições de aprendizagem grupal**

Referência	Definição
Argote, Gruenfeld e Naquin (1999, p. 354)	"Atividades pelas quais cada indivíduo adquire, compartilha e combina conhecimento por meio de experiência com outro".
Edmondson (2002, p. 129)	"Processo no qual o grupo escolhe ações, obtém e reflete sobre *feedback* e faz mudanças para adaptar ou melhorar".
Sole e Edmondson (2002, p. 18)	"Aquisição e aplicação do conhecimento capaz de permitir a um grupo tratar coletivamente as questões pelas quais as soluções não eram óbvias".
Ellis, Hollenbeck, Ilgen, Porter, West (2003, p. 822)	"Uma relativa mudança permanente no conhecimento e nas habilidades no nível coletivo produzido pelo compartilhamento de experiência dos membros do grupo".
Gibson, Vermeulen (2003, p. 203-204)	"A exploração do conhecimento por meio da experimentação, a combinação de *insights* por meio da comunicação reflexiva e a explicação e especificação daquilo que foi aprendido por meio da codificação".
London, Polzer, Omoregie (2005, p. 114)	"Na medida em que os membros procuram oportunidades para desenvolverem novas habilidades e conhecimentos, recebem bem as missões desafiadoras, dispostos a assumir riscos de novas ideias e a trabalhar em tarefas que exigem muita habilidade e conhecimento".
Wilson, Goodman e Cronin (2007, p. 1043)	"Mudança no repertório potencial do comportamento do grupo".
Sessa, London (2008a, p. 555); Sessa, London (2008b, p. 7)	"Processo contínuo de (re)estruturação profunda e ampla das capacidades grupais, de forma a promover mudanças por meio da adição e utilização de novas habilidades, conhecimentos e comportamentos, melhorando constantemente seu desempenho através de feedback e reflexão sobre suas próprias ações e consequências".

Fonte: Atualizado de Wilson, Goodman e Cronin, 2007, por Silva, 2013, p. 43.

A primeira definição, de Argote, Gruenfeld e Naquin (1999), foca na aprendizagem do indivíduo dentro do grupo. Já a última, de Sessa e London (2008), adquire maior amplitude ao integrar aspectos cognitivos, comportamentais e de interação, sendo, portanto, mais completa. Novamente podemos observar como os termos *mudança* e *conhecimento* são repetidos nas diversas definições, mostrando que há um consenso, entre os autores de aprendizagem grupal, sobre a relação que eles estabelecem.

Como vimos, na aprendizagem de nível organizacional, o resultado sempre será maior do que a soma das aprendizagens individuais ou a soma das aprendizagens grupais. Fiol e Lyles (1985) destacam que, por esse motivo, grande parte da literatura de aprendizagem individual não se aplica à organizacional, pois não suporta a complexidade do fenômeno. Esse argumento é reforçado pela observação de Weick (1991), que diz que as teorias psicológicas de aprendizagem individual não descrevem adequadamente o processo de aprendizagem organizacional, uma vez que indivíduos e organização são entidades diferentes.

Neste ponto da discussão, é importante fazer um esclarecimento sobre os níveis de aprendizagem. Quando estudamos o fenômeno *aprendizagem* nas organizações, no campo da administração, estamos falando sobre *indivíduos*, seja em nível individual e grupal, seja organizacional. No dia a dia da organização, a aprendizagem está ocorrendo simultaneamente nesses diversos níveis. Em outras palavras, indivíduos não param de aprender porque a organização está aprendendo, e vice-versa.

Quando falamos em analisar a aprendizagem em determinado nível, não significa que vamos ignorar que existe aprendizagem em outros níveis. Temos em mente que as organizações aprendem com indivíduos e grupos, grupos aprendem com indivíduos e organizações e, por fim, indivíduos aprendem com grupos e organizações. O processo é dinâmico e integrador, por isso pode não fazer sentido pensar em como a aprendizagem individual é convertida em organizacional, uma vez que o processo pode, inclusive, ocorrer no sentido oposto, da organização para o indivíduo – por exemplo, quando um funcionário recente deve aprender a rotina de uma organização.

Portanto, aprendizagem organizacional não é um processo linear, que se inicia com a aprendizagem individual, passa para aprendizagem grupal e, por fim, torna-se organizacional. É evidente que é possível, para compreender como ocorre a aprendizagem em um dos níveis, focar apenas um deles. Assim, para entender a aprendizagem individual, é preciso olhar para o indivíduo que se encontra inserido na organização.

Para entender a aprendizagem grupal, é necessário olhar para a equipe toda em que esse indivíduo se encontra e observar as interações que ocorrem entre ele e os demais indivíduos. E, por fim, para compreender a aprendizagem organizacional, deve-se observar a dinâmica global da organização, entendendo as mudanças que vivenciou e os conhecimentos internalizados e convertidos em práticas e rotinas.

Cada nível de análise contém teorias, conceitos e modelos que suportam seu estudo e são importantes para a administração. O gestor deve conhecer os meios de aprendizagem em cada nível, a fim de promover os fatores que a facilitam e inibir os que a dificultam.

Quanto aos modelos de aprendizagem organizacional, um dos mais famosos é o de Crossan, Lane e White (1999). Embora tenha sido desenvolvido para demonstrar como o aprendizado individual promove o aprendizado coletivo, ele é relevante, segundo Takahashi (2007), porque apresenta uma estrutura unificante da aprendizagem organizacional, a qual pode ocorrer nos três níveis – indivíduo, grupo e organização –, de modo que cada um alimente o outro. Esses níveis são ligados por quatro (sub)processos básicos – intuição, interpretação, integração e institucionalização –, os quais envolvem mudanças comportamentais e cognitivas, conforme mostra o Quadro 6.3.

Quadro 6.3 – **Estrutura unificante de Crossan, Lane e White para aprendizado organizacional**

Nível	Processo	Insumos/resultados
Individual	Intuição	Experiências Imagens Metáforas
Grupo	Interpretação	Linguagem Mapa cognitivo Conversação/diálogo
Grupo	Integração	Compreensões partilhadas Ajuste mútuo Sistemas interativos
Organização	Institucionalização	Planos/rotinas/normas Sistemas de diagnóstico Regras e procedimentos

Fonte: **Crossan; Lane; White**, 1999, p. 525.

Há quatro premissas sobre aprendizagem que sustentam esse modelo:

1. existe uma tensão na organização entre assimilar novos conhecimentos e usar aqueles que já foram aprendidos;
2. aprendizagem é um fenômeno multinível – individual, de grupo e organizacional;
3. os três níveis são ligados por processos psicológicos e sociais ("4 Is");
4. a cognição afeta a ação e vice-versa.

Os 4 Is – intuição, interpretação, integração e institucionalização – envolvem os três níveis, sendo difícil definir onde um acaba e outro começa, segundo Crossan, Lane e White (1999). Todavia, parece ser claro que intuição se refere ao indivíduo, enquanto institucionalização relaciona-se à organização: "Organizações não intuem, não interpretam, mas o processo interpretativo pode ser enriquecido e intensificado se conversações e interações ocorrerem. Esse processo expande do nível individual para o grupal, mas não expande para o organizacional" (Crossan; Lane; White, 1999, p. 525).

A *intuição* diz respeito ao processo que ocorre no subconsciente, portanto é individual e envolve reconhecimento pré-consciente de padrões ou possibilidades em relação às experiências vividas. A intuição especializada envolve a *expertise*, ou seja, o conhecimento especializado, o qual suporta a exploração de conhecimentos e práticas vigentes. Já a intuição empreendedora suporta as atividades de exploração de novos conhecimentos e práticas.

A *interpretação* é a explanação das descobertas ou ideias por meio de palavras e ações, permitindo que elas sejam compartilhadas com os outros. É por meio da interpretação que ocorre o desenvolvimento de modelos mentais que orientam as ações (Huff, 1990).

A *integração* envolve compreensões compartilhadas entre os indivíduos e ações coordenadas por meio de conversas contínuas e práticas comuns, estabelecendo um vínculo entre a compreensão do grupo e a organização. Por último, a *institucionalização* tem como resultado a implantação das rotinas, dos planos, das normas, dos sistemas, das regras e dos procedimentos. É ela que separa a aprendizagem organizacional de outros níveis, pois faz com que o conhecimento seja inscrito nas rotinas e práticas da organização. Quando ocorre a institucionalização, as ações realizadas já são consensualmente aceitas como práticas e, portanto, são executadas sem constantes questionamentos, permanecendo certo tempo na memória organizacional.

Para Crossan, Lane e White (1999), no processo de aprendizagem organizacional, as novas ideias fluem do nível individual para o organizacional, de forma circular e dinâmica, afetando o comportamento e o pensamento das pessoas. A figura a seguir ilustra a tensão existente entre os níveis e a circularidade do processo.

Figura 6.1 – **Aprendizagem organizacional como processo dinâmico**

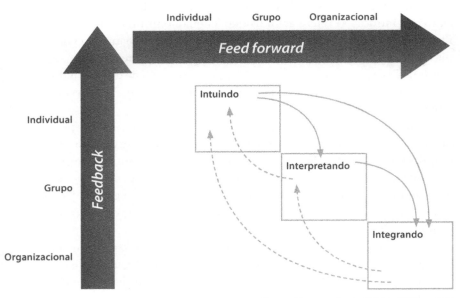

Fonte: Crossan; Lane; White, 1999, p. 532.

A ideia de circularidade presente nesse modelo é essencial para entendermos por que, em 2001, Bitencourt, em seu estudo sobre aprendizagem entre os níveis, verificou que não se confirma o pressuposto de que a aprendizagem organizacional começa pela aprendizagem individual: "Primeiramente, a aprendizagem coletiva não inicia necessariamente pela aprendizagem individual, conforme observado através de práticas que privilegiam a interação entre as pessoas. Assim, a aprendizagem coletiva pode ser desencadeada no ambiente do próprio grupo" (Bitencourt, 2001, p. 242). Outra constatação importante da autora foi a de que não é preciso que a aprendizagem individual esteja sistematizada em práticas para gerar ou estimular aprendizagem organizacional, uma vez que práticas informais também geram aprendizagem.

De acordo com Cook e Yanow (1993), para tratar da aprendizagem organizacional, deve-se considerar também a perspectiva cultural de aprendizagem, a qual evidencia que a aprendizagem ocorre quando é concebida na interação social. Portanto, a aprendizagem individual não está isolada do contexto organizacional e social do próprio indivíduo (Takahashi, 2007).

A respeito das aprendizagens individual e organizacional, Schulz (1993) demonstrou que há uma inibição mútua entre elas. Ao estudar as mudanças nas regras das organizações – vistas como estruturas que guardam conhecimento organizacional –, o autor verificou que seu excesso inibe a aprendizagem individual e o desenvolvimento de competências:

> Isto significa que aprendizagem individual pode inibir aprendizagem estrutural e aprendizagem estrutural pode inibir aprendizagem individual: (i) aprendizagem estrutural inibe aprendizagem individual quando ela envolve frequentes modificações e atualização das regras. Modificações frequentes de regras previnem que experiências suficientes sejam intensificadas com cada modificação. Isto inibe o desenvolvimento de competências. (ii) aprendizagem individual inibe aprendizagem estrutural quando o ajuste de regras envolve a invalidação de competências acumuladas. Participantes organizacionais resistem à invalidação de suas competências. Isto inibe o ajuste de regras. (Schulz, 1993, p. 228)

O autor destaca que os dirigentes e gestores precisam encontrar um equilíbrio entre promover aprendizagem individual e organizacional, ou, segundo Takahashi (2007), encontrar um equilíbrio entre usar competentemente procedimentos que podem estar obsoletos e usar incompetentemente procedimentos atualizados.

Mas, afinal, o que podemos considerar sobre o nível organizacional da aprendizagem? Segundo Takahashi (2007, p. 77), aprendizagem organizacional é coletiva, ocorre na interação social, envolve dinamicamente os diversos níveis, refere-se ao processo de *sensemaking* (construção do sentido), pode ser despertada por eventos, e está relacionada à história, aos valores e às aspirações da organização (presente, passado e futuro) registrados na sua memória.

Assim, de acordo com a autora, a questão, em aprendizagem organizacional, não é articular os níveis (tornar-se), mas identificar quando e por que é organizacional (ser). De forma mais completa, a aprendizagem organizacional refere-se:

> ao processo de mudança transformacional, envolvendo os vários níveis (indivíduos, grupos e organização), pelo qual se dá a criação, utilização e institucionalização do conhecimento. Ela opera no âmbito coletivo, abrangendo aspectos cognitivos, comportamentais e culturais. Seu resultado, ou conteúdo, é o próprio conhecimento, fonte e resultado de seu *background* (história, hábitos e experiências), expresso no desenvolvimento das competências organizacionais (aquisição, alavancagem ou manutenção). (Takahashi, 2007, p.77)

Dois elementos chamam a atenção nesse conceito de aprendizagem organizacional: mudança e conhecimento. Portanto, a aprendizagem somente ocorre no nível organizacional quando há mudanças mais profundas e quando o conhecimento é internalizado. Alguns autores até chegam a tratar *aprendizagem* e *mudança* como sinônimos. Compreender esse nível de análise da aprendizagem nos possibilita evitar inúmeros erros no cotidiano da gestão organizacional e a pensar em como podemos potencializar a capacidade de aprendizagem das organizações, de forma que se facilitem as mudanças necessárias e a absorção dos conhecimentos fundamentais para a inovação – os quais permitirão não apenas a sobrevivência, mas também o crescimento organizacional.

6.2 Aprendizagem e mudança organizacional

Como vimos no capítulo anterior, um dos pontos de consenso entre os autores de aprendizagem é a mudança organizacional. A aprendizagem somente ocorre em nível organizacional se houver uma mudança que provoque algum impacto nos valores organizacionais que orientam as decisões e ações. Caso contrário, a aprendizagem ocorre para os indivíduos ou, no máximo, para um grupo de indivíduos da organização.

Muitos autores usam os termos *adaptação* e *mudança* como sinônimos, mas, segundo Hedberg (1981), esses termos apresentam significados diferentes. *Adaptação* tem um sentido mais restrito de ajuste, já *aprendizagem*, um sentido mais amplo e complexo. Dessa forma, a adaptação pode ser parte da aprendizagem, a qual envolve mais fatores (Takahashi, 2007).

Argyris e Schön (1978), Fiol e Lyles (1985), e Barr, Huff e Stimpert (1992) relacionaram o tipo de mudança, ou ajuste, feita na organização com determinado tipo de aprendizagem. Vejamos as diferenças no Quadro 6.4.

Quadro 6.4 – **Mudança e aprendizagem**

Argyris e Schön (1978)	Fiol e Lyles (1985)	Barr, Huff e Stimpert (1992)
• *Single Loop*: melhorias incrementais • *Double Loop*: reflexividade e valores • *Deutero Learning*: aprender a aprender	• Nível inferior: mudanças de pequeno impacto, em determinada atividade; racionalidade funcional • Nível superior: desenvolvimento de habilidades, mudança nos esquemas interpretativos	• Baixo grau: mudanças incrementais • Alto grau: mudanças transformacionais, significativas no entendimento e nos modelos mentais

Fonte: Adaptado de Argyris; Schön, 1978, Fiol; Lyles, 1985; Barr; Huff; Stimpert, 1992, por Takahashi, 2007, p. 68.

O primeiro trabalho foi o de Argyris e Schön (1978). Os autores classificaram a aprendizagem em três níveis, conforme o tipo de mudança, com base em um trabalho anterior de Bateson (1972), que já havia mencionado aprendizagem de primeira, segunda e terceira ordem. A aprendizagem *single loop* (de circuito simples) ocorre quando há apenas melhorias incrementais nas práticas e rotinas, correção de erros e pequenos ajustes, de forma a preservar a essência do modo de a organização agir; ela pode ocorrer quando, por exemplo, os sistemas administrativos são ajustados.

A aprendizagem *double loop* (de circuito duplo) acontece quando as mudanças são profundas, demandam reflexão e questionamento e atingem os valores organizacionais – a cultura organizacional, portanto. Ela pode ocorrer quando, por exemplo, novos diretores mudam a forma de gestão, causando uma ruptura com o modo tradicional de produção, ou quando há uma crise significativa que demande mudanças radicais. Esse tipo de mudança é particularmente importante para a renovação e transformação de uma organização, principalmente quando ela precisa de grandes mudanças para se reorganizar (Antal et al., 2001).

O terceiro tipo de aprendizagem, a *deutero learning*, acontece apenas quando a organização torna-se consciente de seu processo de aprendizagem e passa a interferir nesse processo de modo que se promova sua aprendizagem, ou seja, o próprio processo de aprendizagem é examinado e aprendido (Takahashi, 2007). Quando a lei de inclusão de pessoas com deficiência foi implantada no Brasil, estabelecendo que as empresas tivessem, em seu quadro de funcionários, um percentual dessas pessoas, algumas dessa empresas fizeram um pequeno ajuste em seus processos seletivos, a fim de alterar o mínimo possível as rotinas organizacionais. Nesse caso, a aprendizagem foi de circuito simples, pois envolveu uma mudança incremental. No entanto, outras empresas preferiram refletir sobre a importância da inclusão e idealizaram um sistema de gestão da diversidade – o qual envolveu mais do que uma pequena mudança – desenvolvendo, além de um programa de seleção, outras práticas para lidar com seus novos funcionários. Nesse caso, houve um impacto nos valores organizacionais e a aprendizagem foi de circuito duplo. O mesmo exemplo poder ser citado em relação à legislação referente à proteção ambiental.

Por trás dessa classificação, está a chamada *teoria da ação*, desenvolvida por Argyris e Schön (1978). Por meio dela, os autores afirmam que toda pessoa desenvolve, de modo inconsciente, um conjunto de regras para orientar seu comportamento e entender o comportamento dos outros. No entanto, há uma diferença entre a teoria que a pessoa coloca em prática e aquela que ela pensa ou declara que usa. A teoria que orienta o comportamento de fato é a teoria praticada (*theory-in-use*) e a teoria que é defendida e julgada como a utilizada é a teoria da ação declarada (*espoused theory*). A teoria em uso é a que realmente dá sentido ao comportamento, porque é a que, de fato, orienta a pessoa.

De forma geral, de acordo com a teoria da ação, as pessoas agem sem perceber as diferenças entre sua ação e a maneira como pensam que agem. Essas mudanças entre pensamento/intenção e prática ocorrem porque as pessoas procuram evitar ameaças, situações constrangedoras, sentir-se vulneráveis ou, ainda, incompetentes. A questão-chave é que, quando os resultados das ações são os desejados, a teoria praticada é confirmada, mas, caso não o sejam, as pessoas precisam corrigir o distanciamento entre a teoria e a prática por meio de mudanças – que podem ser apenas de ajustes ou profundas, aproximando, de fato, a teoria em uso da teoria declarada.

Assim, se a mudança for apenas um pequeno ajuste, sem maiores significados, será de circuito simples. Se envolver reflexão e alteração dos valores que guiam a ação, será de circuito duplo. É importante destacar que Argyris e Schön (1978) estão se referindo a pessoas na organização, no mundo do trabalho – razão por que podemos transpor essa classificação para a aprendizagem organizacional. Isso posto, se a mudança é apenas em um procedimento, de pequeno porte, trata-se de uma aprendizagem do tipo *single loop*; já se envolver a cultura organizacional, trata-se do tipo *double loop*.

A segunda classificação de aprendizagem foi proposta por Fiol e Lyles, em 1985. Elas classificaram o tipo de aprendizagem em nível inferior e superior, de acordo com a mudança ocorrida. A de nível inferior acontece quando há um ajuste nas regras de determinada estrutura organizacional, ou seja, uma correção nas rotinas. Normalmente, tem curta duração e o impacto ocorre somente em uma parte restrita da organização. Esse tipo de mudança ocorre, geralmente, quando os gestores julgam controlar a situação e querem apenas fazer um aperfeiçoamento, uma correção ou melhoria pontual – o que pode ser feito tanto em nível operacional quanto em níveis superiores de gestão.

Já a aprendizagem de nível superior envolve uma reformulação no modo de pensar as regras e as normas da organização. A mudança tem um efeito de longo prazo e o impacto se dá na organização como um todo. Um exemplo desse tipo de mudança é a revisão da missão organizacional e o estabelecimento de novas diretrizes estratégicas da administração. Trata-se de um processo cognitivo que envolve o desenvolvimento de novas descobertas e habilidades e altera os modelos mentais, visando a ajustes mais profundos. Crises significativas, novas lideranças ou a entrada em novos mercados são exemplos de situações que podem disparar um processo de aprendizagem de nível superior.

A terceira classificação apresentada no quadro é a de Barr, Huff e Stimpert (1992), que identificam a aprendizagem como de baixo e alto grau em função da alteração ocorrida. Quando a mudança é incremental, há aprendizagem de baixo grau; quando a mudança é transformacional, a aprendizagem é de alto grau.

A essa altura, você já deve ter percebido a relação existente entre as três classificações apresentadas. As aprendizagens do tipo *single loop*, de nível inferior ou de baixo grau, referem-se às mudanças incrementais, de pequeno impacto e em determinada atividade. As aprendizagens *double loop*, de nível superior ou de alto grau, envolvem mudanças profundas, alteração nos modelos mentais e têm impacto na organização como um todo. Vale ressaltar que as mudanças do segundo tipo não são frequentes e rotineiras, pois os valores e crenças das organizações estão profundamente arraigados e fornecem estabilidade a ela (Machado-da-Silva; Fernandes, 1999). Por conta disso, mudanças importantes podem não ocorrer ou demorar para acontecer, atrasando as reorientações estratégicas, justamente porque os modelos mentais não são facilmente alterados (Hinings; Greenwood, 1989).

A respeito da importância da ocorrência de mudanças em organizações, De Geus (1997) comandou um estudo com empresas com mais de 100 anos de existência e que foram capazes de conduzir mudanças profundas com base no conhecimento que tinham de si mesmas e do ambiente em que atuavam:

> Todos os gerentes têm conhecimento e o desenvolvem cada vez mais com o tempo, uma vez que toda pessoa – e sistema – estão continuamente envolvidos com o aprendizado. De fato, o processo decisório normal nas empresas é de aprendizado porque as pessoas mudam seus próprios modelos mentais e constroem um modelo conjunto conforme conversam com as outras. (De Geus, 1997, p. 117)

Além de deter a capacidade de mudança, para que a aprendizagem organizacional ocorra, é necessário que a organização supere a resistência à mudança. Isso acontece porque, muitas vezes, surgem posturas defensivas por parte de profissionais, principalmente os bem-sucedidos, que tendem a justificar suas práticas. Quando as mudanças incrementais não funcionam, em vez de refletir de forma mais aprofundada sobre as práticas adotadas, os gestores podem assumir uma postura defensiva, limitando sua capacidade de aprendizagem, justamente em um momento necessário para a organização (Argyris; Schön, 1978; Argyris, 2000).

Rotina defensiva é qualquer ação ou política desenvolvida para evitar surpresa, embaraço ou ameaça. Contudo, as rotinas defensivas podem dificultar o aprendizado e, assim, impedir que os problemas sejam investigados e eliminados (Argyris, 1997). Elas ocorrem principalmente quando há um clima de desconfiança. Segundo Zarifian (2001), em maior ou menor grau, a rotina defensiva existe em todas as organizações e é difícil identificá-la, até que uma crise aconteça. De todo modo, é sempre bom lembrar que crises, conforme aponta De Geus (1997), podem significar uma oportunidade para refletir sobre práticas, constatar a necessidade de mudanças e, por consequência, desencadear um processo de aprendizagem.

As crises ocorrem quando há uma ameaça à sobrevivência, o crescimento não foi alcançado ou existe pouco tempo para reagir a alguma situação (Lucas, 2015). Essa ameaça, segundo Takahashi (2007), pode ser desencadeada por outras organizações do setor, por mudanças na sociedade, pela ineficiência interna ou por qualquer outro fator econômico ou social, seja interno, seja externo à organização.

6.3 Aprendizagem e conhecimento organizacional

Como vimos, a perspectiva cognitiva de aprendizagem destaca o papel do processamento de informações na aprendizagem organizacional por meio dos estudos da psicologia cognitiva. De acordo com essa perspectiva, a aprendizagem ocorre quando há mudança no estado de conhecimento, e não no comportamento.

Para Nonaka e Takeuchi (1997), o conhecimento diz respeito a crenças justificadas e compromissos reais, consistindo em um processo dinâmico de justaposição das crenças pessoais sobre a verdade – em vez de um processo estático e absoluto. Davenport e Prusak (1998) diferenciaram *conhecimento* de *informação*, ressaltando que o primeiro consiste na utilização das informações em um contexto específico. Em outras palavras, certamente não podemos considerar que as informações disponíveis à organização são conhecimentos.

Já Spender (2001) considera o conhecimento por meio de uma perspectiva cultural, definindo-o como um processo social de construção e compartilhamento de significados. Para Prange (2001), todo processo de aprendizagem organizacional conduz a algum tipo de conhecimento. Segundo Takahashi (2007), esse conhecimento, como resultado, é chamado por Cyert e March (1963) e Levitt e March (1988) de *rotinas*; de *base de conhecimento* por Duncan e Weiss (1979); de *teorias da ação organizacional* por Argyris e Schön (1978); de *sistemas cognitivos* por Hedberg (1981); de *mente coletiva* por Weick e Roberts (1993).

Santos e Fischer (2003) afirmam que o conhecimento é único para a organização e resulta do relacionamento entre pessoas que desenvolvem repertórios sociais e cognitivos próprios – sendo, portanto, um guia para a conduta e ação humana, influenciado pela dinâmica social. No campo da administração, para ter alguma utilidade, o conhecimento criado precisa ser absorvido.

Apesar de uma ou outra divergência conceitual, é possível observar, como já foi salientado, que a aprendizagem somente pode ser pensada na organização incorporando-se à noção de conhecimento. Há um consenso de que a aquisição, a utilização e a incorporação de conhecimentos são fundamentais para que ocorra aprendizagem organizacional (Fischer; Silva, 2004). O quadro a seguir mostra como os autores relacionam o conceito de *conhecimento* com a aprendizagem nas organizações.

Quadro 6.5 – Relação da aprendizagem organizacional ao conhecimento

Autores	Aprendizagem organizacional e conhecimento
Argyris e Schön (1978)	Teorias de ação concebidas como *estruturas cognitivas* subjacentes a todo comportamento humano. Noção de circuito duplo: a aprendizagem organizacional não ocorre se modificações nas estratégias, normas e nos pressupostos não estiverem embutidas na memória organizacional.
Ducan e Weiss (1979)	A base de *conhecimento* organizacional é conteúdo da aprendizagem organizacional.
Fiol e Lyles (1985)	A aprendizagem organizacional significa o processo de melhoria de ações por meio de melhor *conhecimento* e compreensão.
Huber (1991)	Aprendizagem organizacional como processos de aquisição de *conhecimento*, distribuição de informação, interpretação de informação e memória organizacional. Uma organização aprende se qualquer de suas unidades adquire conhecimento que ela reconhece como útil.
Nonaka e Takeuchi (1995)	A aprendizagem dos membros da organização precisa ser socializada, compartilhada, para passar a ser uma propriedade, o que implica converter o *conhecimento* tácito em conhecimento explícito.
Stata (1997)	Aprendizado organizacional ocorre por meio do compartilhamento de ideias, *conhecimentos* e modelos mentais... [e] se fundamenta no conhecimento e experiências do passado – ou seja, na memória.
Bitencourt (2001)	Aprendizagem organizacional "refere-se a como a aprendizagem na organização acontece, isto é, às habilidades e processos de construção e utilização do *conhecimento* (perspectiva processual)".
Isidoro-Filho (2007)	A capacidade de aprender permite que a organização identifique, processe e retenha *conhecimentos*, resultando em melhorias do processo decisório e capacidade de competição.

Fonte: Takahashi, 2007, p. 79.

Quando falamos da revisão teórica de Easterby-Smith e Lyles (2003), no capítulo anterior, mencionamos que o trabalho de Nonaka e Takeuchi (1997) foi considerado o mais popular, principalmente para a subárea de gestão do conhecimento. Para Nonaka e Takeuchi (1997), o conhecimento pode ser individual ou coletivo, tácito ou explícito, estoque ou fluxo, interno ou externo. Conhecimento explícito é aquele formal e sistemático, que pode ser facilmente compartilhado e que está expresso em formatos de fácil acesso, como os manuais. Conhecimento tácito é aquele altamente pessoal, que não está formalizado e é difícil de ser compartilhado, porque repousa na dimensão cognitiva do indivíduo. Trata-se de um conhecimento internalizado que não sabemos explicar como existe. Uma importante contribuição desses autores foi destacar que o conhecimento é relevante para a organização quando deixa de ser tácito (âmbito individual) e passa a ser explícito, pois, dessa maneira, outras pessoas podem acessá-lo. Mas, se o conhecimento é desenvolvido pelo indivíduo, mesmo que em interação social, como é possível convertê-lo em explícito?

Para Nonaka e Takeuchi (1997), quatro padrões básicos coexistem na criação do conhecimento organizacional, como em uma espiral do conhecimento: (1) a socialização (de implícito para implícito), cuja aprendizagem se dá por observação, imitação, prática; (2) a combinação (de explícito para explícito), que não amplia a base de conhecimento da empresa; (3) a externalização (de implícito para explícito), que possibilita que um conhecimento seja compartilhado e gere algo novo; (4) a internalização (de explícito para implícito), a qual permite que, quando compartilhado, o conhecimento passe a ser interiorizado pelas pessoas, que começam a utilizá-lo para ampliar, expandir e reconfigurar seu próprio conhecimento implícito.

Prange (2001) destacou que estudos de aprendizagem organizacional e conhecimento não estavam explorando os processos de geração de conhecimento e sua vinculação com os resultados. Patriotta (2003) também fez ressalvas aos estudos até então desenvolvidos, chamando a atenção para a falta de pesquisas que explorassem como o conhecimento criado era internalizado e institucionalizado na organização. A habilidade de criar e difundir conhecimentos pode, de fato, ser uma fonte de vantagem competitiva. Mas é a habilidade de incorporar esses conhecimentos em estruturas, rotinas, procedimentos, tecnologia, enfim, no cotidiano da organização, que pode assegurar um efetivo desempenho organizacional.

Portanto, é importante ressaltar que todo processo de aprendizagem organizacional envolve mudanças organizacionais profundas e um fluxo de conhecimento que vai além de sua criação e utilização, pois abrange sua institucionalização.

No próximo capítulo, vamos explorar a questão da criação e da institucionalização do conhecimento. Antes, é necessário retomar os principais conceitos de aprendizagem organizacional, sintetizá-los e correlacioná-los com os capítulos anteriores sobre as competências organizacionais.

6.3.1 Fluxo do conhecimento organizacional

Em relação ao fluxo do conhecimento organizacional, duas questões cruciais são colocadas por Patriotta (2003). A primeira se refere a como o processo de criação e institucionalização do conhecimento leva a novos arranjos organizacionais; a segunda, a como características específicas de determinado cenário organizacional podem facilitar ou dificultar a capacidade dos atores de construção de significados e investigação coletiva.

Uma reflexão importante feita pelo autor é a de que a literatura de administração não revela o quanto o conhecimento tácito é complexo pelo fato de se relacionar à interpretação: "A realidade é necessariamente apreendida por meio de lentes socialmente construídas que tem sedimentado ao longo do tempo" (Patriotta, 2003, p. 60). Dessa forma, os *backgrounds* que orientam as práticas diárias são, simultaneamente, fonte e resultado do conhecimento humano.

De acordo com Patriotta (2003), três fatores afetam o estado de conhecimento da organização: a história, o hábito e a experiência. A história, porque o conhecimento resulta da sedimentação das experiências de aprendizagem ao longo do tempo; o hábito, porque quando o conhecimento é profundamente internalizado e institucionalizado, tende-se a usá-lo de forma quase automática e impensada; a experiência, porque é a base do conhecimento tácito (Takahashi, 2007).

Esses três fatores são importantes para entender o percurso da aprendizagem da organização. Quando pensamos em história, analisamos como as práticas se tornaram sociais, como o conhecimento foi criado e internalizado. O discurso organizacional, ou seja, as narrativas utilizadas pelas pessoas da organização, é uma forma de criar sentido e perpetuar o conhecimento acumulado ao longo da história. Quando há interrupções no processo produtivo, por exemplo, os indivíduos buscam respostas em seu repertório de conhecimento, procurando recompor a "ordem". Assim, eles acessam o conhecimento tácito sedimentado pela história, mesmo que não tenham participado dela desde o início da organização.

Esses foram os meios pelos quais Patriotta (2003) estudou duas plantas industriais automotivas da Fiat, na Itália, procurando entender como o conhecimento flui nas organizações. Seu estudo, com o qual ele observou diferentes processos de aprendizagem, envolveu uma planta antiga, aberta em 1950, e uma planta mais nova, inaugurada em 1994.

Na planta mais recente, ele observou dois momentos, o da criação da fábrica e o do início das operações. No primeiro momento, verificou que novos conhecimentos sobre como montar e desmontar os carros foram criados durante sua construção e preparação, e que o principal resultado da aprendizagem, nessa planta, foi a apropriação do local e das formas de trabalho pelos novos funcionários.

Como a planta foi criada de forma diferenciada da planta antiga, visando a um novo padrão de produção, a organização teve de romper com sua tradição cultural, adotando um paradigma de produção diferenciado. Nesse primeiro momento, projetos da planta e da produção foram construídos e pessoas foram selecionadas para criar uma nova forma de trabalho, sedimentada na experiência de montar e desmontar carros, até chegar à produção plena.

No segundo momento, de plena operação, cada vez que ocorria uma interrupção na produção, as pessoas desenvolviam a capacidade de resolver incidentes, pois já tinham adquirido competências ao longo de suas experiências práticas no trabalho. Cada uma das dimensões de criação da nova planta industrial envolveu conhecimentos que tiveram uma fonte e que também geraram resultados. Por isso dizemos que conhecimento, em um processo de aprendizagem pode ser, ao mesmo tempo, fonte e resultado.

O autor também verificou que, quando a fábrica nova estava sendo estruturada, a aprendizagem ocorreu em relação ao novo processo produtivo, que incluiu o papel dos funcionários, as tarefas e o produto, resultando nas competências de montagem da fábrica e montagem do carro. Quando a planta entrou em pleno funcionamento, baseada em um *design* de vanguarda, os conhecimentos foram colocados em prática e a aprendizagem ocorreu em relação à produção em si mesma, o que resultou na competência de produzir os carros de fato. O que estava acontecendo era um processo gradativo de aprendizagem, em que as competências eram desenvolvidas gradualmente.

O quadro a seguir sintetiza os avanços cronológicos do projeto e os conhecimentos associados a cada momento nessa planta industrial.

Quadro 6.6 – Fases, fontes e resultados do processo de criação do conhecimento

Fase	Fonte do conhecimento	Resultado do conhecimento
1. Concepção do *design*	Benchmarking, valores da companhia	Modelo de fábrica integrado
2. Recrutamento	Educação escolar, valores locais	Conhecimento específico da formação
3. Treinamento formal	Aulas, rotação em outras plantas	Apropriação do papel (por exemplo, perfil profissional)
4. Construção do trabalho	Construção da área	Apropriação da fábrica (por exemplo, atividades, território, equipamentos)
5. Aprendizagem na (des) montagem	Exercícios de simulação no chão de fábrica	Apropriação de tarefas e produtos (por exemplo, método de trabalho)
6. Produção plena	Operações da fábrica	Rotinas

Fonte: Patriotta, 2003, p. 118.

A outra planta estudada por Patriotta (2003) foi a mais antiga da Fiat, de 1950. Como as rotinas já estavam sedimentadas e os conhecimentos profundamente institucionalizados, o autor verificou que as interrupções eram resolvidas pelas pessoas por meio das narrativas, quando conversavam sobre experiências passadas e como as resolveram. Essas histórias funcionavam como repositório de conhecimento – isto é, um meio de acessá-lo –, que fornecia um guia de conduta, representando uma forma de guardar, preservar e manter a memória organizacional, isto é, o próprio processo de aprendizagem organizacional.

Na fábrica antiga, portanto, já havia uma ordem altamente institucionalizada, com rotinas e processos bem definidos. Nesse caso, a aprendizagem já estava bem consolidada e expressa pelas histórias organizacionais, as quais eram retomadas quando havia paradas no processo de produção, a fim de servirem como base para resolver problemas presentes. O conhecimento, socializado pelas narrativas, já estava difundido por meio da cultura organizacional. As rotinas, por sua vez, funcionavam como memória organizacional, ou seja, dispositivos para guardar o conhecimento acumulado ao longo de muitos anos, uma vez que é pelo processo de aprendizagem que ocorre a internalização das histórias da organização – as quais são o meio pelo qual as competências são mantidas (Takahashi, 2007).

A partir dos estudos que fez na Fiat, Patriotta (2003) compreendeu que há diferentes formas de ancorar o conhecimento, de replicá-lo e de institucionalizá-lo. Além disso, verificou que o conhecimento flui na organização por meio de um ciclo de criação, utilização e institucionalização:

> A criação é o começo de um processo circular, recursivo, que possui passos intermediários permeados pela incerteza e ambiguidade, e que representa um potencial para a produção de conteúdos duráveis. A utilização é a aplicação dos conhecimentos em situações concretas, envolve o *modus operandi* distinto, e implica um processo circular, recursivo. A utilização do conhecimento dá o tom da dinamicidade ao conhecimento, pressionando-o para a mudança e transformação, e o reconduz de novo ao processo de criação do conhecimento. A institucionalização é a incorporação do conhecimento e da ação em dispositivos organizacionais estáveis, como estrutura, rotinas, procedimentos, mapas cognitivos, artefatos e outros; seu resultado é o registro desse conhecimento. (Takahashi, 2007, p. 84)

Quando o conhecimento já foi aceito socialmente na organização na forma de códigos, padrões, estruturas ou práticas, ele é tido como certo, e não é mais questionado. Nesse caso, podemos dizer que foi institucionalizado. O conhecimento se torna legítimo quando é válido e, por isso, adotado por todos.

Em suma, o que a pesquisa de Patriotta (2003) nos mostrou foi que o conhecimento tem um fluxo nas organizações – que envolve criação, utilização e institucionalização – cujo resultado é também o conhecimento. Nem sempre os conhecimentos criados são, de fato, utilizados, e se o são, nem sempre são institucionalizados. Isso ocorre, por exemplo, quando uma empresa quer implantar um sistema de gestão, ou novas práticas, e contrata uma empresa de consultoria para treinar os funcionários. Quando a consultoria acaba, por algum motivo, os funcionários voltam às práticas antigas. Desse modo, o conhecimento foi criado, utilizado por um período de tempo, mas não foi internalizado – nem se tornou legítimo para se perpetuar por meio de novas práticas. Quando ele é legitimado, há um senso comum sobre sua importância e plena aceitação, que é resultante de um processo de aprendizagem em que o conhecimento é armazenado nas experiências e torna-se parte da memória organizacional.

Agora que entendemos o que é aprendizagem organizacional e quando ela ocorre, vamos retomar o conceito de *competência organizacional* e relacioná-lo com a aprendizagem.

6.4 Aprendizagem organizacional e competência organizacional

A literatura da área de aprendizagem organizacional se relaciona com a de competências. Sobre essa questão, Takahashi (2007, p. 101) comenta:

> Segundo Raub (2001), o primeiro autor a estabelecer essa relação foi Selznick, ao descrever que, devido à contínua aprendizagem organizacional, a empresa tem uma característica especial, o que significa que ela se torna peculiarmente competente (ou incompetente) para fazer um tipo particular de trabalho.

Em 1990, Prahalad e Hamel, que cunharam a expressão *competência essencial*, foram mais específicos ao afirmar que ela resulta da aprendizagem coletiva da organização. Outros autores posteriores também enfatizaram a relação entre competência e aprendizagem. Takahashi (2007, p. 101-102) sintetiza o que os autores têm evidenciado sobre esta relação:

> Weick (1991) afirmou que o resultado da aprendizagem organizacional é o desenvolvimento de competências organizacionais ou aquisição de uma nova competência. Hamel e Heene (1994) argumentaram que a lenta e persistente acumulação de aprendizagem é o coração da aquisição de competências. Chiesa e Barbeschi (1994) afirmaram que a aprendizagem é o processo que permite uma adaptação contínua de competências específicas da empresa à luz da experiência e informação. Por fim, Vasconcelos e Mascarenhas (2007, p. 19) afirmaram que "uma competência é o resultado de um processo histórico particular de aprendizagem coletiva da organização, por meio do qual podem se consolidar comportamentos únicos à organização, de difícil imitação".

Quando tratamos de competências, afirmamos que elas podem ser vistas de forma estática ao serem avaliadas em determinado ponto no tempo, mas que, em sua essência, são dinâmicas porque se desenvolvem ao longo do tempo. O movimento no estado da competência organizacional é sempre permeado por um processo de aprendizagem. Sanchez, Heene e Thomas (1996) e Sanchez (2001) destacam que as competências podem ser mantidas, alavancadas ou construídas em dado conjunto de atividades envolvendo recursos, a fim de equilibrar objetivos de curto e longo prazo.

No entanto, para que as competências sejam desenvolvidas, mudanças – reativas ou proativas – ocorrem em função de novos direcionamentos estratégicos ou operações de longo prazo (Turner; Crawford, 1994) e demandam flexibilidade e novos conhecimentos. Desenvolver competências requer combinação e articulação de recursos – entre eles conhecimentos, experiências e habilidades –, o que implica uma nova configuração resultante do aprendizado de se lidar com uma nova situação.

Quando queremos entender como as competências organizacionais foram desenvolvidas, independentemente do grau em que se encontram em dado momento, é preciso observar o processo de aprendizagem pelo qual passou a organização, pois "novas tecnologias, novas formas organizacionais, novas normas e valores etc., podem emergir no processo de desenvolvimento de competências" (Drejer, 2000, p. 7).

Da mesma forma, ao investigarmos o processo de aprendizagem de uma organização, podemos entendê-lo como resultante da relação que a aprendizagem estabelece com as competências. A estreita relação entre aprendizagem e competências, vinculada aos processos de mudança e de fluxo de conhecimento, tem implicações gerenciais profundas, pois permite entender as dificuldades que algumas organizações têm em desenvolver competentemente suas atividades.

Vejamos a figura a seguir, desenvolvida por Fleury e Fleury (2004), que mostra o ciclo que se estabelece entre estratégia, aprendizagem e competências – instâncias que se retroalimentam.

Figura 6.2 – **Estratégia e competências essenciais**

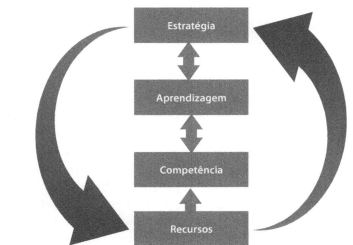

Fonte: Fleury; Fleury, 2004, p. 33.

Nesse modelo, os recursos sustentam a exploração de competências e a aprendizagem sustenta tanto o desenvolvimento delas quanto a definição e a reorientação da estratégia –, o que ocorre de uma forma virtuosa, circular, e prevê a retroalimentação. As competências essenciais "são entendidas como aprendizagem coletiva na organização ou, em outras palavras, são o conjunto de habilidades e tecnologias que habilitam uma companhia a proporcionar um benefício particular para os clientes" (Fleury; Oliveira Junior, 2001, p. 18). Segundo esses autores, os conhecimentos adquiridos pela organização não alcançam *status* de competência se não forem compartilhados e se não despertarem mudanças. Segundo Zollo e Winter (2002), a aprendizagem deve desenvolver a capacidade de mudança e uma falha nesse processo pode transformar as competências essenciais em *competências rígidas* – expressão cunhada por Leonard-Barton (1992).

Diversos estudos foram desenvolvidos em empresas brasileiras para analisar a relação entre aprendizagem e competências. Entre os setores estudados, foram analisados os setores siderúrgico (Figueiredo, 2001; Castro, 2002), metal-mecânico (Büttenbender; Figueiredo, 2002) e educacional (Takahashi, 2007). Já fora do contexto nacional, temos o estudo de Patriotta (2003), no setor automotivo. As conclusões de todos esses estudos confirmaram a relação entre competências e aprendizagem, já constatada teoricamente.

Síntese

Por meio deste capítulo, você pôde entender que, quando falamos em *níveis de aprendizagem*, estamos nos referindo a quem aprendeu – indivíduo, grupo ou organização –, e não à forma como se aprendeu. A aprendizagem ocorre somente em nível organizacional se houver mudanças impactantes nos valores organizacionais que orientam decisões e ações. Todo processo de aprendizagem organizacional envolve mudanças organizacionais profundas e um fluxo que vai além da criação e utilização do conhecimento, pois abrange também sua institucionalização. Entendemos que existe um fluxo de conhecimento nas organizações, o qual envolve criação, utilização e institucionalização, e cujo resultado também é o conhecimento – embora nem sempre os conhecimentos criados sejam, de fato, utilizados e institucionalizados. Outro ponto que abordamos no capítulo foi o de que as competências podem ser observadas de forma estática, ao serem avaliadas em determinado ponto do tempo, mas, em sua essência, são dinâmicas e estão envolvidas em um processo de aprendizagem.

> **Para saber mais**
>
> Para saber mais sobre aprendizagem organizacional e sobre aprendizagem e competências, leia os livros *Aprendizagem organizacional e competências* e *Aprendizagem organizacional no Brasil*. O primeiro livro traz uma coletânea de artigos organizados em duas partes: uma com conceitos e métodos e outra integrando teoria e prática. O segundo livro, de 2011, apresenta artigos que tratam dos níveis de aprendizagem e de aspectos teóricos sobre conceitos de aprendizagem e conhecimento nas organizações.
>
> RUAS, R.; ANTONELLO, C. S.; BOFF, L. H. **Aprendizagem organizacional e competências**. Porto Alegre: Bookman, 2005.
>
> ANTONELLO, C. S.; GODOY, A. S. **Aprendizagem organizacional no Brasil**. Porto Alegre: Bookman, 2011.

Questões para revisão

1. Segundo Cohen (1991), a aprendizagem em nível de grupo é diferente da combinação das aprendizagens individuais. Assim, para que haja a aprendizagem grupal:
   a) existe a necessidade de haver interação e o compartilhamento de experiências, conhecimentos e práticas.
   b) existe a necessidade de isolar conhecimentos.
   c) existe a necessidade de isolar experiências.
   d) é preciso evitar a interação em nível de grupo.

2. O modelo de aprendizagem organizacional proposto por Crossan, Lane e White (1999) sugere que os níveis da "estrutura unificante" estão ligados por quatro processos básicos que envolvem mudanças comportamentais e cognitivas.
   Selecione a alternativa que corresponde a esses processos:
   a) Intuição, interpretação, integração e institucionalização.
   b) Intuição, interpretação, integração e implementação.
   c) Intuição, afirmação, integração e institucionalização.
   d) Dedução, interpretação, integração e institucionalização.

3. Por trás das classificações de *single loop*, *double loop* e *deutero learning* está a teoria da ação, desenvolvida por Argyris e Schön (1978). Selecione a alternativa que conceitua essa teoria:
   a) Nem toda pessoa desenvolve, de modo inconsciente, um conjunto de regras para orientar seu comportamento e entender o comportamento dos outros.
   b) Nem toda pessoa desenvolve um conjunto de regras para orientar seu comportamento e entender o comportamento dos outros, embora tais regras sejam percebidas por ela.
   c) Toda pessoa desenvolve, de modo consciente, um conjunto de regras para orientar seu comportamento e entender o comportamento dos outros.
   d) Toda pessoa desenvolve, de modo inconsciente, um conjunto de regras para orientar seu comportamento e entender o comportamento dos outros.

4. Nonaka e Takeuchi (1997) foram considerados os estudiosos mais famosos da gestão do conhecimento. Para eles, quatro padrões básicos coexistem na criação do conhecimento organizacional:
   a) Socialização, combinação, externalização e roteiro.
   b) Socialização, combinação, externalização e especialização.
   c) Socialização, combinação, externalização e internalização.
   d) Socialização, comunicação, externalização e internalização.

5. Os *backgrounds* que orientam as práticas diárias são fonte e resultado do conhecimento humano. Selecione a alternativa que se refere aos três fatores que afetam o estado de conhecimento da organização:
   a) Motivação, hábito e experiência.
   b) História, hábito e experiência.
   c) Desmotivação, hábito e experiência.
   d) História, hábito e economia.

Questões para reflexão

1. Quando podemos dizer que ocorreu aprendizagem organizacional?
2. Por que a competência é tida como o DNA da organização?
3. Quais são as vantagens e desvantagens do grupo de trabalho?
4. Por que o modelo de aprendizagem organizacional de Crossan, Lane e White (1999) se tornou tão popular?
5. O que significam *single loop* e *double loop*?

7 Introdução à gestão do conhecimento: conceitos e aplicabilidades

Conteúdos do capítulo

- Gestão do conhecimento e conhecimento organizacional.
- Conceitos de gestão do conhecimento.
- Aplicabilidade e modelos de gestão do conhecimento.
- Diferentes modelos de gestão do conhecimento por origem.
- Modelos, dimensões e práticas brasileiras de gestão do conhecimento.

Após o estudo deste capítulo, você será capaz de:

- entender os conceitos de conhecimento organizacional e sua relação com a gestão do conhecimento;
- compreender a importância da gestão do conhecimento organizacional e por que ele se tornou relevante na atualidade;
- entender os conceitos de gestão do conhecimento e as práticas a ela vinculadas;
- entender os modelos de gestão de conhecimento nas suas diversas origens e dimensões;
- compreender que existe um fluxo de conhecimento nas organizações e que nem todo conhecimento criado ou adquirido torna-se necessariamente internalizado;
- analisar a relação entre gestão do conhecimento, gestão por competências e aprendizagem organizacional.

A gestão do conhecimento teve início a partir dos estudos sobre competências e aprendizagem organizacional, os quais ressaltaram a importância do conhecimento para o desempenho e a vantagem competitiva das organizações. Gerir o conhecimento é necessário para que a mudança e a inovação sejam possíveis, uma vez que as organizações devem responder às diversas pressões do ambiente, sejam elas legais, sejam normativas ou concorrenciais. Diversos modelos de gestão do conhecimento foram desenvolvidos, de diferentes origens, inclusive brasileira, sendo o modelo japonês de espiral do conhecimento o responsável por popularizar os estudos da área.

Para operacionalizar um modelo que privilegie a gestão do conhecimento organizacional, é necessário desenvolver práticas gerenciais que permitam a criação, o compartilhamento e a retenção do conhecimento, sendo este diferente de dados e de informação.

7.1 Gestão do conhecimento e conhecimento organizacional

No capítulo anterior, verificamos que a aprendizagem organizacional envolve mudanças profundas e um fluxo de conhecimento. Veremos, a seguir, como o conhecimento pode ser gerido nas organizações.

O conhecimento assumiu importância significativa nas últimas décadas, principalmente a partir da revolução da comunicação e da informação. Em outros tempos, a terra era o fator primário da economia e sua posse significava privilégios econômicos e sociais. Posteriormente, com a Revolução Industrial, as máquinas a vapor – e, depois, as máquinas usadas na produção de modo geral – assumiram esse papel. Atualmente, o conhecimento é o fator principal da sociedade da informação.

Do ponto de vista das teorias econômicas, no estágio atual do sistema capitalista, o conhecimento passou a ser o principal articulador da economia. A necessidade das empresas por inovação depende da produção de novos conhecimentos que permitam a criação de novas tecnologias no que tange produtos, processos e serviços. É esse o contexto que engloba, atualmente, a discussão do conhecimento – diferentemente da forma como já foi debatido há séculos, por meio de estudos de correntes científicas como as da filosofia, sociologia, psicologia e economia.

Na administração, o estudo do conhecimento tem se tornado cada vez mais relevante, pois as organizações precisam absorver novos conhecimentos, gerenciá-los e retê-los para poder competir por meio de novidades e melhorias no mercado, de acordo com as necessidades dos clientes. Segundo Drucker (1993, p. 21), o conhecimento é visto atualmente,

> ao mesmo tempo, como recurso chave pessoal e econômico. Na verdade, o conhecimento é hoje o único recurso com significado. Os tradicionais fatores de produção – terra (isto é, recursos naturais), mão de obra e capital – não desapareceram, mas tornaram-se secundários. Eles podem ser obtidos facilmente, desde que haja conhecimento.

Para falar em gestão do conhecimento, precisamos, antes, compreender o que é o conhecimento organizacional.

7.2 Conhecimento organizacional

Afinal, o que é *conhecimento*? O homem busca, há séculos, conhecer o mundo em que vive, movido pela curiosidade de entendê-lo. Para tratar do conhecimento, Maturana e Varela (2001, p. 267), de forma metafórica, afirmam que "quando Adão e Eva comeram o fruto do conhecimento do bem e do mal, viram-se transformados em outros seres e não mais voltaram à antiga inocência. [...] sabiam-se desnudos; sabiam que sabiam!". A macieira representa a árvore da ciência e a maçã é o símbolo da imortalidade, do conhecimento e do saber. Uma vez mordida a maçã, rompe-se com um estado de "ignorância", o qual é representado pela nudez.

Por meio dessa metáfora, podemos dizer que o conhecimento é uma inquietação humana antiga. O ato de conhecer promove um rompimento com um estado de natureza anterior, trazendo mudanças. Os filósofos gregos exerciam a política por meio da persuasão. As verdades deveriam ser justificadas por meio da argumentação, da oratória e do debate, o que significava que contemplação era superior à ação. A modernidade inverteu essa relação, promovendo a superioridade da ação com o conceito do trabalho, o *homo faber*.

Na Antiguidade, os celtas, por exemplo, tinham uma visão diferente da veiculada pelas práticas atuais, pois não separavam *saber* e *agir*, adotando uma concepção integrada do conhecimento e da ação (Carbone et al., 2009) – dois conceitos relevantes para a gestão do conhecimento. O conhecimento como objeto e o conhecimento como ato de conhecer (processos individual e social) estão relacionados, visto que todo conhecer humano pertence a um mundo e é sempre vivido dentro de dada tradição cultural (Maturana; Varela, 2001), como a ciência, a qual é validada por critérios científicos.

Desde as antigas reflexões filosóficas sobre o conhecimento, seu conceito acabou por se tornar um tema de estudo das mais diversas áreas. A economia mudou, o mundo do trabalho também e as relações sociais passaram a ser, além de presenciais, virtuais. A inovação, cuja base está na produção do conhecimento, passou a ser condição de sobrevivência, crescimento organizacional e de vantagem competitiva.

No processo de criação do conhecimento, as pessoas são os atores principais, agentes ativos de sua produção social. Tendo em vista que o conhecimento é a relação entre um sujeito que busca o saber e um objeto, certamente ele envolve o estabelecimento de uma relação entre aquele que conhece e o que passa a ser conhecido. É na relação social que o conhecimento se constrói. Trata-se de um processo de movimento e mudança.

Não há consenso sobre o que é o conhecimento organizacional. Davenport e Prusak (1998) afirmam que o conhecimento advém da informação que, por sua vez, deriva dos dados. As informações são dados que adquirem relevância quando são percebidos pelo indivíduo, causando impacto em suas concepções ou em seu comportamento. Já os dados são apenas fatos ou eventos isolados, sem significado inerente. Assim, o conhecimento pode ser visto como um conjunto de informações reconhecidas e integradas pelas pessoas em um esquema pré-existente. Em outras palavras, as informações são transformadas em conhecimento pelas pessoas.

Para Angeloni (2008), o conhecimento implica um agrupamento articulado de informações por meio da legitimação empírica, cognitiva e emocional, possibilitando a compreensão das diversas dimensões da realidade. Probst, Raub e Romhardt (2002, p. 29) afirmam que conhecimento "inclui tanto a teoria quanto a prática, as regras do dia a dia e as instruções sobre como agir. O conhecimento baseia-se em dados e informações, mas, ao contrário deles, está sempre ligado a pessoas. Ele é constituído por indivíduos e representa suas crenças causais".

A discussão sobre a possibilidade e os meios de gerir o conhecimento nas organizações é ainda recente. Em 1990, Senge popularizou essa discussão quando publicou uma obra que discorre sobre organizações que aprendem, como vimos nos capítulos sobre aprendizagem organizacional. Mas foi em 1993 que a economia do conhecimento ganhou destaque: "conhecimento é informação eficaz em ação, focalizada em resultados" (Drucker, 1993, p. 4).

Em 1995, Nonaka e Takeuchi exploraram a noção de conhecimento tácito de Polanyi (1983) e apresentaram, em uma obra que marcou os estudos de gestão do conhecimento, a espiral do conhecimento para converter conhecimentos tácitos e explícitos. Para esses autores, com base nas ideias filosóficas de Platão, o conhecimento deve ser compreendido como uma crença verdadeiramente justificada. Em outras palavras, para que o conhecimento seja reconhecido, ele tem de ser justificado com base em uma verdade aceita socialmente.

Em 1998, Davenport e Prusak publicaram um trabalho sobre a geração, codificação e transferência do conhecimento. A partir de então, o tema ganhou ainda mais popularidade. Livros e artigos a respeito foram publicados, assim como dissertações e teses foram escritas em universidades nacionais e estrangeiras. Em 2001, ao colocar a expressão *knowledge management* em *sites* de busca, apareciam 143.000 referências. Em 2014, ao inserir *gestão do conhecimento*, surgiam 12.300.000 referências. A tecnologia da informação (TI) tem sido a grande aliada dos sistemas de gestão do conhecimento na última década. Em 2014, a expressão *knowledge management software*, no mesmo tipo de busca, gerou 57.600.000 referências. De fato, a informática tem ajudado significativamente a gestão do conhecimento. Contudo, é preciso lembrar do que afirmam Krogh, Ichijo e Nonaka (2001, p. 40): "Decerto, a tecnologia da informação é útil, talvez indispensável na empresa moderna. Mas os sistemas de informação são de utilidade limitada". Os autores defendem essa ideia porque acreditam que a criação do conhecimento está mais associada aos relacionamentos e à interação do que a banco de dados. Por isso, as empresas precisam investir em treinamentos que enfatizem tal interação e o conhecimento emocional.

Mas como estudar o conhecimento nas organizações? Onde ele está? Como mapeá-lo? Como criá-lo e como internalizá-lo sem que a organização fique refém do conhecimento individual? Essas são algumas das questões que norteiam o debate sobre a gestão do conhecimento. Saber como reconhecer o conhecimento nas organizações é uma preocupação que perpassa a maioria dos estudos da área, conforme aponta Patriotta (2003, p. 6):

> Estudar o conhecimento em organizações é como observar o silêncio em um mundo de barulho. Isto essencialmente envolve compreender a interação sutil entre *background* e *foreground*, ausência e presença, ordem e desordem dentro de um conjunto organizado. Compreender tais relações implica conhecer o fato de que quanto mais algo é óbvio, mais está escondido para observar; quanto mais nós estamos perto da pintura, menos nós notamos; quanto mais nós sabemos, menos nós vemos. Como o silêncio, o conhecimento é sedutor e evasivo ao mesmo tempo. De fato, uma referência comum na literatura de conhecimento organizacional é a máxima de Polanyi de que "nós sabemos mais do que nós podemos dizer". [...] De fato, a máxima de Polanyi nos lembra que desde que nós não podemos expressar a maior parte do que sabemos, muito do que sabemos permanece em silêncio.

Nesse sentido, Terra (2000) afirma que o conhecimento é difícil de ser mensurado, compreendido, classificado e medido da mesma forma que os recursos financeiros, por exemplo, uma vez que é intangível, invisível e difícil de ser imitado. Além disso, sua depreciação não acontece como com os bens tangíveis.

Portanto, o conhecimento não é estático, é fluido, modifica e se modifica com a articulação de novas informações, envolvendo experiências, valores, contexto e descobertas. É resultado de aprendizagem e, por isso, é conteúdo. É também fonte para novos conhecimentos e, por isso, é processo.

Como processo, o conhecimento envolve a dimensão da interpretação sobre o ambiente, já que as informações são assimiladas por meio de filtros para, então, serem consolidadas como esquemas de referência – os quais, quando compartilhados na organização, orientam as decisões e ações. O conhecimento é, portanto, produzido na relação social, na interação entre as pessoas, e não existe sem o sujeito. Ele é reconstruído e utilizado no dia a dia do trabalho organizacional.

Sanchez e Heene (1997) afirmam que o conhecimento organizacional pode ser visto como um conjunto de crenças compartilhado sobre relações causais, mantidas por indivíduos em um grupo. Já Fleury e Oliveira Junior (2008) destacam que são as interações que acontecem no ambiente de negócios que geram o conhecimento de uma empresa.

Quanto aos tipos de conhecimento, Nonaka e Takeuchi (1997) apresentam os conceitos de conhecimento tácito (implícito) e explícito (expresso), sobre os quais falaremos a seguir. Já Duguid e Brown (2008) falam sobre os conceitos de *know-that* e *know-how* e concebem a organização como um fluxo de conhecimento, em que os indivíduos vivenciam um processo de socialização baseado na experiência e prática compartilhadas. Portanto, o conhecimento, que pode ser identificado nas práticas sociais de trabalho, pode ser:

- disponível, por ser revelado na prática mais do que por meio de declarações;
- distribuído, por necessitar dos membros de um grupo;
- parcial, porque cada indivíduo em si não detém todo o conhecimento;
- improvisado, por exigir coordenação do grupo na prática e por demandar, muitas vezes, estratégias emergentes.

Outra classificação do conhecimento foi proposta por Lundval e Johnson (1994): *know-what, know-why, know-how* e *know-who*. O *know-what* (saber o quê) representa o conhecimento de algo específico, um fato; o *know-why* (saber por quê) é o conhecimento das razões do que acontece, o conhecimento científico, como o estudado nas universidades e centros de pesquisa; o *know-how* (saber como) é o conhecimento materializado na habilidade, o saber fazer, realizar; e por fim, o *know-who* (saber de quem) refere-se ao responsável pelas decisões relativas ao conhecimento e à alocação das habilidades.

Se lembrarmos dos conceitos de competências, veremos que elas são compostas por conhecimentos e resultam de um processo de aprendizagem na organização. Portanto, o conhecimento está no centro dos processos de desenvolvimento de competências e de aprendizagem organizacional. Segundo Becker (2001, p. 71),

> Conhecer pode ser visto como uma capacidade de transformar o objeto e, também, de transformar-se a si mesmo. O processo educacional que nada transforma está negando a si mesmo. O conhecimento não nasce com o indivíduo nem é dado pelo meio social. O sujeito constrói o seu conhecimento na interação com o meio – tanto físico, como social.

Com a discussão sobre o conhecimento organizacional, e entendendo sua centralidade nos processos de gestão, podemos passar agora a uma discussão mais específica sobre a gestão do conhecimento.

7.3 Conceitos de gestão do conhecimento

Também conhecida como *knowledge management*, a gestão do conhecimento tem despertado a atenção de estudiosos e gestores, que reconhecem que o conhecimento pouco utilizado pode significar prejuízos e perda de melhores práticas (Carbone et al., 2009). Para Falcão e Bresciani Filho (1999), a gestão do conhecimento é o processo organizacional consciente e sistemático de coleta, organização, compartilhamento e análise do acervo de conhecimento usado para atingir objetivos.

A gestão do conhecimento é estratégica na medida em que o ambiente está constantemente passando por mudanças, o que demanda das organizações avanços tecnológicos dos produtos e serviços e atualização da gestão. De acordo com Nonaka e Takeuchi (2008), para garantir sua sobrevivência, as organizações precisam ficar atentas a essas mudanças.

Esse tipo de gestão contribui para compreender o papel dos recursos intangíveis na gestão estratégica e para assegurar os resultados superiores (Fleury e Oliveira Junior, 2008). Segundo Oliveira Junior, Fleury e Child

(2008, p. 295), "compartilhar conhecimento é definido como o processo de disseminação do conhecimento dentro de uma empresa ou com outras empresas, sob o controle da empresa proprietária desse conhecimento".

Assim, a gestão do conhecimento está relacionada à capacidade da empresa de explorar os conhecimentos organizacionais disponíveis, interna e externamente, para que resultem em capacidade inovadora e, por consequência, em novos produtos, processos, sistemas gerenciais e liderança (Santos, 2011). Segundo Terra (2001), os conhecimentos disponíveis são aqueles que se referem ao capital humano – pois se trata do conhecimento tácito dos funcionários – e são fonte de vantagem competitiva porque difíceis de imitar. As pessoas, portanto, estão na base dos modelos de gestão do conhecimento (Carvalho, 2012).

7.4 Modelos de gestão do conhecimento

Entre os modelos da gestão do conhecimento, o de Nonaka e Takeuchi (1997) é o mais popular, embora a abordagem de criação do conhecimento que utilizam seja mais ampla do que a noção de gestão.

Além do modelo japonês, outros modelos surgiram em diferentes lugares. Na Europa, o foco foi a gestão do capital intelectual e a mensuração do conhecimento (Sveiby, 1998) – abordagem desenvolvida com base nas experiências de executivos como Leif Edvinsson, vice-presidente da empresa sueca Skandia. Nos Estados Unidos, o foco foi a gestão do conhecimento propriamente dito (Carbone et al., 2009).

7.4.1 O modelo de criação do conhecimento de Nonaka e Takeuchi

Nonaka e Takeuchi (1997) destacam que a empresa criadora de conhecimento tem a ver tanto com ideais quanto com ideias, o que alimenta a inovação. Nesse tipo de empresa, inventar novos conhecimentos é uma atividade de todos, uma forma de comportamento, portanto. Para os autores, o conhecimento sempre começa no indivíduo e é transformado em conhecimento organizacional por meio de diversas formas, como uma ideia ou uma patente. Segundo o modelo que criaram, há duas formas de conhecimento, o explícito – que é formal e sistemático, e por isso pode ser facilmente comunicado e compartilhado – e o tácito – que é altamente pessoal, implícito, referente às habilidades técnicas, ou *know-how*, difícil de formalizar e, portanto, difícil de comunicar.

Ao mesmo tempo, o conhecimento implícito tem uma importante dimensão cognitiva. Ele consiste em modelos mentais, crenças e perspectivas tão arraigadas que passam a nos ser naturais, e, portanto, não conseguimos articulá-las com facilidade. Exatamente por isso, tais modelos moldam profundamente a nossa percepção do mundo que nos cerca. (Nonaka; Takeuchi, 1997, p. 31)

A distinção entre os conhecimentos implícito e explícito sugere, para a criação de conhecimento em uma organização, a relação entre quatro padrões básicos, que coexistem e formam uma espiral do conhecimento:

1. **De implícito para implícito (socialização)** – Aprendizagem pela observação, pela imitação e pela prática. De forma isolada, a socialização é uma maneira bastante limitada de criação de conhecimento, pois ele não se torna explícito e não pode ser facilmente alavancado para a organização como um todo.
2. **De explícito para explícito (combinação)** – Combinação de conhecimentos explícitos isolados em um todo, como produzir um relatório financeiro com várias informações já existentes, o que não amplia a base de conhecimento da empresa. É preciso combinar o implícito e o explícito para algo significativo acontecer.
3. **De implícito para explícito (externalização)** – Transforma um conhecimento implícito em explícito, possibilitando que seja compartilhado e gere algo novo.
4. **De explícito para implícito (internalização)** – À medida que o conhecimento explícito é compartilhado, as pessoas começam a interiorizá-lo, utilizando-o para ampliar, expandir e reconfigurar seu próprio conhecimento implícito.

Esses quatro padrões básicos compõem o modelo Seci (socialização, externalização, combinação e internalização). As bases fundamentais dessa espiral do conhecimento são a articulação (conversão de conhecimento tácito em explícito) e a interiorização (uso do conhecimento explícito para ampliar a base pessoal de conhecimento tácito) e ambas exigem um envolvimento pessoal ativo, isto é, o comprometimento pessoal. De acordo com Nonaka e Takeuchi (1997, p. 33),

> como o conhecimento implícito inclui modelos mentais e crenças, além do *know-how*, a passagem do implícito para o explícito é realmente um processo de articulação da visão pessoal de mundo – o que ele é e o que deveria ser. Quando os funcionários inventam novos conhecimentos, eles estão também reinventando a si mesmos, a empresa e até mesmo o mundo.

A figura a seguir demonstra o conhecimento criado pelos quatro modos de conversão e a espiral do conhecimento.

Figura 7.1 – **Conhecimento criado pelos quatro modos de conversão**

Conhecimento tácito em conhecimento explícito

	Conhecimento tácito em conhecimento explícito	
Conhecimento tácito em conhecimento explícito	**(SOCIALIZAÇÃO)** Conhecimento compartilhado Troca de experiências: observação, imitação	**(INTERNALIZAÇÃO)** Conhecimento operacional Saber fazer, dominar, executar
	(EXTERNALIZAÇÃO) Conhecimento conceitual Conceitos/modelos mentais	**(COMBINAÇÃO)** Conhecimento sistêmico Formalização e detalhamento do conceito: projeto, sistema

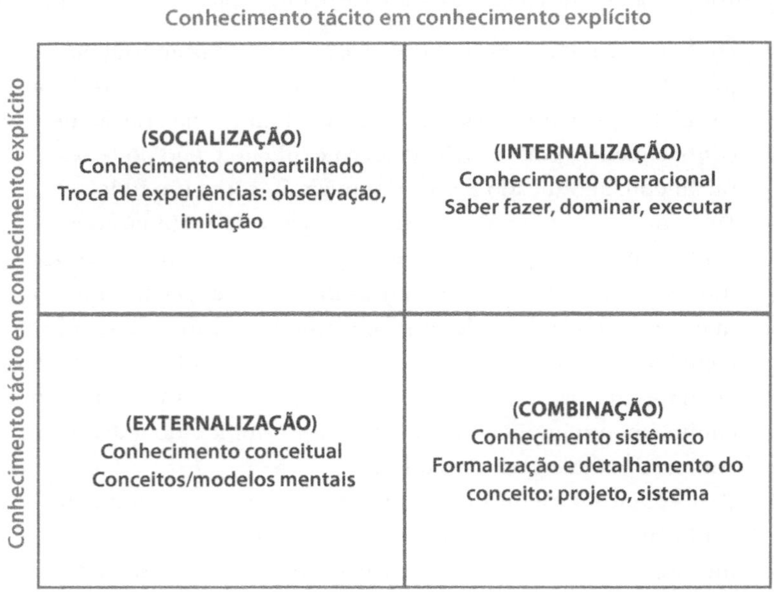

Fonte: Nonaka; Takeuchi, 1997, p. 81.

A próxima figura mostra como esses quatro quadrantes compõem a espiral do conhecimento.

INTRODUÇÃO À GESTÃO DO CONHECIMENTO: CONCEITOS E APLICABILIDADES

Figura 7.2 – **Espiral da criação do conhecimento**

Fonte: Nonaka; Takeuchi, 1997, p. 80.

O processo de criação do conhecimento depende das estruturas e das práticas que traduzem a visão da empresa em tecnologia e produtos inovadores e de como a organização entende o processo de transformar o conhecimento implícito em explícito. Para transformar uma gestão criadora de conhecimento, é necessário executar o princípio da redundância, que consiste na sobreposição consciente de informações, atividades empresariais e responsabilidades gerenciais. Vejamos, a seguir, as fases do processo do conhecimento.

183

Figura 7.3 – Fases do processo de conhecimento organizacional

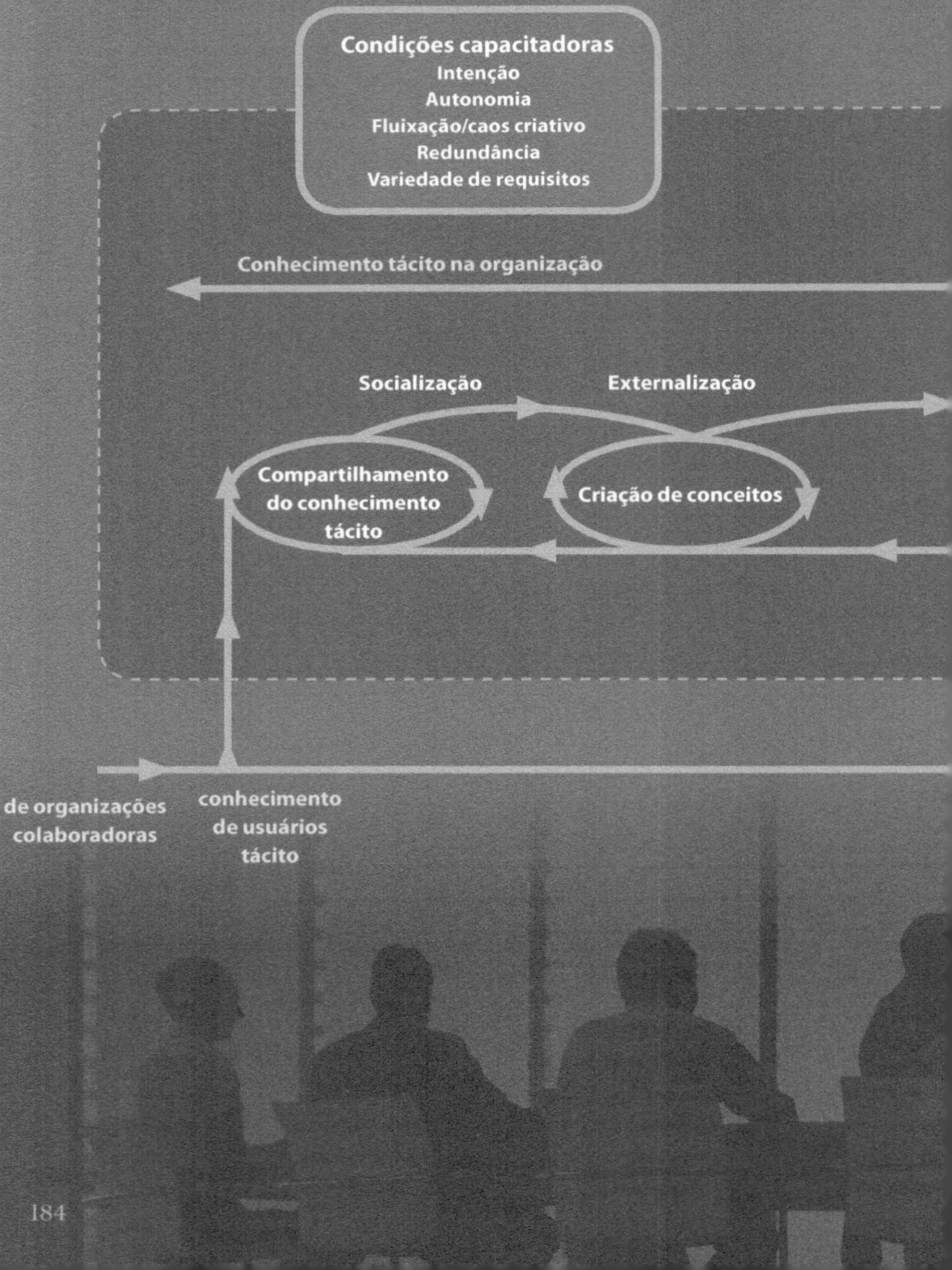

Condições capacitadoras
Intenção
Autonomia
Fluixação/caos criativo
Redundância
Variedade de requisitos

Conhecimento tácito na organização

Socialização   Externalização

Compartilhamento do conhecimento tácito   Criação de conceitos

de organizações colaboradoras   conhecimento de usuários tácito

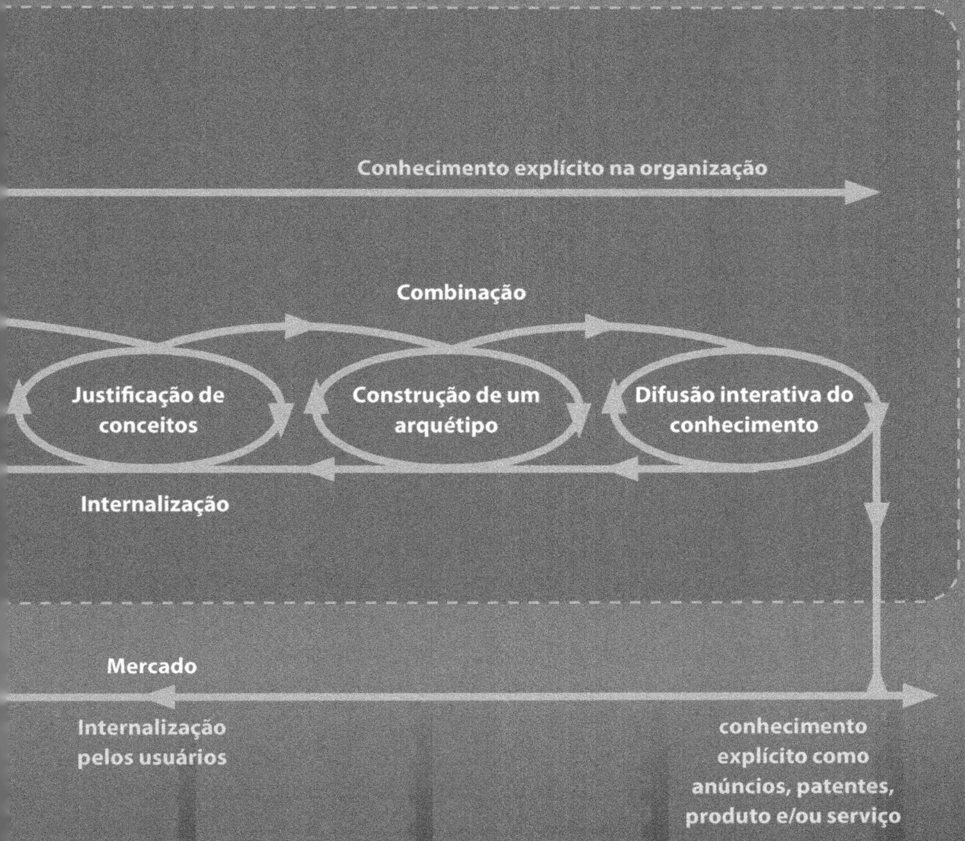

Conhecimento explícito na organização

Combinação

Justificação de conceitos → **Construção de um arquétipo** → **Difusão interativa do conhecimento**

Internalização

Mercado

Internalização pelos usuários

conhecimento explícito como anúncios, patentes, produto e/ou serviço

Fonte: Nonaka; Takeuchi, 1997, p. 96.

No centro desse modelo, encontram-se as fases *compartilhamento de conhecimento tácito, criação de conceitos, justificação de conceitos, construção de um arquétipo* e *difusão interativa do conhecimento*. Por meio do processo descrito nele, o conhecimento tácito torna-se explícito, passando pelos padrões de socialização, externalização, combinação e internalização. Para haver essa conversão, algumas condições capacitadoras são necessárias: intenção, autonomia, flutuação/caos criativo, redundância e variedade de requisitos.

O compartilhamento do conhecimento tácito é o mesmo que socialização, a qual compreende a interação necessária para que as pessoas compartilhem modelos mentais e emoções. A criação de conceitos para esse conhecimento, que pode ser expresso por meio de analogias ou metáforas, envolve a comunicação, a qual é necessária para alcançar a externalização. Após ter sido conceituado e justificado como crença, o novo conceito é testado – com base em critérios empresariais, como custo ou lucro – para verificar se é viável. Em seguida, produz-se um conhecimento tangível, o arquétipo, que ocorre pela combinação entre o conhecimento explícito, que foi criado, e o explícito, que já existia. Por fim, há a difusão interativa do conhecimento, que dá sustentação a um novo ciclo de criação de conceitos, o qual é feito por meio da internalização.

As condições capacitadoras possibilitam que as fases ocorram e que o conhecimento percorra os ciclos, de tácito para explícito e de explícito para tácito, de forma circular e contínua. A intenção se refere às estratégias da organização para explorar os conhecimentos gerados ou adquiridos. A autonomia envolve a promoção de um ambiente que estimule a criatividade, a mobilidade funcional e a socialização de conhecimentos. O caos criativo pode favorecer o ciclo do conhecimento ao promover situações de instabilidade na organização, nas quais seja necessária a criatividade para resolver problemas. A variedade de requisitos diz respeito à difusão de informações, de forma ampla e rápida, por meio de canais diversos de comunicação.

A redundância, outra condição capacitadora, estimula a comunicação entre os funcionários, o que ajuda a criar uma base cognitiva comum, facilitando a transferência de conhecimento implícito e disseminando novos conhecimentos explícitos, possibilitando sua interiorização. A redundância também pode ocorrer por meio da rotação de pessoas entre áreas e pelo livre acesso às informações da companhia. O papel dos gerentes consiste em propiciar aos funcionários uma estrutura conceitual que os ajude a extrair significado de sua própria experiência. De acordo com Nonaka e Takeuchi (1997, p. 40),

> os altos gerentes expressam o futuro da empresa através da articulação de metáforas, símbolos e conceitos que orientem as atividades criadoras de conhecimento dos funcionários; e o fazem pela indagação de perguntas, tais como: O que estamos tentando aprender? O que precisamos saber? Que caminho deveríamos seguir? Quem somos nós? Se a tarefa dos funcionários de linha de frente é saber 'o que é', então a tarefa dos altos executivos é saber 'o que deveria ser'.

Para os autores, a empresa criadora de conhecimento valoriza fatores econômico-financeiros e qualitativos, verificando, por exemplo, se uma ideia incorpora as intenções estratégicas. Dessa forma, o comprometimento não fica restrito somente ao desempenho tangível, mas está atrelado também com a visão da organização. Nesse processo, os médios gerentes servem de ponte entre os ideais visionários da alta administração e a realidade de mercado. Em outras palavras, eles são mediadores entre o que é de fato e o que deveria ser idealmente e tornam real a visão da organização. Por isso, podem ser vistos como "engenheiros do conhecimento" de uma "empresa criadora de conhecimento".

Segundo Vieira e Garcia (2004, p. 7), a gestão do conhecimento "cumpre a finalidade de criar um ambiente de aprendizagem contínuo para que a gestão das competências seja uma realidade", o que não implica necessariamente que "para gerir competência é preciso gerir conhecimento, mas a gestão do conhecimento cria o ambiente psicológico propício para tal".

Para facilitar a criação do conhecimento, Nonaka e Konno (1998) propõem a existência do Ba dentro da empresa. O Ba é um espaço compartilhado, que pode ser físico ou virtual (ou uma combinação destes), no qual as pessoas podem interagir e gerar conhecimento.

7.4.2 Outros modelos de gestão do conhecimento

Embora o modelo de Nonaka e Takeuchi (1997) seja o mais popular na área de gestão do conhecimento, existem outros modelos que também são adotados por diferentes organizações. Nos Estados Unidos, o modelo desse tipo de gestão enfatizou principalmente o conhecimento explícito e tem sido utilizado por empresas como GE, HP, 3M, McKinsey e Andersen Consulting. Segundo Carbone et al. (2009), a principal referência para o seu desenvolvimento é o trabalho de Davenport e Prusak (1998) – os quais conduziram um amplo estudo em empresas ocidentais de grande porte, em que buscaram identificar as principais dificuldades e facilidades da aplicação da gestão do conhecimento.

Outro modelo bastante difundido é o de Bock (1998), citado por Carbone et al. (2009), utilizado por Arthur D. Little, uma empresa norte-americana de consultoria. Esse modelo está baseado em quatro dimensões: conteúdo (conhecimento estratégico relevante), cultura (modelos mentais e padrões de regras), processo (sequência de atividades) e infraestrutura (sistemas de informação) que podem ser mais bem compreendidas por meio da figura a seguir.

Figura 7.4 – **Etapas do processo de gestão do conhecimento**

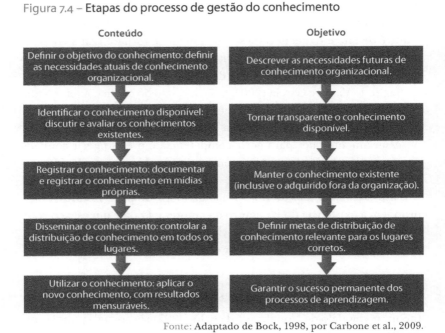

Fonte: Adaptado de Bock, 1998, por Carbone et al., 2009.

Um estudo feito por Schultez e Leidner, publicado em 2002 e citado por Carbone et al. (2009), ressaltou que, no modelo de Bock, o conhecimento é visto como *commodity* – isto é, um recurso que pode ser manipulado, acumulado e transferido – e que sua principal preocupação é a busca de soluções tecnológicas para sua transferência e recuperação. A ênfase desse modelo recai em sistemas de informação, deixando de lado as dimensões humana e de aprendizagem (Carbone et al., 2009). Assim, podemos dizer que há um significativo contraste entre as perspectivas americana, prescritiva e instrumental, e a japonesa (de Nonaka e Takeuchi), de natureza mais holística e sistêmica.

Outro modelo é o de Probst, Raub e Romhardt (2002). Mais parecido com o japonês, esse modelo europeu considera a gestão do conhecimento de forma dinâmica e contínua e apresenta alguns processos essenciais, conforme mostra a Figura 7.5.

Figura 7.5 – **Processos essenciais da gestão do conhecimento**

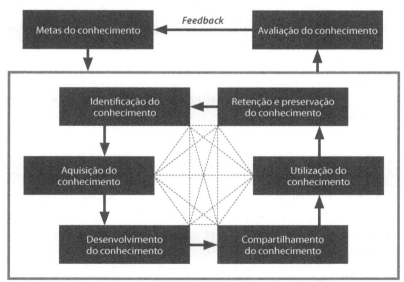

Fonte: Probst; Raub; Romhardt, 2002.

Nesse modelo, a *identificação de conhecimento* visa deixá-lo transparente e acessível para as pessoas conforme suas necessidades; a *aquisição de conhecimento* é o processo de captação do conhecimento externo à organização por meio de sua rede de relacionamentos com parceiros, concorrentes, clientes, fornecedores, consultores, entre outros; o *desenvolvimento do conhecimento* diz respeito à produção de capacidades ainda não existentes na organização, com base nos conhecimentos desenvolvidos; o *compartilhamento do conhecimento* é o processo de transformar experiências e conhecimentos isolados em coletivos – o que demanda mecanismos de distribuição e facilitação; a *utilização do conhecimento* visa eliminar barreiras que dificultam seu uso, desde fatores de acesso até fatores emocionais como o medo do novo; por fim, a *retenção e preservação do conhecimento* é o processo responsável por manter os conhecimentos que têm valor para organização – os quais se encontram com os funcionários-chave e em mecanismos estáveis, como manuais, rotinas e práticas.

Os seis processos estão ligados entre si por um fluxo linear e circular. As *metas do conhecimento* fornecem as diretrizes sobre quais conhecimentos são importantes para a organização e quais capacidades e habilidades são essenciais, devem ser preservadas e desenvolvidas. O *feedback* do ciclo do conhecimento é responsável por alimentar novamente as metas do conhecimento, para que os devidos ajustes sejam feitos.

Depois de termos estudado três modelos de gestão do conhecimento, que representam diferentes vertentes – japonesa, americana e europeia –, é importante que passemos a tratar minimamente da gestão do conhecimento no Brasil.

7.5 Gestão do conhecimento no Brasil

Em 2001, Fleury e Oliveira Junior organizaram e publicaram, no Brasil, a obra *Gestão estratégica de conhecimento: integrando aprendizagem, conhecimento e competências*, que traz uma importante discussão feita por relevantes autores nacionais e internacionais sobre teorias, modelos, casos práticos de aplicação da gestão do conhecimento e sua relação com competências e aprendizagem. Um dos autores que contribuiu com a obra foi Terra, com o capítulo "Gestão do conhecimento: aspectos conceituais e estudo exploratório sobre as práticas de empresas brasileiras", o qual o autor escreveu com base em sua tese, defendida em 1999.

Para Terra (1999), a gestão do conhecimento envolve aspectos como a cultura organizacional, o tipo de liderança existente, as estruturas organizacionais, os espaços físicos, as regras e os procedimentos e as políticas de recursos humanos. Em seus estudos, ele analisa as práticas gerenciais a partir da percepção de quem as pratica, de quem as observa e de quem é influenciado por elas. Na época do desenvolvimento de sua tese, Terra (1999) analisou as práticas nas empresas do Brasil e verificou que o recurso *conhecimento* estava ganhando importância de forma acelerada, principalmente por conta dos desafios advindos da abertura econômica em 1991.

Desde o estudo de Terra (1999), diversas dissertações e teses trataram do tema no contexto brasileiro e muitos livros foram publicados com relatos de experiências brasileiras e com modelos e práticas para sua implantação. Ademais, foram criadas a Sociedade Brasileira de Gestão do Conhecimento e a Revista Brasileira de Gestão do Conhecimento. O modelo de gestão do conhecimento de Terra (2001) apresenta sete dimensões que afetam as respectivas práticas gerenciais.

Figura 7.6 – **Modelo conceitual sobre a gestão do conhecimento na empresa**

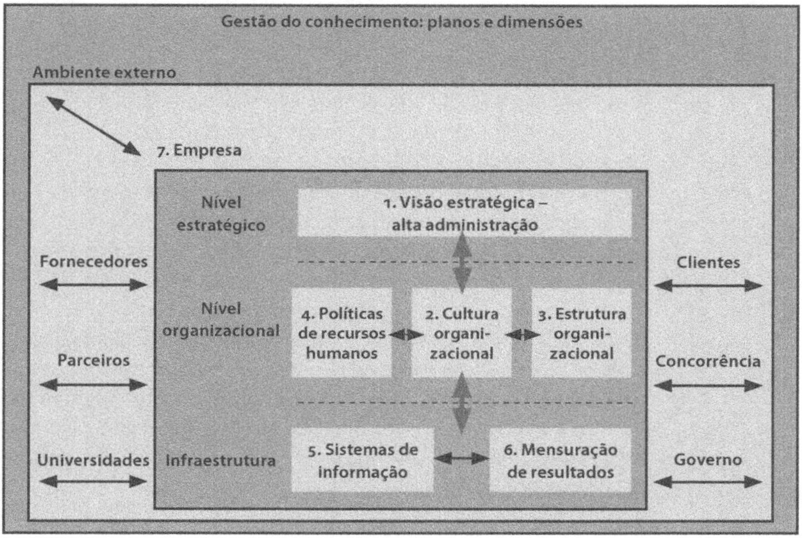

Fonte: Terra, 2001, p. 215.

Nesse modelo, a gestão do conhecimento implica entrelaçamento entre as gestões organizacional e individual, entre as estratégias e operações e entre as normas formais e informais. Além disso, implica vinculação com as práticas gerenciais. A figura que representa o modelo mostra como esses itens estão relacionados com a gestão do conhecimento. No *ambiente externo*, temos a atuação de fornecedores, parceiros, universidades, clientes, concorrentes, governo – enfim, os agentes externos que causam impacto nas atividades organizacionais. Em relação à *empresa*, considerando o nível estratégico, organizacional e a infraestrutura, temos as sete dimensões da prática gerencial. As setas de pontas duplas mostram como essas dimensões estão relacionadas entre si, bem como com o ambiente. Vejamos, no Quadro 7.1, a especificação dessas dimensões.

Quadro 7.1 – **Dimensões da prática gerencial na gestão do conhecimento**

Dimensões	Descrição
1	O papel indispensável da *alta administração* na definição dos campos de conhecimento, no qual os funcionários da organização devem focalizar seus esforços de aprendizagem, além de seu papel indispensável na clarificação da estratégia empresarial e na definição de metas desafiadoras e motivantes (Nonaka; Takeuchi, 1995).
2	O desenvolvimento de uma *cultura organizacional* voltada à inovação, experimentação, aprendizado contínuo e comprometida com os resultados de longo prazo e com a otimização de todas as áreas da empresa deve ser uma das preocupações fundamentais da alta administração. Nesse sentido, as escolhas em termos de normas formais e informais a serem estimuladas e apoiadas adquirem um caráter altamente estratégico. A cultura organizacional torna-se, ademais, fundamental para o desenvolvimento estratégico, à medida que o próprio conceito de estratégia perde seu caráter tradicional, determinista e de posicionamento e ganha um caráter muito mais de ação e tolerância ao erro, tático, de alavancagem baseada em habilidades centrais e de formação de alianças (Hamel; Prahalad, 1994; Mitzenberg, 1989).

(continua)

(Quadro 7.1 – continuação)

Dimensões	Descrição
3	As novas *estruturas organizacionais* e práticas de organização do trabalho que diversas empresas, em diferentes setores e em diferentes países, estão adotando para superar os limites à inovação, ao aprendizado e à geração de novos conhecimentos, impostos pelas tradicionais estruturas hierárquico-burocráticas. Em grande medida, essas novas estruturas estão baseadas no trabalho de equipes multidisciplinares com alto grau de autonomia e remontam às principais propostas da Escola Sociotécnica para o ambiente fabril (Biazzi, 1994).
4	As práticas e *políticas de administração de recursos humanos* associadas à aquisição de conhecimentos externos e internos à empresa, assim como à geração, à difusão e ao armazenamento de conhecimentos na empresa. Destacam-se, em particular, as seguintes iniciativas: • melhorar a capacidade das organizações de atrair e de manter pessoas com habilidades, comportamentos e competências que adicionam valor a seus estoques e a seus fluxos de conhecimento. Isso ocorre no momento em que as empresas adotam processos seletivos altamente rigorosos – Seleção de pessoal é considerada a área na qual ocorrem as principais mudanças nos processos de RH no Brasil nos últimos anos (Fischer, 1999) – e que buscam aumentar a diversidade (Leonard-Barton, 1995; Kolb, 1997; De Masi, 1999) de *backgrounds* (conjunto de experiências e conhecimentos profissionais que contribuem para a formação individual) nas contratações; • estimular comportamentos alinhados com os requisitos dos processos individual e coletivo de aprendizado, assim como aqueles que resguardem os interesses estratégicos e de longo prazo da empresa no que tange ao fortalecimento de suas *core competencies* (competências essenciais). Nesse sentido, são destacados planos de carreira e treinamentos que ampliam as experiências, assim como contatos e interações com outras pessoas de dentro e de fora da empresa; • adotar esquemas de remuneração cada vez mais associados à aquisição de competências individuais, ao desempenho da equipe e de toda a empresa no curto e no longo prazo.

(Quadro 7.1 – conclusão)

Dimensões	Descrição
5	Os avanços na informática, nas tecnologias de comunicação e nos *sistemas de informação* estão afetando os processos de geração, difusão e armazenamento de conhecimentos nas organizações. Reconhecem-se as novas possibilidades propiciadas pelo avanço tecnológico, mas o papel do contato pessoal e do conhecimento tácito para os processos de aprendizagem organizacional, assim como a manutenção de um ambiente de elevada confiança, transparência e colaboração, ainda são considerados essenciais. Os melhores sistemas de informação e ferramentas de comunicação ainda dependem essencialmente dos *inputs* individuais.
6	Esforços recentes de *mensuração de resultados* sob várias perspectivas e em sua comunicação por toda a organização. Destacam-se, em particular, esforços recentes de autores e empresas preocupadas em avaliar várias dimensões do capital intelectual (Edvinsson; Malone, 1997; Sveiby, 1997).
7	A crescente necessidade de as empresas engajarem-se em processos de aprendizagem com o ambiente e, em particular, por meio de alianças estratégicas com outras empresas (Alcorta; Plonski; Rimoli, 1998; Chaparro, 1998; Lastres, 1993; McGill; Slocum, 1995, entre outros) e do estreitamento de relacionamento com uma rede de clientes (Kanter, 1996).

Fonte: Terra, 2001, p. 216-217.

Parte do estudo de Terra (1999) consistiu em uma pesquisa com diversas organizações de aprimoramento gerencial no Brasil. No total, para avaliar as práticas gerenciais e a relação com os resultados empresariais, a pesquisa contou com 587 respondentes. Constatou-se a existência de três grupos diferentes de empresas por meio desse estudo: (1) as chamadas *empresas tradicionais*, cujas práticas gerencias estavam associadas à gestão do conhecimento de forma mediana; (2) as *empresas que aprendem*, cujas práticas gerenciais estavam associadas a esse modelo de gestão de forma efetiva; e as chamadas *empresas pequenas e atrasadas*, cujas práticas gerencias estavam menos associadas à gestão do conhecimento.

Com a pesquisa, Terra (2001) chegou a três principais conclusões. A primeira foi a de que as práticas gerenciais relacionadas à efetiva gestão do conhecimento e ao estímulo ao aprendizado, à criatividade e à inovação estão fortemente associadas a melhores desempenhos. A segunda mostrou que a gestão do conhecimento parece ser mais relevante e predominante em setores intensivos em conhecimento – que são aqueles setores cujas organizações atuam fortemente com base na produção de conhecimento, como centros de pesquisa e instituições de ensino – e mais direcionados para o mercado externo. A última foi a de que as práticas gerenciais das empresas de capital nacional são as que parecem estar menos alinhadas com as associadas a uma efetiva gestão do conhecimento.

Outras pesquisas realizadas posteriormente mostraram, entre outros resultados, que as organizações que adotam a gestão do conhecimento têm como elemento comum a tendência à utilização de portais do conhecimento. Algumas delas criaram suas próprias universidades corporativas para desenvolver as competências de seus funcionários (Carbone et al., 2009).

Em 2008, Carbone e outros pesquisadores identificaram práticas de gestão do conhecimento em organizações brasileiras públicas e privadas, concluindo que há uma tendência à utilização de portais do conhecimento, assim como de comunidades de práticas, fóruns de compartilhamento, universidades corporativas e *e-learning*. Ademais, verificaram o aumento do modelo de gestão por competências ao constatar o desenvolvimento de metodologias de avaliação de competências profissionais, de avaliação do desempenho por competências e o desenvolvimento das competências dos funcionários. Vejamos, no Quadro 7.2, um exemplo dessas práticas para cada uma das organizações pesquisadas.

Quadro 7.2 – **Práticas de gestão do conhecimento em organizações brasileiras**

Organização	Projetos	Especificação
Banco do Brasil	Mapa de competências (gestão de ativos intangíveis)	Sistema de avaliação dos ativos intangíveis
Vale	Ambiente de colaboração em equipe (comunidades de prática)	Ambiente colaborativo para compartilhamento de conhecimentos na empresa
Câmara dos Deputados	EAD[1] (*e-learning*)	Sistema de EAD de aprendizagem colaborativa
Petrobras	Programa de Educação Intercultural (desenvolvimento de competências)	Programa de capacitação de técnicos e gestores da empresa para atuar internacionalmente
Serpro	Biblioteca virtual (memória técnica institucional)	Ambiente que reúne coleção digitalizada dotada de instrumento de gestão da informação

Fonte: Terra, 2001, p. 97.
Nota: [1] Ensino a distância

São diversas as práticas que podem ser utilizadas na gestão do conhecimento, como programas de melhoria contínua, comunidades de prática, simuladores, sistemas de identificação de competências, repositórios de informações, sistemas de aprendizagem com clientes e fornecedores, centros de treinamento e educação corporativa, modelos de estrutura organizacional horizontal e que favoreça trabalhos em equipe, *coaching* e *mentoring*, entre outras. Vejamos um caso de utilização da gestão do conhecimento em uma empresa.

O caso da Votorantim Cimentos

A Votorantim cimentos é reconhecida como uma das maiores empresas de cimento do mundo. Tendo mais de cinco mil funcionários apenas no Brasil, em 2009 a empresa registrou R$ 7,4 bilhões de faturamento líquido. E as previsões são otimistas para os próximos anos. Qual o segredo para esse sucesso? Cimento, areia, cal e muito conhecimento formam a argamassa dos negócios.

Como toda empresa que conhece o potencial humano de seus funcionários, a Votorantim Cimentos preocupava-se toda vez que um de seus operários experientes se aposentava ou mudava de emprego. Como a maioria de suas unidades localiza-se no interior dos estados, a dificuldade de padronizar os processos industriais e garantir a uniformidade de produtos provenientes de localidades tão diversas aumentava com a fuga de conhecimento. Afinal, como afirma Guilherme Rhinow, diretor de RH da empresa: "Muitos detalhes específicos da função ocupada por esse profissional acabavam indo embora junto com ele". Nesses casos, a contratação de um consultor (muitas vezes, um funcionário aposentado) para identificar e solucionar problemas na operação costumava ser uma solução custosa tanto em termos de dinheiro quanto de tempo.

Foi por isso que em 2006 a Votorantim Cimentos iniciou o Treinamento Técnico Operacional (TTO) como solução para a padronização dos processos e a retenção de conhecimento técnico. O TTO é um programa de capacitação e gestão do conhecimento destinado exclusivamente aos funcionários do chão de fábrica. Seu funcionamento se dá em três etapas.

Inicialmente, funcionários com boa bagagem de conhecimento teórico e vivência prática são selecionados para formar um grupo de "conteudistas" – em geral, são engenheiros com mestrado ou doutorado. Cada um deles deve desenvolver, dentro de sua área, o material básico para os diversos módulos do programa. Em seguida, eles devem treinar outro grupo de funcionários selecionados como "multiplicadores". Finalmente, em suas próprias unidades esses funcionários se responsabilizam por transmitir os conhecimentos necessários aos demais.

Os treinamentos são estipulados de acordo com os planos individuais de desenvolvimento e estabelecidos pelos gestores com a participação de cada subordinado. Além disso, todo o material técnico desenvolvido pelos "conteudistas" está disponível na intranet – aliás, ferramenta responsável pelo prêmio *e-Learning* Brasil, com o qual a empresa foi contemplada em 2004.

> **Questões para discutir:**
> Quais etapas do modelo SECI você consegue identificar nesse caso?
> A Votorantim Cimentos é uma das empresas nacionais que mais têm se destacado na gestão do conhecimento. Pesquise outras práticas ou ferramentas usadas por ela nesse sentido e comente-as brevemente.
>
> Fonte: Carvalho, 2012, p. 34-35.

Como ficou claro com o exemplo da empresa Votorantim, a gestão do conhecimento enfatiza, entre outros processos, a criação do conhecimento, fundamental para o desenvolvimento de novas competências, cuja base está nos processos de aprendizagem individual, grupal e organizacional. A aprendizagem organizacional perpassa as diversas dimensões e considera as pessoas como centrais, já que são portadoras não somente de valores pessoais, mas também organizacionais, visto serem detentoras de conhecimentos, habilidades e atitudes.

Assim, fica evidente como as competências, a aprendizagem e a gestão do conhecimento estão integradas e relacionadas. Os conceitos e modelos que unem essas instâncias podem ser utilizados por organizações de todos os setores e portes, pois mudança e conhecimento são inerentes a todas elas – sejam manufatureiras, extrativistas, de serviços, não governamentais, públicas ou privadas. Vejamos, no quadro a seguir, a relação entre o modelo da gestão do conhecimento e o da gestão por competências, lembrando que ambos devem estar vinculados à visão e à estratégia organizacional.

Quadro 7.3 – Diferenças e semelhanças entre a gestão do conhecimento e a gestão por competências

Objeto de comparação	Abordagem	
	Gestão do conhecimento	Gestão por competências
Objetivo	Melhoria do desempenho pela criação de conhecimento gerador de inovação.	Melhoria do desempenho pelo desenvolvimento de competências que conferem diferenciação e competitividade.
Proposta metodológica	Mapeamento e registro do conhecimento crítico.	Mapeamento das competências humanas e organizacionais.
Forma de proteção do patrimônio intelectual	Sistema de memória técnica baseada em mecanismos de salvaguarda do conhecimento (direitos de *copyright*, patentes, marcas, registros etc.).	Constituição de bancos de talentos, visando à retenção, apoiada em mecanismos de mensuração e certificação de competências.
Foco do processo de aprendizagem	Aprimoramento dos sistemas de informação, com impactos positivos nos processos decisórios. Desenvolvimento de sistemas de aprendizagem, de capacitação e de transferência do conhecimento organizacional e pessoal. Domínio cognitivo (conhecimentos e habilidades intelectuais).	Facilitação do planejamento estratégico e da gestão da força de trabalho. Orientação dos subprocessos de gestão de pessoas (identificação e alocação de talentos, educação corporativa, remuneração e benefícios e avaliação de desempenho). Domínios cognitivo, psicomotor e afetivo (conhecimentos, habilidades e atitudes).

Fonte: Terra, 2001, p. 102.

Síntese
A necessidade de se investir em conhecimento tem assumido grande notoriedade nas últimas décadas em detrimento da necessidade das empresas em inovar. A inovação requer produção de novos conhecimentos que permitem a criação de tecnologias, produtos, processos e serviços. Neste capítulo, você entendeu como a gestão do conhecimento está relacionada à capacidade da empresa de explorar os conhecimentos organizacionais, disponíveis interna e externamente, para que resultem em capacidade inovadora. Ademais, pôde conhecer, entre outros modelos, o modelo de Nonaka e Takeuchi (1997), que popularizou os estudos da gestão do conhecimento e é essencial para qualquer estudo da área.

Para saber mais
Para saber mais sobre gestão do conhecimento, leia o livro de Rezende (2014), que trata do valor do conhecimento para geração de valor nas organizações no atual contexto socioeconômico. Esse livro reúne estudos apresentados no I Colóquio Brasileiro de Gestão do Conhecimento, Capital Intelectual e Ativos Intangíveis, sobre conceitos, práticas, modelos e aplicações nas organizações brasileiras.

REZENDE, J. F. **Gestão do conhecimento, capital intelectual e ativos intangíveis**: teorias, métodos e debates sobre a geração de valor nas organizações contemporâneas. Rio de Janeiro: Elsevier, 2014.

Questões para revisão

1. Para operacionalizar um modelo que privilegie a gestão do conhecimento organizacional, é necessário desenvolver algumas práticas gerenciais. Quais são elas?
   a) Criação, investimento e retenção do conhecimento.
   b) Capacitação, compartilhamento e retenção do conhecimento.
   c) Criação, compartilhamento e retenção do conhecimento.
   d) Criação, compartilhamento e diminuição de gastos.

2. O conhecimento pode ser identificado, nas organizações, por meio de suas práticas sociais de trabalho.
   Selecione a alternativa que não relaciona corretamente as características do conhecimento a seu conceito:

a) Conhecimento disponível: é revelado na prática (como fazer as coisas) mais do que nas declarações.
b) Conhecimento distribuído: necessita dos membros de um grupo.
c) Conhecimento parcial: existe porque cada indivíduo em si não detém todo o conhecimento.
d) Conhecimento indisponível: refere-se à não clareza, na prática, de como fazer as coisas.

3. A aquisição de conhecimento é o processo de captação do conhecimento externo à organização por meio de sua rede de relacionamentos. Selecione a alternativa que contém o elemento que não faz parte dessa rede:
a) Indexador econômico.
b) Parceiros.
c) Concorrentes.
d) Fornecedores.

4. Para facilitar a criação do conhecimento, Nonaka e Konno (1998) propuseram a existência do Ba dentro da empresa. Selecione a alternativa que o define corretamente:
a) É uma ferramenta de medição.
b) É um espaço compartilhado, que pode ser físico ou virtual, no qual as pessoas podem interagir e gerar conhecimento.
c) É um setor de vendas.
d) É um almoxarifado.

5. Várias práticas devem ser utilizadas para que a gestão do conhecimento seja eficaz. Entre elas, podemos destacar:
a) Programas de melhoria contínua, redes sociais e modelos de estrutura organizacional mais verticalizada.
b) Programas de melhoria contínua, comunidades de prática e modelos de estrutura organizacional mais verticalizada.
c) Programas de melhoria contínua, comunidades de prática, sistemas de aprendizagem com clientes e fornecedores.
d) Programas de melhoria contínua, comunidades de prática e atividades de responsabilidade social.

Questões para reflexão

1. Qual é a origem da gestão do conhecimento?
2. O que são os conhecimentos tácito e explícito?
3. O que é conhecimento tangível?
4. Como é possível integrar a gestão do conhecimento e a gestão por competências?
5. Qual é o foco do processo de aprendizagem da gestão do conhecimento e da gestão por competências?

8 Gestão do conhecimento: processo estratégico, desafios, dificuldades e facilitadores

Conteúdos do capítulo
- Gestão do conhecimento e processo estratégico.
- Desafios e dificuldades na gestão do conhecimento.
- Condições facilitadoras do compartilhamento e da gestão do conhecimento.

Após o estudo deste capítulo, você será capaz de:
- entender que a gestão do conhecimento deve estar relacionada ao processo estratégico da organização, constituindo-se, assim, como uma gestão estratégica do conhecimento;
- compreender que a gestão do conhecimento é um modelo de gestão que envolve diversas dimensões organizacionais, razão por que há desafios, barreiras e dificuldades a serem enfrentadas;
- reconhecer práticas e condições facilitadoras do compartilhamento do conhecimento e da gestão do conhecimento;
- utilizar as práticas e condições facilitadoras para lidar com os desafios e as dificuldades que podem surgir com a adoção da gestão do conhecimento.

Adotar uma gestão estratégica do conhecimento implica alinhar o fluxo do conhecimento (criação, utilização e institucionalização) com o processo estratégico (elaboração, implementação e controle) para atingir os objetivos organizacionais por meio de iniciativas oriundas dos chamados *eventos* – imprevistos de origem externa ou interna que demandam decisões e ações dos gestores da organização.

Sendo a gestão do conhecimento uma forma de conceber e gerir a organização, diversos desafios podem surgir, criando barreiras à sua implantação, as quais dependem do contexto, da cultura e das práticas da organização. É justamente para lidar com essas barreiras que estudiosos descrevem condições e práticas que podem facilitar a gestão do conhecimento.

8.1 Gestão do conhecimento e processo estratégico

A gestão do conhecimento, assim como a gestão por competências, deve estar atrelada às estratégias organizacionais. Os modelos apresentados evidenciaram que essa é uma relação importante, uma vez que as práticas voltadas ao fluxo do conhecimento promovem uma vantagem competitiva sustentável. Segundo Eisenhardt e Santos (2002), a busca pelo conhecimento, por meio de alianças estratégicas, parcerias de pesquisa, compartilhamento de conhecimentos, fusões e aquisições, vem mudando a área de estratégia das organizações. De acordo com Duguid e Brown, (2008), as empresas têm se mobilizado para atuar conjuntamente pelas demandas de criação do conhecimento, e não somente por custos de transação.

A busca por novos conhecimentos para gerar inovações demanda novas práticas, como as de gestão do conhecimento, e novas competências (Bulgacov; Bulgacov, 2009). Nesse sentido, podemos falar em *uso estratégico da informação* e em *gestão estratégica do conhecimento*:

embora os dados factuais possam informar o intelecto, em grande parte são os dados intangíveis que constroem sabedoria. Logo, a criação de estratégias é um processo imensamente complexo, envolvendo os mais sofisticados, sutis e, às vezes, subconscientes processos sociais e cognitivos. (Mintzberg; Ahlstrand; Lampel, citados por Fleury; Oliveira Junior, 2001, p. 61)

Cabe ao gestor estratégico trabalhar tanto o monitoramento do ambiente quanto a avaliação do que realmente é relevante para a organização, a fim de transformar dados e informações em conhecimentos, os quais são a base para fundamentar a tomada de decisão e para realizar a avaliação de desempenho organizacional (Bezerra, 2006). De acordo com Carbone et al. (2009), a vantagem competitiva da organização depende do desempenho. Para ser sustentável, é preciso que a vantagem competitiva perdure ao longo do tempo, e uma forma de mantê-la é por meio de padrões baseados em conhecimento.

Cabe lembrar que a principal questão da administração estratégica é compreender como as organizações se desenvolvem e mantêm sua competitividade (Oliveira Junior, 2008). A literatura da área apresenta lacunas ao explicar a competitividade. Por destacar o conhecimento como fonte da inovação e da vantagem competitiva, a gestão do conhecimento pode trazer contribuições para que tais lacunas sejam preenchidas (Carbone et al., 2009). Segundo Santos (2011), as teorias de criação e compartilhamento de conhecimento podem ser aplicadas para desenvolver o conhecimento de maneira estratégica.

O conhecimento organizacional, visto como ativo intangível, não pode ser negociado ou facilmente replicado. Quanto mais específico e durável for, mais proporciona valor estratégico. A gestão estratégica do conhecimento tem como tarefa, portanto, identificar, desenvolver, disseminar e atualizar o conhecimento estrategicamente relevante para a empresa, por meio de seus processos internos e externos (Fleury; Oliveira Junior, 2008). Nessa perspectiva, o conhecimento é o principal ativo estratégico, e é da gestão do conhecimento que virão os principais resultados de desempenho superior (Santos, 2011).

Uma condição que permite definir a importância estratégica do conhecimento é a criação de valor, que significa avaliar se um conhecimento específico pode ser uma fonte de lucro para a organização. Outra condição é a de compartilhamento, a qual verifica se há probabilidade de o conhecimento ser usado na empresa, internamente ou com seus parceiros. A terceira condição é a de inimitabilidade, que se refere à possibilidade de o conhecimento ser reproduzido pelos concorrentes.

Segundo Oliveira Junior (2008), há três ações sobre a natureza intrínseca do conhecimento que são relevantes para o estabelecimento de estratégias: (1) definir qual conhecimento deve ser desenvolvido pela empresa; (2) definir como compartilhá-lo; e (3) definir os meios pelos quais o conhecimento, fonte de vantagem competitiva, pode ser protegido.

A gestão estratégica do conhecimento deve estar ancorada por decisões e pelo compromisso dos gestores com esse modelo de gestão, priorizando o desenvolvimento de habilidades e competências individuais e coletivas. Para isso, é necessário que a infraestrutura tecnológica suporte e facilite o compartilhamento do conhecimento por meio de ferramentas úteis, aumentando a conectividade entre as pessoas e facilitando a redução dos problemas. Ademais, a cultura organizacional deve incluir valores que promovam a aprendizagem, a cooperação e o trabalho em equipe (Terra, 2001).

Uma forma de compreender a relação entre o conhecimento e a estratégia é analisar a pirâmide do saber de Barreto (2006), que trata da inteligência competitiva. Nessa pirâmide, existe um fluxo e um estoque do saber. Em sua base, encontram-se os fatos do ambiente, ideias, informação, conhecimento – elementos que formam a inteligência estratégica, a qual, por sua vez, serve de fundamento para a estratégia em si. Segundo Roedel (2006, p. 77-78), inteligência competitiva é o "processo sistemático de coleta, tratamento, análise e disseminação da informação sobre atividades dos concorrentes, fornecedores, clientes, tecnologias e tendências gerais dos negócios, visando subsidiar a tomada de decisão e atingir as metas estratégicas da empresa".

Figura 8.1 – **Pirâmide do saber**

Fonte: Adaptado de Barreto, 2006, p. 5, por Santos, 2011.

Essa figura evidencia que a condição estratégica da informação prioriza a geração de conhecimento estratégico no indivíduo. Para Barreto (2006), a geração do conhecimento estratégico necessita da reconstrução das estruturas mentais do indivíduo, isto é, uma modificação em seu saber acumulado, que será resultante da interação com um forma de informação. Essa reconstrução pode mudar o conhecimento estratégico do indivíduo, visto que aumenta, sedimenta ou reforma seu saber acumulado. Com base nesse modelo, as empresas podem suprir seus *gaps* de conhecimento por meios externos, como as alianças estratégicas, ou internos, como programas de desenvolvimento gerencial (Santos, 2011).

Com o entendimento sobre a relação entre a estratégia e a gestão do conhecimento, podemos falar mais precisamente sobre o processo estratégico, o qual consiste na dinâmica que envolve as práticas de gestão, as quais resultam na estratégia como conteúdo. O processo estratégico ocorre por meio das fases de elaboração, implementação e controle, com as quais se busca responder às questões: como, quem e quais recursos serão articulados na busca por resultados organizacionais (Certo; Peter, 1993).

Bulgacov e Bulgacov (2009) apresentaram um modelo para integrar processo, conteúdo e desempenho estratégicos. Para os autores, o processo estratégico é constituído por contexto organizacional, governanças, práticas de gestão, recursos, pessoas, políticas institucionais, aprendizagem e relações intra e interorganizacionais. Como resultado do processo estratégico, tem-se o conteúdo, na forma de produtos e serviços.

De acordo com Certo e Peter (1993), citados por Santos (2011), o processo estratégico contém basicamente cinco etapas: análise dos ambientes interno e externo da organização; estabelecimento de diretrizes, como missão e objetivos; formulação de estratégia empresarial; implementação da estratégia; e exercício de controle das estratégias organizacionais, conforme mostra a figura a seguir.

Figura 8.2 – **Principais etapas do processo de administração estratégica**

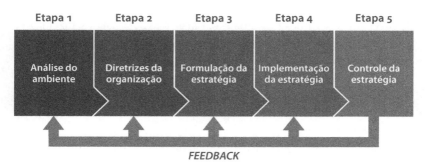

Fonte: Adaptado de Certo; Peter, 1993, p. 14, por Santos, 2011.

Com base nesses conceitos e em estudos preliminares sobre estratégia e conhecimento organizacional, Santos (2011) desenvolveu um modelo, central para a gestão do conhecimento, que integra o processo estratégico e o fluxo de conhecimento.

Figura 8.3 – **Modelo da relação entre processo estratégico e gestão do conhecimento**

Fonte: Santos, 2011, p. 105.

O ambiente inclui os eventos, externos e internos, que podem disparar a iniciativa da organização a fim de atingir seus objetivos ou criar um novo objetivo. Os eventos são situações, imprevistos, que causam impacto na organização e demandam novas decisões e ações. Como vimos, eles podem se apresentar a partir dos sistemas internos da organização ou de problemas advindos do ambiente. Em ambas as situações, fazem com que a organização mobilize suas atividades de inovação e busque novos conhecimentos. A noção de eventos de Zarifian (2001) destaca que a organização deve ter a percepção de que tudo o que nos cerca está em constante mutação, não sendo mais possível basear-se na simples repetição de suas atividades, o que obriga a aquisição de novos conhecimentos e experiências.

Santos (2011, p. 85) explica o modelo da relação entre processo estratégico e gestão do conhecimento com base nos eventos:

> Neste constructo propõe-se que, partindo dos eventos do ambiente, a competitividade faz com que as empresas busquem o desenvolvimento de novos produtos e serviços, culminando na necessidade de implementação do conhecimento de forma sistêmica (GC) dentro de um processo estratégico dinâmico. Com o surgimento de um novo processo estratégico, o conhecimento criado, utilizado e institucionalizado pode auxiliar no desenvolvimento dos novos produtos e serviços (inovação de valor), bem

como na possibilidade de geração de uma vantagem competitiva superior como resultado; destacando que este processo pode ser acionado novamente com o surgimento de um novo evento, e que é nesta relação entre processo estratégico e fluxo do conhecimento que pode ocorrer a GC.

Nesse modelo, o resultado do fluxo do conhecimento pode ser verificado por meio do que permanece na memória organizacional, denotando os conhecimentos que foram retidos e internalizados. Assim, o processo estratégico ocorre de forma paralela ao fluxo do conhecimento, cujo monitoramento é a essência da gestão do conhecimento.

Tanto a concepção da gestão estratégica do conhecimento quanto a da gestão do conhecimento têm sistemas complexos, uma vez que envolvem as diversas dimensões apontadas anteriormente – infraestrutura, cultura organizacional, liderança, estruturas organizacionais, espaços físicos, regras e procedimentos, políticas de recursos humanos (Terra, 1999) – e, por esse motivo, estão sujeitas a inúmeros desafios e dificuldades.

8.2 Desafios e dificuldades da gestão do conhecimento

Um dos desafios da gestão do conhecimento é lidar com as barreiras para a criação e o fluxo do conhecimento na organização. Segundo Davenport e Prusak (1998), os principais fatores de atrito que podem ocorrer e dificultar a implantação desse modelo são:

- falta de confiança mútua;
- diferentes culturas, vocabulários e quadros de referência;
- falta de tempo e de locais para encontro;
- direcionamento de *status* e recompensas para os detentores de conhecimento;
- falta de capacidade de absorção;
- crença de que o conhecimento é prerrogativa de determinados grupos;
- resistência à adoção do que é criado por pessoas de fora da organização ou da equipe;
- intolerância a erros ou receio de precisar de ajuda.

Para cada um desses fatores, os autores sugerem possíveis soluções, que estão elencadas no quadro a seguir.

Quadro 8.1 – **Fatores de atrito na gestão do conhecimento e possíveis soluções**

Atrito	Soluções possíveis
Falta de confiança mútua	Construir relacionamentos e confiança mútua através de reuniões e face a face.
Diferentes culturas, vocabulários e quadros de referência	Estabelecer um consenso através de educação, discussão, publicações, trabalho em equipe e rodízio de funções.
Falta de tempo e de locais de encontro; ideia estreita de trabalho produtivo	Criar tempo e locais para transferências do conhecimento: feiras, salas de bate-papo, relatos de conferência.
Status e recompensas vão para os possuidores do conhecimento	Avaliar o desempenho e oferecer incentivos baseados no compartilhamento.
Falta de capacidade de absorção pelos recipientes	Educar funcionários para a flexibilidade; propiciar tempo para aprendizado; basear as contratações na abertura de ideias.
Crença de que o conhecimento é prerrogativa de determinados grupos, síndrome do "não inventado aqui"	Estimular a aproximação não hierárquica do conhecimento: a qualidade das ideias é mais importante que o cargo da fonte.
Intolerância aos erros ou necessidade de ajuda	Aceitar e recompensar erros criativos e colaboração; não há perda de *status* por não se saber tudo.

Fonte: Davenport; Prusak, 1998, p. 117.

De um modo geral, as barreiras podem ser estruturais – relacionadas aos níveis da hierarquia, funções e infraestrutura – ou organizacionais. Uma barreira estrutural com significativo impacto para a gestão do conhecimento é a dificuldade de acesso à informação, o que pode atrasar ou mesmo inviabilizar o conhecimento. Quando essas barreiras existem nas duas dimensões – estrutural e organizacional –, elas podem gerar ilhas de conhecimento, o que dificulta sua criação e difusão (Probst; Raub; Romhardt, 2002). Nesse caso, o problema pode ser mais complexo e fazer parte da cultura organizacional, levando à formação de barreiras comportamentais. Disputas de poder, lideranças inadequadas, práticas administrativas isoladas e ausência de um ambiente de confiança são situações típicas desse tipo de problema.

Segundo Mussi e Angeloni (2004), o compartilhamento de conhecimento é influenciado por fatores que podem inibi-lo ou motivá-lo, como fatores culturais e estruturais, local de trabalho, espaços informais, linguagem, diversidade de interesses e a parcialidade do conhecimento. Para as autoras, lidar com conhecimentos novos pode ser um processo lento e árduo, cujo resultado é influenciado por fatores como os citados. Por isso, a cultura organizacional é uma dimensão importante para a gestão do conhecimento. Tecnologia e aspectos de infraestrutura, em geral, não são suficientes para tratar das dificuldades da adoção do modelo de gestão do conhecimento, pois é necessário lidar com barreiras culturais e comportamentais. Para Probst, Raub e Romhardt (2002), mudanças abruptas, aquisições ou desinvestimentos e crescimento acelerado são situações que podem ameaçar a disseminação do conhecimento e demandar uma nova infraestrutura.

O'Dell e Grayson (1998, citados por Buoro; Oliva; Santos, 2007, p. 68) listam ainda as seguintes barreiras ao compartilhamento de conhecimento:

> 1. Ignorância das fontes e receptores de conhecimento, ou seja, acontecem casos de pessoas, na organização, possuírem conhecimentos que julgam não necessários a outras pessoas da empresa e, por isso não os compartilham e, também, casos de pessoas na organização que buscam determinados conhecimentos, mas não sabem quem, na organização, os possui; 2. Incapacidade das pessoas em absorverem os conhecimentos

que necessitam, seja por falta de tempo, treinamento ou recursos empresariais disponíveis na empresa; 3. Ausência de relacionamento anterior entre as partes envolvidas no processo de compartilhamento desejado, ou seja, as pessoas tendem a não absorver conhecimentos de pessoas que não conhecem, respeitem ou gostem; 4. Falta de motivação em compartilhar, ou seja, as pessoas não enxergam uma razão, um benefício claro em transferir conhecimento.

Floriano (2005, citado por Buoro; Oliva; Santos, 2007) também apresenta uma lista de obstáculos comuns ao compartilhamento do conhecimento na organização. Um deles é a desconfiança entre a fonte e o receptor do conhecimento, que pode causar distorções na mensagem, causadas pela dificuldade de se estabelecer uma linguagem comum ou pela diferença de *status* entre as pessoas. Outro obstáculo seria a distância física, pois a interação social presencial permite observação, o que pode fazer falta quando os conhecimentos a serem compartilhados são difíceis de ser articulados somente por meio da escrita, por exemplo. Um terceiro fator é a estrutura organizacional, que pode inibir o fluxo do conhecimento quando é altamente verticalizada e quando a prioridade for atingir metas departamentais em vez de organizacionais.

A diferença de *status* entre as pessoas é outro fator que pode dificultar o compartilhamento de conhecimentos, pois, nesse caso, o conhecimento é julgado pela distância entre emissor e receptor, e não pela sua qualidade. Desconhecimento de fonte e receptor pode, também, ser uma barreira e ocorre quando as pessoas que desejam o conhecimento não sabem onde encontrá-lo na organização ou, ainda, quando as pessoas desejam compartilhar seu conhecimento, mas acreditam que ninguém os valorize. A motivação dos colaboradores está ligada aos métodos de recompensa e remuneração e pode ser um complicador quando nem todos os que compartilham conhecimento são recompensados. Por fim, quando a cultura da organização é individualista e não valoriza a interação, as pessoas podem não desejar compartilhar seu conhecimento para defender o *status quo* e suas posições, retendo para si o poder conferido pela posse dessas informações. A ideia de que as conversas espontâneas e encontros informais refletem perda de tempo é um aspecto cultural que ainda é forte em muitos casos (Davenport; Prusak, 1998).

8.3 Facilitadores da gestão do conhecimento

Trabalhar com gestão do conhecimento requer a promoção de algumas condições que facilitem suas práticas. Esse modelo de gestão é complexo porque envolve diversas dimensões organizacionais, como vimos, e porque apresenta inúmeros desafios a serem vencidos pelos gestores.

Uma importante condição para propiciar a gestão do conhecimento é a comunicação. Pessoas terão dificuldade em implantar e em manter essa gestão se não tiverem uma linguagem comum que permita trocar ideias, ações e referências com um sentido comum (Davenport; Prusak, 1998). A estrutura comum de referência é importante porque permite um maior entendimento ao se compartilhar o conhecimento.

Para Mussi e Angeloni (2004), algumas iniciativas que podem auxiliar a criação de uma estrutura comum de referência são a criação de espaços informais e a proposição de encontros dentro e fora da organização, para promover a interação mútua, bem como a realização de eventos sociais durante a implementação de sistemas de informação, para manter o espírito de equipe e o comprometimento.

Oliveira Junior, Fleury e Child (2008) conduziram um estudo em uma empresa multinacional, com atividades em mais de 70 países, para investigar três dimensões: o compartilhamento de conhecimento, o desenvolvimento de competências e o processo de aprendizagem. Eles identificaram quatro processos críticos responsáveis por provocar esses fatores: conhecimento como estratégia, atores focalizadores, troca de *know-how* e fluxos de informação. Segundo os autores, esses processos criaram condições sob as quais foi possível a gerentes individuais comunicarem experiências, conhecimento e informações à rede corporativa, provocando o desenvolvimento da competência essencial de compartilhamento de conhecimento.

Para promover o compartilhamento de conhecimento entre os funcionários, existem algumas ações facilitadoras, como:

criar uma nítida conexão entre o compartilhamento do conhecimento e os objetivos, problemas e resultados empresariais; adequar os meios de compartilhamento de conhecimento, como eventos, linguagem e *web sites* ao estilo da organização, mesmo que se intentem novos comportamentos por parte dos funcionários; criar elo entre o compartilhamento do conhecimento e os valores arraigados na cultura da organização; legitimar e facilitar a criação e o fortalecimento de redes de relacionamentos formais e informais dos funcionários da empresa, dado que a integração entre as pessoas é um dos principais veículos para compartilhamento do conhecimento; selecionar novos funcionários que, de imediato, já comunguem ideias favoráveis ao compartilhamento de conhecimento; incutir nos líderes e pessoas influentes da organização a importância do compartilhamento do conhecimento de forma que eles facilitem a disseminação dessa ideia na empresa. (McDermott; O'Doel, 2000, citados por Buoro; Oliva; Santos, 2007, p. 66-67)

Uma forma de modelar o contexto para facilitar a partilha e a distribuição das informações é criar uma rede de conhecimento. Outros mecanismos utilizados para promover esse compartilhamento são a criação de grupos de experiência, arenas de aprendizagem, redes de dados, *groupware*, equipes de *benchmarking* e equipes e redes de melhor prática (Probst; Raub; Romhardt, 2002).

Hsu (2004, citado por Buoro; Oliva; Santos, 2007) é responsável por outro trabalho que apontou requisitos e práticas para o compartilhamento de conhecimentos, conforme podemos ver no Quadro 8.2.

Quadro 8.2 – **Práticas para o compartilhamento de conhecimento**

Requisito	Práticas	Justificativas
Atitude positiva da alta administração em relação ao aprendizado	• Sistemas de *e-learning* ou repositórios de conhecimento em várias formas de tecnologia de informação • Vasto programa de treinamento e desenvolvimento dos funcionários • Engajamento da própria alta administração em programas de aprendizado e compartilhamento de conhecimento	• Práticas de aprendizado levam a mecanismos de difusão do conhecimento, como reuniões, palestras internas, *workshops* e conferências.
Recompensas atreladas ao crescimento pessoal e desempenho coletivo		• Recompensas atreladas ao crescimento pessoal motivam o aprendizado individual, amarram o crescimento individual ao da empresa e permitem a identificação das lacunas de conhecimento dos funcionários. Esses fatores somados tornam imperativo o compartilhamento de conhecimento.
Compartilhamento das informações da organização com os funcionários	• Exposição aos funcionários das estratégias da empresa e das diretrizes industriais, tecnológicas e competitivas • Exposição aos funcionários das informações de mercado e financeiras da empresa • Exposição aos funcionários de suas avaliações de desempenho	• O compartilhamento de informações cria senso de participação entre os funcionários.

Fonte: Adaptado de Hsu, 2004, por Buoro; Oliva; Santos, 2007, p. 67.

Buoro, Oliva e Santos (2007) observaram que os requisitos e as práticas apresentados nesse quadro estão relacionados a cinco das sete dimensões do modelo de gestão do conhecimento de Terra (2001): visão e estratégia da alta administração; cultura organizacional; políticas de recursos humanos; sistemas de informação e comunicação; e mensuração de resultados. O próximo quadro sintetiza os fatores facilitadores por dimensão.

Quadro 8.3 – Fatores facilitadores do processo de compartilhamento do conhecimento

Fatores facilitadores	Dimensões
Adequação dos meios de compartilhamento de conhecimento, como eventos, web sites e linguagem, ao estilo da organização.	Cultura organizacional
Existência de portais de conhecimentos e ou sistemas de e-learning para disponibilizar os conhecimentos existentes na empresa via tecnologia da informação.	Infraestrutura e sistemas de informação
Uso constante de equipes multidisciplinares e/ou equipes temporárias com autonomia para execução dos trabalhos.	Estruturas organizacionais e organização do trabalho
Processo de comunicação transparente nos diferentes níveis hierárquicos e entre os diferentes níveis hierárquicos.	Visão e estratégia – alta gerência,
Disponibilidade e localização das estações de trabalho de forma que se promova a troca informal de informação.	infraestrutura e sistemas de informação
Valorização do aprendizado e do saber.	Cultura organizacional
Rodízio de funções, de forma que se promova a troca de conhecimentos e também se fomente nas pessoas preocupações com toda a organização.	Estruturas organizacionais e organização do trabalho

Fatores facilitadores	Dimensões
Evolução dos salários, relacionada, principalmente, à aquisição de competências e existência de esquemas de pagamentos associados ao desempenho da equipe, e não apenas ao desempenho individual.	Políticas de Recursos Humanos
Mensuração e divulgação do acesso e da consulta das pessoas aos meios de compartilhamento da empresa, como *sites* e eventos.	Indicação e mensuração de resultados
Elevado investimento e incentivo ao treinamento e desenvolvimento pessoal e profissional dos funcionários.	Políticas de Recursos Humanos
Existência de pessoas na empresa cuja principal função é a de organizar e disseminar os conhecimentos estratégicos para a companhia.	Visão e estratégia – alta gerência
Estímulo à troca de ideias e trabalho em equipe.	Cultura organizacional
Mensuração da conexão entre os esforços da empresa em aumentar o seu capital intelectual e os resultados financeiros obtidos.	Indicação e mensuração de resultados
Planejamento de carreira buscando dotar os funcionários com diferentes perspectivas e experiências.	Políticas de Recursos Humanos

Fonte: Buoro; Oliva; Santos, 2007, p. 71.

Vale ressaltar que esses fatores podem facilitar a gestão do conhecimento dependendo do contexto e das características organizacionais. Uma organização pode ter, por exemplo, boa infraestrutura e sistemas de informação que a favoreçam, mas, em contrapartida, apresentar políticas de recursos humanos que inibam o desenvolvimento dos funcionários. Desse modo, precisará de mais esforços na gestão de pessoas do que em relação à sua infraestrutura.

Vejamos, agora, um texto de Ichijo (2008), no qual são apresentados cinco promotores do conhecimento. A ideia central do autor é a de que é possível ir além dos preceitos da gestão do conhecimento ao promover o conhecimento por meio de práticas que o concebam em constante evolução.

Promotores do conhecimento

1. Incutir uma visão de conhecimento: ao se incutir uma visão de conhecimento, uma organização busca enfatizar a necessidade de passar da mecânica da estratégia de negócios para a importância de se criar uma visão geral do conhecimento em qualquer lugar da organização. Em termos estratégicos, esta visão do conhecimento de uma organização que proporciona aos seus planos de negócios um coração e uma alma; é assim a razão de ser de uma estratégia com avanço competitivo – se traduz em uma estratégia para o crescimento de um negócio, pelo uso estratégico da competência do núcleo da organização.

2. Gestão de conversações: em um ambiente competitivo de negócios, as conversações ainda podem ser o "palco" para as possibilidades de disseminação do conhecimento social. Por outro lado, elas também ajudam a coordenar *insights* e ações individuais. Auxiliar na geração de uma nova estratégia, elaborar uma visão do conhecimento e justificar as crenças sobre o sucesso do negócio de um novo produto, tudo isso exige que se converse com outras pessoas – que exista a socialização onde os membros da comunidade de uma organização forneçam a energia para um processo evolutivo, em que ideias formuladas transformam-se em conceitos. Onde os conceitos são justificados e transformados em protótipos. E por fim os protótipos são transformados em novos serviços ou produtos inovadores – a conversação desempenha um papel crucial na transformação do conhecimento em uma nova realidade para as organizações.

3. Mobilização de ativistas do conhecimento: neste ponto se discute o que os agentes ativos de mudanças organizacionais podem fazer para desencadear a geração do conhecimento. O ativismo do conhecimento apresenta seis propósitos:
   - Foco e iniciação da criação do conhecimento;
   - Redução do tempo e do custo necessário para a criação de novos conhecimentos;
   - Alavancagem de iniciativas de criação de novos conhecimentos por toda a organização;
   - Melhoramento das condições daqueles engajados na criação de novos conhecimentos, relacionando suas atividades ao quadro geral da empresa;
   - Preparação dos participantes da criação de conhecimento para novas tarefas onde o seu conhecimento pode ser necessário;
   - Inclusão da perspectiva das microcomunidades no debate mais amplo de transformação organizacional.
4. Criação do contexto correto: esse promotor do conhecimento examina as conexões próximas entre a estrutura organizacional, a estratégia e a promoção do conhecimento, e destaca os estudos sobre estratégia realizados por Alfred Chandler Jr., que afirmou: "a estrutura segue a estratégia". Os gráficos organizacionais tradicionais, com suas hierarquias rígidas e integração vertical, não podem mais coordenar as atividades de negócios em um mundo onde as fronteiras são nebulosas, os relacionamentos são cada vez mais complexos e o ambiente competitivo está em fluxo constante. Assim, a criação de um contexto correto envolve estruturas organizacionais que favoreçam sólidos relacionamentos e colaboração eficaz. O novo conhecimento pode ser criado e compartilhado inter-organizacionalmente, como indica o crescimento cada vez maior das corporações virtuais e das alianças estratégicas.
5. Globalização do conhecimento local: por fim, deve-se considerar o aspecto complexo da disseminação global do conhecimento nas corporações. Em uma época de globalização, se faz necessário para as organizações obterem a vantagem competitiva e que o conhecimento gerado em uma determinada unidade local seja disseminado para as demais unidades de forma rápida e eficiente.

Fonte: Ichijo, 2008, citado por Santos, 2011, p. 65-67.

Para finalizar, vejamos dez práticas, descritas por Schlesinger et al. (2008, citados por Santos, 2011), que podem ser usadas para facilitar a criação e o compartilhamento de novos conhecimentos.

Dez práticas para facilitar a criação e o compartilhamento de conhecimentos

1. Educação corporativa: em um contexto no qual o maior paradigma é o conhecimento, a educação corporativa surge como resposta ao desafio estratégico das organizações em implementar iniciativas que sirvam de base para a geração das competências necessárias a um desempenho superior, tanto pelo indivíduo, como por toda a organização. Essa nova tendência aponta para um inovador e importante comprometimento das empresas com a educação continuada e o desenvolvimento de seus funcionários. Com a rápida obsolescência do conhecimento, as organizações que contarem com funcionários qualificados e preparados para enfrentar os desafios terão uma importante vantagem competitiva.

2. Portais corporativos de conhecimento: os portais corporativos cada vez mais estão sendo apontados como uma solução adequada para facilitar o fluxo de informações e conhecimentos. Geram nas organizações um interesse crescente sobre os diversos temas e fazem com que se operacionalizem as atividades organizacionais, transformando-se em uma ferramenta de trabalho cooperativo de grande relevância, conectando pessoas de diversos setores organizacionais para dar suporte às decisões estratégicas importantes, com base em suas experiências e interesses.

3. Memória organizacional: um dos grandes problemas enfrentados pelas organizações na atualidade é manter o fluxo de informações e conhecimentos, assim como retê-los de forma adequada. Neste sentido a memória organizacional é um conceito que vem ao encontro dessas necessidades, capacitando as organizações ao enfrentamento dessa problemática. Por isso há que se destacar a importância da construção de uma memória organizacional para o processo de criação e disseminação do conhecimento, especialmente pelas inúmeras vantagens e benefícios que esta prática apresenta para qualquer empresa. A sensibilização das organizações quanto a esse aspecto, envolvendo toda empresa em um esforço conjunto e sistemático para a construção, manutenção e reutilização desse conhecimento com certeza fará uma grande diferença entre as empresas que terão ou não uma vantagem competitiva sustentável no mercado no qual está inserida.

4. Mapas de conhecimento: grande parte do conhecimento de uma organização encontra-se dispersa em arquivos individuais, pastas (conhecimento explícito) ou até mesmo na mente de seus colaboradores (conhecimento tácito), gerando dificuldade para seu acesso e uso quando desejado. Uma das formas que está sendo utilizada para sanar essa dificuldade é o mapa do conhecimento. Mapa de conhecimento envolve localizar conhecimentos importantes dentro da organização e depois publicar um tipo de lista que mostre onde encontrá-los. Pode ter o formato de um mapa real, páginas amarelas do conhecimento, ou um banco de dados sofisticado (Davenport; Prusak, 1998). Davenport e Prusak (1998) destacam ainda que o conhecimento organizacional pertence à empresa e não a um grupo restrito de pessoas. Levando-se em conta esse pressuposto teórico, um bom mapa do conhecimento deve servir de base para o processo de conversão do conhecimento: do individual para o coletivo. Entretanto, os autores ressaltam que não se trata de uma estratégia isolada, mas sim de uma prática importante no esforço da criação e GC, exigindo que a cultura organizacional esteja alinhada com esses valores e princípios. Somente assim, por meio da harmonia com a cultura organizacional, é que o mapa de conhecimento trará os resultados estratégicos esperados.

5. *E-Business*: a revolução tecnológica que está ocorrendo no mundo, como o comércio eletrônico (*e-Commerce*) e o *e-Business*, vem afetando as formas de fazer negócios e alterando o processo estratégico das organizações, com ênfase nas relações que ocorrem entre consumidores e fornecedores. Entretanto, para Dantas et al. (2008), muitas pessoas confundem *e-Business* com *e-Commerce*, ou comércio eletrônico. Para Limeira (2007), o *e-Commerce* "envolve a realização de trocas de produtos, serviços e informações entre diferentes agentes"; e o *e-Business* "abrange a realização de toda a cadeia de valor dos processos de negócios em um ambiente eletrônico". O conceito de *e-Business* engloba não só o *e-Commerce*, mas também outros processos organizacionais; são exemplos disso: produção, administração de estoques, desenvolvimento de produtos, administração de riscos, finanças, desenvolvimento de estratégias, administração do conhecimento e recursos humanos (Limeira, 2007, p. 38). Tendências atuais apontam claramente para uma nova forma de as organizações realizarem seus negócios.

As novas tecnologias têm um papel fundamental nesse contexto, em que se enfatiza a Internet como uma das ferramentas facilitadoras dessa transformação. Essa nova prática de oportunidades para as organizações revela que ainda existe muito a se esperar dessa inovadora forma de negociação, cuja importância deve ser observada como um dos diversos meios promissores de alavancagem da competitividade em relação às demais organizações.

6. *Benchmarking*: o *benchmarking* tem se tornado uma poderosa estratégia adotada pelas organizações na sociedade contemporânea, e envolve a observação e o aperfeiçoamento das melhores práticas desenvolvidas normalmente por outras organizações, bem como a aplicação desse novo conhecimento na melhoria dos processos de produção ou prestação de serviços. Ao adotar essa estratégia, as organizações se voltam à forma de atuação de outras organizações, com o objetivo de identificar novas práticas e maneiras de atuação que podem ser úteis para o desenvolvimento de suas atividades. É justamente nesse sentido que o *benchmarking* fornece um canal de compartilhamento do conhecimento entre quem observa e quem detém a competência prática.

7. Comunidades de prática: o conceito para comunidade de prática foi cunhado por Wenger (1998) e se refere aos grupos informais de pessoas que se constituem espontaneamente, e são partes de nosso dia a dia. Elas podem ser tão informais que raramente se tornam explícitas. Para o autor, o conceito de prática se refere ao fazer dentro de um contexto histórico e social que fornece, ao mesmo tempo, estrutura e significado para o que é feito, em que o conceito de prática inclui o explícito e o tácito. Dessa forma, fica evidenciada a contribuição das comunidades de prática na socialização e externalização do conhecimento. Por fim Wenger (1998) destaca que além das práticas, são necessários mais dois elementos para que realmente exista uma comunidade de prática: o domínio do conhecimento, que fornece aos membros um senso de identidade, e a comunidade, ou seja, o contexto nos quais as pessoas participam das atividades conjuntas. Ao se considerar os princípios a que se referem as comunidades de prática, é possível identificá-las como uma importante estratégia para qualquer organização, em especial para aquelas que estão sensibilizadas quanto à importância do conhecimento. Esse reconhecimento tem contribuído para que, cada vez mais, no contexto atual da sociedade, as comunidades de prática venham a ser apontadas como impulsionadoras do conhecimento.

8. Gestão da informação como ação: muito tem sido escrito sobre a importância dos recentes avanços da TI para a GC. Davenport e Prusak (1998) afirmam que os recursos da TI facilitam o trabalho em rede, podendo manter os conhecimentos descentralizados junto aos locais em que são gerados ou utilizados, melhorando assim o grau de interatividade do usuário com os registros do conhecimento. A introdução da TI nas operações de negócios tem possibilitado às empresas maior velocidade de resposta a mudanças, maior flexibilidade de operações, bem como novas oportunidades para as organizações que têm seu foco voltado aos recursos intangíveis. Suas funções estendem o alcance e aumentam a velocidade de compartilhamento do conhecimento. Muitos autores ainda questionam o fato do porquê não se consegue GC sem uma gestão da informação; a gestão de dados muitas empresas têm conseguido realizar muito bem, entretanto, poucas fazem realmente uma GC eficiente, mesmo nas grandes empresas. No âmbito desse trabalho, entende-se que o uso de qualquer Sistema de Informação colabora para a GC, porém não a configura.

9. Gestão de pessoas alinhadas à criação do conhecimento: a principal vantagem competitiva das organizações reside nas pessoas. Isso obriga as organizações a se conectarem com novas práticas de gestão de recursos humanos, sem as quais seria difícil imaginar que conseguirão estar preparadas para enfrentar os desafios impostos pela competição cada vez mais seletiva do mercado. Segundo Souza et al. (2001), a gestão de pessoas deve estar alinhada com os princípios da GC, e tal relação gera características específicas na gestão de recursos humanos, sem as quais as empresas não conseguem o ambiente e as condições propícias para o desenvolvimento continuado, para a criatividade, para a inovação e, por fim, o aprendizado organizacional. Nonaka e Takeuchi (2008a) destacam a importância de um ambiente propício para a criação do conhecimento, o qual os autores denominam de *ba*. Sem essas condições, o fluxo e a criação de novos conhecimentos tornam-se difíceis, criando barreiras para que ocorra a espiral do conhecimento (Modelo SECI), dificultando assim a socialização, a externalização e a internalização do conhecimento – modos de conversão diretamente ligados à dimensão humana dentro das organizações, destacando ainda que, nos dias de hoje, profissionais estão desenvolvendo um novo perfil: são empregados pró-ativos, os quais acumulam, geram e atualizam tanto o conhecimento tácito como o conhecimento explícito,

agindo quase como arquivos vivos no dia a dia dentro das organizações e influenciando em todas as práticas de conversão. Essas considerações apontadas por Nonaka e Takeuchi (2008a) revelam uma associação direta entre a gestão de pessoas e a criação de novos conhecimentos. Se, por um lado, as organizações necessitam contar com profissionais com o perfil de pessoas dinâmicas e pró-ativas, por outro lado, para que as organizações tornem-se atrativas para essa nova mão de obra qualificada, se faz necessário possuir políticas de recursos humanos que as atraia. Nesse sentido, essa interdependência explícita entre essas duas dimensões revela a importância para as organizações de adotar novas diretrizes de recursos humanos, facilitando a passagem de uma abordagem clássica de gestão de pessoas para uma nova, alinhada com as estratégias contemporâneas.

10. Gestão da conversa: nos tempos atuais, as organizações têm direcionado atenção para a mais natural das atividades humanas, a necessidade do diálogo. Esse foco vem contrariar os mais entusiastas, que insistem em fazer dispendiosos investimentos em sistemas de informação como forma de fluxo de informações e conhecimento dentro de uma organização. A importância do diálogo para a criação de novos conhecimentos, e sua multiplicação e aplicação em toda a organização tem grande relevância para as estratégias organizacionais. As atividades humanas são consideradas como um aspecto crucial para a criação de novos conhecimentos, destacando-se entre elas as conversas e o diálogo. Evidentemente, para muitos gestores, preocupados prioritariamente com aspectos racionais, essa vertente humana é relegada a um segundo plano e enfatizam-se aspectos mais lógicos. Essa postura pode gerar prejuízos imensuráveis para a organização. Nesse contexto, a questão que se coloca é a necessidade de se inovar profundamente os seus valores. Para a nova economia, as relações interpessoais podem ser uma das práticas que conduzirá as organizações aos resultados estratégicos desejáveis.

Fonte: Schlesinger et al., 2008, citados por Santos, 2011, p. 71-76.

Cabe aos gestores analisarem o contexto e a cultura da organização para, então, decidir que práticas devem ser modificadas para mitigar ou eliminar as barreiras que impedem o desenvolvimento da gestão do conhecimento. Uma visão parcial e limitada pode comprometer o sucesso da gestão e contornar os problemas existentes apenas de forma temporária. Assim, é necessário conhecer a organização, suas raízes, história, experiências, pontos fortes e fracos, para explorar suas competências, gerir o conhecimento e facilitar o processo de aprendizagem organizacional.

Síntese

Você verificou, neste capítulo, que a gestão do conhecimento, assim como a gestão por competências, precisa estar atrelada às estratégias organizacionais, que, por sua vez, devem priorizar o desenvolvimento de habilidades e competências individuais e coletivas como ponto central para o sucesso competitivo. Viu também que um dos desafios da gestão do conhecimento é lidar com as barreiras estruturais – relacionadas aos níveis de hierarquia, funções e infraestrutura – e organizacionais para a criação do fluxo do conhecimento na organização. Assim, a gestão do conhecimento requer condições que facilitem suas práticas. A principal delas é o compartilhamento do conhecimento por meio da comunicação. Criar uma rede de conhecimento pode facilitar sua partilha e distribuição – embora outros mecanismos possam ser utilizados para realizar esse compartilhamento, como a criação de grupos de experiências, arenas de aprendizagem e redes de dados.

Para saber mais
Para saber mais sobre gestão do conhecimento e sua relação com estratégia e com gestão por competências, assista aos filmes *A rede rocial*, *Matrix* e *O nome da rosa*. Apesar da diferença dos períodos em que as histórias se passam, observe como o conhecimento tem papel central nas tramas. Atente para como ele é gerido e controlado, e como está relacionado com as organizações e com as competências, sejam elas individuais, sejam coletivas.

Questões para revisão

1. Quais são as tarefas imprescindíveis na gestão estratégica do conhecimento?
   a) Identificar, desenvolver, manter e atualizar o conhecimento estrategicamente relevante para a empresa.
   b) Identificar, desenvolver, disseminar e atualizar o conhecimento estrategicamente relevante para a empresa.

c) Identificar, desenvolver, disseminar e transformar o conhecimento organizacional.
d) Identificar, modificar, disseminar e atualizar o conhecimento estrategicamente relevante para a empresa.

2. Segundo Oliveira Junior (2008), há três ações sobre a natureza intrínseca do conhecimento que são relevantes para o estabelecimento de estratégias. Quais são elas?
    a) Definir qual conhecimento deve ser desenvolvido pela empresa; definir como internalizar o conhecimento; e definir os meios pelos quais o conhecimento, fonte de vantagem competitiva, pode ser protegido.
    b) Definir qual conhecimento deve ser desenvolvido pela empresa; definir como compartilhá-lo; e definir os meios pelos quais o conhecimento, fonte de vantagem competitiva, pode ser protegido.
    c) Definir qual conhecimento deve ser extraído pela empresa; definir como compartilhá-lo; e definir os meios pelos quais o conhecimento, fonte de vantagem competitiva, pode ser protegido.
    d) Definir qual conhecimento deve ser desenvolvido pela empresa; definir como compartilhá-lo; e definir que tipo de conhecimento precisa ser revelado para os concorrentes.

3. Quais são basicamente as cinco etapas do processo estratégico?
    a) Análise dos ambientes interno e externo da organização; estabelecimento de diretrizes, como missão e objetivos; extinção de estratégia empresarial; implementação da estratégia; e exercício de controle das estratégias organizacionais.
    b) Análise do ambiente externo da organização; estabelecimento de diretrizes, como missão e objetivos; formulação de estratégia empresarial; implementação da estratégia; e exercício de controle das estratégias organizacionais.
    c) Análise dos ambientes interno e externo da organização; estabelecimento de diretrizes, como missão e objetivos; formulação de estratégia empresarial; implementação

da estratégia; e exercício de controle das estratégias organizacionais.

d) Análise do ambiente interno da organização; estabelecimento de diretrizes, como missão e objetivos; formulação de estratégia empresarial; implementação da estratégia; e exercício de controle das estratégias organizacionais.

4. Um dos desafios da gestão do conhecimento é lidar com as barreiras para a criação e o fluxo do conhecimento na organização. Segundo Davenport e Prusak (1998), os principais fatores de atrito que podem ocorrer e dificultar a implantação desse modelo são:
   a) falta de confiança mútua e diferentes culturas, vocabulários e quadros de referência.
   b) confiança mútua e diferentes culturas, vocabulários e quadros de referência.
   c) falta de tempo e de locais para encontro; direcionamento de *status* e recompensas para os detentores de conhecimento; capacidade de absorção.
   d) síndrome do "não inventado aqui"; tolerância com erros ou receio de necessitar de ajuda.

5. Segundo Mussi e Angeloni (2004), o compartilhamento de conhecimento é influenciado por fatores que podem inibi-lo ou motivá-lo. Selecione a alternativa que se refere aos fatores definidos por esses autores:
   a) Fatores culturais e estruturais, local de residência, espaços informais, linguagem, diversidade de interesses e imparcialidade de conhecimento.
   b) Fatores culturais e estruturais, local de trabalho, espaços formais, linguagem, diversidade de interesses e parcialidade de conhecimento.
   c) Fatores culturais e estruturais, local de trabalho, espaços informais, linguagem, diversidade de interesses e imparcialidade de conhecimento.
   d) Fatores culturais e estruturais, local de trabalho, espaços informais, linguagem, diversidade de interesses e parcialidade de conhecimento.

Questões para reflexão

1. Qual é a função da gestão estratégica do conhecimento?
2. Qual é o papel do gestor na gestão estratégica do conhecimento?
3. O que é inteligência competitiva?
4. Como ocorre o processo estratégico?
5. Reflita sobre os facilitadores da gestão do conhecimento.

Estudos de caso

Caso 1: Aprendizagem organizacional

A empresa alemã New Venture, de tecnologia, tem como objetivo desenvolver um jogo para o público infantil que seja interativo e que possa ser utilizado nos aparelhos de celular, em *tablet*, computador e televisão. Para isso, a empresa solicitou à sua equipe de P&D que discutisse quais seriam as características desse novo produto e como poderia ser inovador em relação aos jogos já existentes. A equipe realizou um protótipo do novo produto e imediatamente o encaminhou para o setor de *marketing* e finanças da organização, a fim de que fosse avaliado em relação à expectativa de mercado, aos custos, à força de vendas, entre outros fatores.

Após o protótipo ser avaliado por gestores de diversos setores, foram apresentados os posicionamentos acerca do desenvolvimento do produto. Algumas dessas ideias foram aceitas e, com isso, foi realizado um refinamento no produto, visando, inclusive, à maior efetividade no processo de produção. Apesar dos riscos, a decisão foi por realizar as mudanças necessárias e inovar mais uma vez.

A partir do caso descrito, responda aos questionamentos:

1. Em sua opinião, quais seriam os indícios de que essa organização atua como facilitadora do processo de aprendizagem organizacional?

2. De acordo com os dados fornecidos sobre o caso, é possível pensar em aprendizagem organizacional, de grupo e individual? Explique.

Caso 2: Competências organizacionais

O conselho de administração da *holding* Alpha Participações S.A, diante da atual conjuntura, vinha buscando formas de melhorar os resultados obtidos por meio da participação em outras companhias. Para tanto, após analisar os cenários interno e externo, decidiu adquirir participações em empresas exportadoras, cujas receitas têm sido favorecidas pela desvalorização do real em relação ao dólar americano.

Um dos conselheiros da Alpha soube que a empresa Products Exportation, que comercializa 100% de sua produção no exterior, estava enfrentando dificuldades de financiamento após a alta das taxas de juros e a maior seletividade do setor bancário na concessão de crédito. Após negociações, a Alpha adquiriu parte das ações da Products, introduzindo dinheiro na empresa.

Dessa forma, a Products obteve os recursos necessários para realizar sua atividade e conseguir elevar suas receitas, enquanto a Alpha conseguiu obter resultados positivos diante da desvalorização da moeda brasileira.

A partir do caso descrito, responda aos questionamentos:

1. Quais novas competências a Alpha teve de desenvolver a partir de sua aquisição?

2. Que ações a Alpha poderia realizar para desenvolver essas competências, tendo em vista a intenção de ampliar sua receita?

3. Como o Departamento de Recursos Humanos pode auxiliar nesse processo?

Caso 3: **Gestão do conhecimento**

A Yamma S.A é uma indústria de alimentos que vinha perdendo participação de mercado em comparação à concorrência. Após avaliação institucional, constatou-se que a empresa era menos competitiva em razão do tempo de recepção, da produção e da expedição de pedidos quando comparado ao tempo gasto em outras empresas do mesmo segmento.

A partir dessa constatação, a Yamma analisou seus processos internos e concluiu que sua estrutura estava muito centralizada e dependente de um pequeno número de funcionários. Para reverter a situação, a empresa reorganizou as funções dos funcionários e normatizou o que cada setor deveria fazer, bem como a maneira que cada trabalho deveria ser desempenhado. Na sequência, passou a fornecer treinamento para uma quantidade maior de funcionários e oportunizou que cada um sugerisse alterações nos processos, de maneira que se otimizassem seus desempenhos.

Após essas medidas, a empresa reduziu o tempo de atendimento das demandas de seus clientes e conseguiu diminuir proporcionalmente seus custos. Uma parte dos resultados foi alcançada mediante oportunidades criadas pela Yamma para que funcionários habilitados pudessem substituir facilmente uns aos outros, quando necessário. Outra parte dos resultados decorreu da aplicação das ideias dos próprios funcionários que, após conhecerem melhor os processos da empresa, sugeriram alterações significativas.

A partir do caso descrito, responda aos questionamentos:

1. Como a gestão do conhecimento foi evidenciada no contexto da Yamma?

2. A proposta metodológica dessa empresa está alinhada com a gestão do conhecimento? Explique.

Para concluir...

Com esta obra, você pôde compreender um pouco mais o conhecimento organizacional. Falamos de competências, aprendizagem e gestão do conhecimento a fim de lançar um olhar sobre os fenômenos organizacionais de uma forma diferenciada, de modo a compreender sua forma de atuação e os meios pelos quais podemos atingir objetivos, visão e estratégia.

No primeiro capítulo, demonstramos que competência organizacional é um conceito que nasce da visão baseada em recursos (VBR) e que pode ocorrer nas dimensões organizacional e individual, além da importância de se estudar a competência organizacional para entender como as organizações sobrevivem e crescem ao longo do tempo, levando em consideração que *competência* é um conceito dinâmico que envolve a capacidade de articulação dos recursos.

No segundo capítulo, apresentamos as competências individuais, também chamadas de *humanas* ou *profissionais*, para situar o debate de competências na administração. Vimos também conceitos de competências individuais e como elas devem estar alinhadas com as competências organizacionais. Verificamos que o produto desse alinhamento, necessário para atingir o intento estratégico, quando contraposto com as competências que existem de fato na organização, produz um *gap*, o qual precisa ser analisado por meio do mapeamento de competências.

O terceiro capítulo nos permitiu discutir o modelo de gestão por competências, que se inicia com o mapeamento das competências e prossegue com a avaliação e a certificação das competências individuais e organizacionais. Para que esse processo seja realizado, mostramos alguns modelos, ferramentas e sistemas que podem ser utilizados, entre eles o *balanced scorecard*, o qual analisamos mais atentamente. Na sequência, no quarto capítulo, avançamos o debate para compreender a relação desse modelo com a gestão de pessoas e as práticas de recursos humanos.

Os dois próximos capítulos, quinto e sexto, tiveram como tema a aprendizagem organizacional. Nosso intuito é que, com o estudo desses capítulos, você esteja apto a responder quem é o sujeito da aprendizagem e quando esta pode ser chamada de *organizacional*. Verificamos que ela ocorre quando há mudanças profundas na organização e um ciclo completo do conhecimento – que se inicia com sua criação e culmina com sua internalização e conversão em mecanismos estáveis, como práticas e rotinas. Verificamos que a aprendizagem pode ser vista e estudada por meio de diversas perspectivas (cognitiva, comportamental e cultural) e níveis (individual, grupal, organizacional), mas sempre envolverá as categorias de mudança e conhecimento. Por isso, a aprendizagem organizacional está relacionada com a cultura organizacional. Seu processo ocorre nas organizações independentemente de as pessoas terem consciência e sempre resulta, em maior ou menor grau, no desenvolvimento de competências. Da mesma forma, as competências expressam um processo de aprendizagem.

Por fim, nos dois últimos capítulos, tratamos da gestão do conhecimento. Apresentamos diferentes conceitos de conhecimento organizacional e de gestão do conhecimento, vimos suas dimensões e aplicabilidades e modelos de diferentes origens – japonesa, americana, europeia e brasileira –, além de práticas associadas à gestão do conhecimento. Na sequência, discutimos a importância de vincular essa forma de gestão com os processos estratégicos, demonstrando que, por ser um modelo complexo e sistêmico, é necessário ficar atento às dificuldades e barreiras que podem surgir durante sua utilização. Para contornar esses desafios, deixamos claro que existem condições que podem facilitar o compartilhamento do conhecimento – que é uma das principais barreiras – e práticas que podem ajudar na utilização da gestão do conhecimento.

Após percorrer os capítulos que abordam temas correlatos na teoria e na prática organizacional – competências, aprendizagem e conhecimento –, chegamos ao final desta obra com a esperança de que ela tenha estimulado você a buscar novas leituras, a aprofundar seus conhecimentos e a utilizar os modelos e as ferramentas apresentados em sua vida profissional.

Referências

ABRANTES, M. I. M. Gestão de pessoas por competências: um estudo teórico. 51 f. Monografia (Graduação em Psicologia) – Universidade Católica de Brasília, Brasília, 2012.

AMARAL, R. M. Gestão de pessoas por competências em organizações públicas. In: SEMINÁRIO NACIONAL DE BIBLIOTECAS UNIVERSITÁRIAS, 15., 2008, São Paulo. Anais... São Paulo: Cruesp Bibliotecas; Unicamp; Unesp; USP, 2008.

ANGELONI, M. T. (Org.). Prefácio. In: Organizações do conhecimento: infraestrutura, pessoas e tecnologia. 2. ed. São Paulo: Saraiva, 2008.

ANPAD – Associação Nacional de Pós-graduação e Pesquisa em Administração. Disponível em: <http://www.anpad.org.br/~anpad/>. Acesso em: 8 maio 2015.

ANTAL, A. B. et al. Organizational Learning and Knowledge: Reflections on the Dynamics of the Field and Challenges for the Future. In: DIERKES, M. et al. (Org.). Handbook of Organizational Learning & Knowledge. Oxford: Oxford University Press, 2001. p. 921-939.

ANTONELLO, C. S. A metamorfose da aprendizagem organizacional: uma revisão crítica. In: RUAS, R.; ANTONELLO, C. S.; BOFF, L. H. (Org.). Aprendizagem organizacional e competências: os novos horizontes da gestão. Porto Alegre: Bookman, 2005. p. 12-33.

ARGYRIS, C. Ensinando pessoas inteligentes a aprender. In: COLEÇÃO HARVARD BUSINESS REVIEW. Gestão do conhecimento. 7. ed. Rio de Janeiro: Campus, 2000. p. 185-203.

_____. Incompetência hábil. In: STARKEY, K. (Org.). Como as organizações aprendem: relatos do sucesso das grandes empresas. São Paulo: Futura, 1997. p. 103-114.

ARGYRIS, C.; SCHÖN, D. A. Organizational Learning: a Theory of Action Perspective. Workingham: Addison-Wesley, 1978.

BARNEY, J.; HESTERLY, W. Organizational Economics: Understanding the Relationship Between Organizations and Economic Analysis. In: CLEGG, S. et al. (Ed.). Handbook of Organization Studies. London: Sage Publications, 1997.

BARNEY, J.; KETCHEN JUNIOR, D. J.; WRIGHT, M. The Future of Resource-Based Theory: Revitalization or Decline? Journal of Management, v. 35, n. 5, p. 1299-1315, 2011.

BARR, P. S.; HUFF, A. S.; STIMPERT, J. L. Cognitive Change, Strategic Action, and Organizational Renewal. Strategic Management Journal, v. 13, p. 15-36, 1992. Disponível em: <http://www.mypurchasingcenter.com/files/6514/0128/1879/Cognitive_Change.pdf>. Acesso em: 8 maio 2015.

BARRETO, A. de A. A condição da informação. In: STAREC, C.; GOMES, E.; BEZERRA, J. (Org.). Gestão estratégica da informação e inteligência competitiva. São Paulo: Saraiva, 2006. p. 3-16.

BASTOS, A. V. B. et al. Aprendizagem organizacional versus organizações que aprendem: características e desafios que cercam essas duas abordagens de pesquisa. In: ENCONTRO DE ESTUDOS ORGANIZACIONAIS, 2., 2002, Recife. Anais... Recife: Observatório da Realidade Organizacional; Propad/UFPE; Anpad, 2002.

BATESON, G. Steps to an Ecology of Mind: a Revolutionary Approach to Man's Understanding of Himself. New York: Ballantine Books, 1972.

BECKER, F. Educação e construção do conhecimento. Porto Alegre: Artmed, 2001.

BEZERRA, J. O gestor de planejamento estratégico da informação. In: STAREC, C.; GOMES, E.; BEZERRA, J. (Org.). Gestão estratégica da informação e inteligência competitiva. São Paulo: Saraiva, 2006. p. 87-101.

BITENCOURT, C. C. A gestão de competências gerenciais: a contribuição da aprendizagem organizacional. 320 f. Tese (Doutorado em Administração) – Universidade Federal do Rio Grande do Sul, Porto Alegre, 2001.

BOYATZIS, A. R. The Competent Manager: A Model for Effective Performance. New York: John Wiley, 1982.

BRANDÃO, H. P. Mapeamento de competências: métodos, técnicas e aplicações em gestão de pessoas. São Paulo: Atlas, 2012.

BRANDÃO, H. P.; BAHRY, C. P. Gestão por competências: métodos e técnicas para mapeamento de competências. Revista do Serviço Público, Brasília, v. 56, n. 2, p. 179-194, 2005. Disponível em: <http://www.enap.gov.br/index.php?option=com_docman&task=doc_view&gid=2567>. Acesso em: 8 maio 2015.

BRANDÃO, H. P.; GUIMARÃES, T. A. Gestão de competências e gestão de desempenho: tecnologias distintas ou instrumentos de um mesmo construto? RAE – Revista de Administração de Empresas, São Paulo, v. 41, n. 1, p. 8-15, 2001. Disponível em: <http://www.scielo.br/pdf/rae/v41n1/v41n1a02>. Acesso em: 8 maio 2015.

BRANDÃO, H. P. et al. Gestão de desempenho por competências: integrando a gestão por competências, o *balanced scorecard* e a avaliação 360 graus. Revista de Administração Pública, Rio de Janeiro, v. 42, n. 5, p. 875-98, set./out. 2008. Disponível em: <http://www.scielo.br/pdf/rap/v42n5/a04v42n5.pdf>. Acesso em: 8 maio 2015.

BRUNO-FARIA, M. F.; BRANDÃO, H. P. Competências relevantes a profissionais da área de T&D de uma organização pública do Distrito Federal. Revista de Administração Contemporânea, Curitiba, v. 7, n. 3, p. 35-56, jul./set. 2003. Disponível em: <http://www.scielo.br/scielo.php?pid=S1415-65552003000300003&script=sci_arttext>. Acesso em: 8 maio 2015.

BULGACOV, S.; BULGACOV, Y. L. M. Conteúdo e processo estratégico: formação, implementação, mudança e resultados. In: ENCONTRO DE ESTUDOS EM ESTRATÉGIA, 4., 2009, Recife. Anais... Recife: Anpad, 2009.

BUORO, G.; OLIVA, F. L.; SANTOS, S. A. Compartilhamento de conhecimento: um estudo sobre os fatores facilitadores do processo. In: SANTOS, A. S.; LEITE, N. P.; FERRARESI, A. A. (Org.). Gestão do conhecimento: institucionalização e instituições (pesquisas e estudos). Maringá: Unicorpore, 2007. p. 51-86.

BÜTTENBENDER, P. L.; FIGUEIREDO, P. N. Acumulação de competências tecnológicas e os processos subjacentes de aprendizagem na indústria metal-mecânica: o caso da AGCO – Indústria de Colheitadeiras. In: ENCONTRO DA ASSOCIAÇÃO NACIONAL DE PÓS-GRADUAÇÃO E PESQUISA EM ADMINISTRAÇÃO – EnANPAD, 26., 2002, Salvador. Anais... Salvador: Anpad, 2002.

CARBONE, P. P. et al. Gestão por competências e gestão do conhecimento. 3. ed. Rio de Janeiro: FGV, 2009.

CARVALHO, F. C. A. (Org.). Gestão do conhecimento. São Paulo: Pearson, 2012.

CASTELLS, M. A era da informação: economia, sociedade e cultura – a sociedade em rede. 10. ed. São Paulo: Paz e Terra, 1999. v. 1.

CASTRO, E. C. Acumulação de competências tecnológicas e processos de aprendizagem: o caso da Aciaria da Companhia Siderúrgica Nacional. 182 f. Dissertação (Mestrado em Administração) – Fundação Getúlio Vargas, Rio de Janeiro, 2002.

CEDEFOP – European Centre for the Development of Vocational Training. Disponível em: <http://www.cedefop.europa.eu/>. Acesso em: 2 maio 2015.

CERTO, S. C.; PETER, J. P. Administração estratégica: planejamento e implantação da estratégia. São Paulo: Makron Books, 1993.

CHIESA, V.; BARBESCHI, M. Technology Strategy in Competence-based Competition. In: HAMEL, G.; HEENE, A. (Org.). Competence-based Competition. England: John Wiley & Sons, 1994. p. 293-314.

COHEN, M. D. Individual Learning and Organizational Routine: Emerging Connections. Organization Science, v. 2, n. 1, p. 135-139, Feb. 1991. Disponível em: <http://pubsonline.informs.org/doi/abs/10.1287/orsc.2.1.135?journalCode=orsc>. Acesso em: 8 maio 2015.

COHEN, M. D.; SPROULL, L. S. Organizational Learning. London: Sage Publications, 1995.

COOK, S. D. N.; YANOW, D. Culture and Organizational Learning. Journal of Management Inquiry, v. 2, n. 4, Dec. 1993. Disponível em: <http://jmi.sagepub.com/content/2/4/373. short?rss=1&ssource=mfc>. Acesso em: 8 maio 2015.

CORLEY, K. G.; GIOIA, D. A. Semantic Learning as Change Enabler: Relating Organizational Identity and Organizational Learning. In: EASTERBY-SMITH, M.; LYLES, M. (Ed.). The Blackwell Handbook of Organizational Learning and Knowledge Management. London: Blackwell, 2003. p. 621-636.

CROSSAN, M. M.; LANE, H. W.; WHITE, R. E. An Organizational Learning Framework: from Intuition to Institution. The Academy of Management Review, v. 24, n. 3, p. 522-537, Jul. 1999. Disponível em: <http://ejournal.narotama.ac.id/files/An%20 Organizational%20learning%20Framework.pdf>. Acesso em: 8 maio 2015.

CYERT, R. M.; MARCH, J. G. A Behavioral Theory of the Firm. New Jersey: Englewook Cliffs, 1963.

DAHLMAN, C. J. A economia do conhecimento: implicações para o Brasil. In: VELLOSO, J. P. R. (Coord.). O Brasil e a economia do conhecimento. Rio de Janeiro: José Olympio, 2002. p. 161-196.

DAVENPORT, T.; PRUSAK, L. Conhecimento empresarial: como as organizações gerenciam o seu capital intelectual. Rio de Janeiro: Campus, 1998.

DE GEUS, A. P. Planejamento como aprendizado. In: STARKEY, K. (Org.). Como as organizações aprendem: relatos do sucesso das grandes empresas. São Paulo: Futura, 1997. p. 115-125.

DODGSON, M. Organizational Learning: a Review of Some Literatures. Organizations Studies, v. 14, n. 3, p. 375-94, 1993. Disponível em: <http://oss.sagepub.com/content/14/3/375. abstract>. Acesso em: 8 maio 2015.

DREJER, A. Organizational Learning and Competence Development. The Learning Organization, v. 7, n. 4, p. 206-220, 2000.

DRUCKER, P. Sociedade pós-capitalista. São Paulo: Pioneira, 1993.

DUGUID, P.; BROWN, J. S. Estrutura e espontaneidade: conhecimento e organização. In: FLEURY, M. T. L.; OLIVEIRA JUNIOR. M. M. (Org.). Gestão estratégica do conhecimento: integrando aprendizagem, conhecimento e competências. São Paulo: Atlas, 2008. p. 50-79.

_____. Organization Learning and Communities-of-practice: Toward a Unified View of Working, Learning and Innovation. Organization Science, v. 2, n. 1, p. 40-57, 1991. Disponível em: <http://connection.ebscohost.com/c/articles/4433760/organizational-learning-communities-of-practice-toward-unified-view-working-learning-innovating>. Acesso em: 8 maio 2015.

DUNCAN, R.; WEISS, A. Organizational Learning: Implications for Organizational Design. Research in Organizational Behavior, v. 1, p. 75-123, 1979.

DUTRA, J. S. Competências: conceitos e instrumentos para a gestão de pessoas na empresa moderna. São Paulo: Atlas, 2004.

DUTRA, J. S. et al. Absorção do conceito de competências em gestão de pessoas: a percepção dos profissionais e as orientações adotadas pelas empresas. In: ENCONTRO DA ASSOCIAÇÃO NACIONAL DE PÓS-GRADUAÇÃO E PESQUISA EM ADMINISTRAÇÃO – EnAPAD, 30., 2006, Salvador. Anais... Salvador: Anpad, 2006.

DUTRA, J. S. Gestão de pessoas com base em competências. In: DUTRA, J. S. (Org.). Gestão por competências: um modelo avançado para o gerenciamento de pessoas. 2. ed. São Paulo: Gente, 2001. p. 23-40.

_____. Gestão de pessoas: modelo, processos, tendências e perspectivas. São Paulo: Atlas, 2002.

DUTRA, J. S.; HIPÓLITO, J. A. M.; SILVA, C. M. Gestão de pessoas por competências: o caso de uma empresa do setor de telecomunicações. Revista de Administração Contemporânea, Curitiba, v. 4, n. 1, p. 161-176, jan./abr. 2000. Disponível em: <http://www.scielo.br/scielo.php?pid=S1415-65552000000100009&script=sci_arttext>. Acesso em: 8 maio 2015.

EASTERBY-SMITH et al. Constructing Contributions to Organizational Learning: Argyris and the Next Generation. Management Learning, special edition, 2004. v. 35, n. 4, Dec. 2004. Disponível em: <http://www.researchgate.net/publication/258171412_Constructing_Contributions_to_Organizational_Learning_Argyris_and_the_Next_Generation>. Acesso em: 8 maio 2015.

EASTERBY-SMITH, M.; ARAUJO, L. Aprendizagem organizacional: oportunidades e debates atuais. In: EASTERBY-SMITH, M.; BURGOYNE, J.; ARAUJO, L. (Coord.). Aprendizagem organizacional e organizações de aprendizagem: desenvolvimento na teoria e na prática. São Paulo: Atlas, 2001. p. 41-63.

EASTERBY-SMITH, M.; CROSSAN, M.; NICOLINI, D. Organizational Learning: Debates Past, Present and Future. Journal of Management Studies, v. 37, n. 6, p. 783-796, Sept. 2000. Disponível em: <http://onlinelibrary.wiley.com/doi/10.1111/1467-6486.00203/abstract>. Acesso em: 8 maio 2015.

EASTERBY-SMITH, M.; LYLES, M. A. Introduction: Watersheds of Organizational Learning and Knowledge Management. In: EASTERBY-SMITH, M.; LYLES, M. (Org.). The Blackwell Handbook of Organizational Learning and Knowledge Management. London: Blackwell, 2003. p. 1-16.

EISENHARDT, K. M.; SANTOS, F. M. Knowledge-Based View: a New Theory of Strategy? In: PETTIGREW, A.; THOMAS, H.; WHITTINGTON, R. (Ed.). Handbook of Strategy and Management. London: Sage, 2002.

ELKJAER, B. Social Learning Theory: Learning as Participation in Social Processes. In: EASTERBY-SMITH, M.; LYLES, M. (Org.). The Blackwell Handbook of Organizational Learning and Knowledge Management. London: Blackwell, 2003. p. 38-53.

FALCÃO, S. D.; BRESCIANI FILHO, E. Gestão do conhecimento. Revista da III Jornada de Produção Científica das Universidades Católicas do Centro-oeste, Goiânia, v. 2, set. 1999.

FERNANDES, B. H. R. Competências e desempenho organizacional: o que há além do Balance Scorecard. São Paulo: Saraiva, 2006.

FERNANDES, B. H. R. Competências e performance organizacional: um estudo empírico. 249 f. Tese (Doutorado em Administração) – Universidade de São Paulo, São Paulo, 2004.

FIGUEIREDO, P. N. Acumulação de competências tecnológicas e os processos subjacentes de aprendizagem em empresas de indústria metal-mecânica na região metropolitana de Curitiba (1970-2000): breve nota de conclusão do estudo. Programa de pesquisa em aprendizagem tecnológica e inovação industrial no Brasil. Revista de Administração Pública, Rio de Janeiro, v. 35, n. 3, p. 245-251, maio/jun. 2001.

FIOL, C. M.; LYLES, M. A. Organizational Learning. The Academy of Management Review, v. 10, n. 4, Oct. 1985. Disponível em: <http://www.jstor.org/stable/258048?seq=1#page_scan_tab_contents>. Acesso em: 8 maio 2015.

FISCHER, A. L.; SILVA, N. B. Os programas de melhoria contínua como processos de aprendizagem organizacional: o caso de uma indústria de produtos alimentícios. In: ENCONTRO DA ASSOCIAÇÃO NACIONAL DE PÓS-GRADUAÇÃO E PESQUISA EM ADMINISTRAÇÃO – EnANPAD, 28., 2004, Curitiba. Anais... Curitiba: Anpad, 2004.

FLEURY, A. C. C.; FLEURY, M. T. L. Estratégias empresariais e formação de competências: um quebra cabeça caleidoscópico da indústria brasileira. 3. ed., rev. e ampl. São Paulo: Atlas, 2004.

FLEURY, M. T. L.; OLIVEIRA JUNIOR, M. M. (Org.). Gestão estratégica do conhecimento: integrando aprendizagem, conhecimento e competências. São Paulo: Atlas, 2001.

_____. Gestão estratégica do conhecimento: integrando aprendizagem, conhecimento e competências. São Paulo: Atlas, 2008.

GANTMAN, E. R. Scholarly Management Knowledge in the Periphery: Argentina and Brazil in Comparative Perspective (1970-2005). Brazilian Administration Review, Curitiba, v. 7, n. 2, art. 1, p. 115-135, Apr./June 2010.

GARVIN, D. A. Aprendizagem em ação: um guia para transformar sua empresa em uma learning organization. Rio de Janeiro: Qualitymark, 2002.

GARVIN, D. A. Construindo a organização que aprende. In: COLEÇÃO HARVARD BUSINESS REVIEW. Gestão do conhecimento. 7. ed. Rio de Janeiro: Campus, 2000. p. 50-81.

GERTSEN, M. C.; SØDERBERG, A. M. Expatriate Stories about Cultural Encounters: a Narrative Approach to Cultural Learning Processes in Multinational Companies. Scandinavian Journal of Management, v. 26, n. 3, p. 248-257, Sept. 2010.

GERTSEN, M. C.; SØDERBERG, A. M. Intercultural Collaboration Stories: on Narrative Inquiry and Analysis as Tools for Research in International Business. Journal of International Business Studies, v. 42, n. 6, p. 787-804, Apr. 2011. Disponível em: <http://www.palgrave-journals.com/jibs/journal/v42/n6/abs/jibs201115a.html>. Acesso em: 8 maio 2015.

GRANT, R. M. The Resource-Based Theory of Competitive Advantage: Implication for Strategy Formulation. California Management Review, v. 33, n. 3, p. 114-135, Spring, 1991. Disponível em: <http://www.skynet.ie/~karen/Articles/Grant1_NB.pdf>. Acesso em: 8 maio 2015.

HAMEL, G.; HEENE, A. Introduction: Competing Paradigms in Strategic Management. In: HAMEL, G.; HEENE, A. (Ed.). Compentence-based Competition. England: John Wiley & Sons, 1994. p. 1-10.

HEDBERG, B. How Organizations Learn and Unlearn. In: NYSTROM, P.; STARBUCK, W. (Ed.). Handbook of Organization Design. Oxford: Oxford University, 1981. p. 3-27.

HININGS, C. R.; GREENWOOD, R. The Dynamics of Strategic Change. New York: Basil Blackwell, 1989.

HUFF, A. S. Mapping Strategic Thought. In: HUFF, A. S. (Ed.). Mapping Strategic Thought. Chichester: John Wiley & Sons, 1990. p. 11-49.

ICHIJO, K. Da administração à promoção do conhecimento. In: _____. Gestão do conhecimento. Porto Alegre: Bookman, 2008. p. 118-141.

JAQUES, E. Requisite Organization: a total system for effective managerial organization as managerial leadership for the 21st century. Arlington: Cason-Hall, 1988.

KAPLAN, R. S. Conceptual Foundations of the Balanced Scorecard. Working Paper. Harvard Business School, 2010.

KAPLAN, R. S.; NORTON, D. P. A estratégia em ação: balanced scorecard. 22. ed. Rio Janeiro: Campus, 1997.

_____. Organização orientada para a estratégia: como as empresas que adotam o balanced scorecard prosperam no novo ambiente de negócios. 4. ed. Rio de Janeiro: Campus, 2001.

KAPLAN, R. S.; NORTON, D. P. The Balanced Scorecard: Translating Strategy into Action. Boston: Harvard Business School Press, 1996.

KING, A. W.; FOWLER, S. W.; ZEITHAML, C. P. Competências organizacionais e vantagem competitiva: o desafio da gerência intermediária. Revista de Administração de Empresas, São Paulo, v. 42, n. 1, p. 36-49, jan./mar. 2002.

KROGH, G. V.; ICHIJO, K.; NONAKA, I. Facilitando a criação do conhecimento: reinventando a empresa com o poder da inovação contínua. Rio de Janeiro: Campus, 2001.

LE BOTERF, G. Desenvolvendo a competência dos profissionais. Porto Alegre: Artmed, 2003.

LEME, R. Aplicação prática de gestão de pessoas: mapeamento, treinamento, seleção, avaliação e mensuração de resultados de treinamento. Rio de Janeiro: Qualitymark, 2005.

LEONARD-BARTON, D. Core Capabilities and Core Rigidities: a Paradox in Managing New Product. Strategic Management Journal, v. 13, p. 111-125, Summer, 1992. Disponível em: <http://business.illinois.edu/josephm/BA545_Fall%202011/S12/Leonard-Barton%20%281992%29.pdf>. Acesso em: 8 maio 2015.

_____. Nascentes do saber: criando e sustentando as fontes de inovação. Rio de Janeiro: Fundação Getulio Vargas, 1998.

LEUNG, K.; ANG, S.; TAN, M. L. Intercultural Competence. The Annual Review of Organizational Psychology and Organizational Behavior, v. 1, p. 489-519, Mar. 2014. Disponível em: <http://www.annualreviews.org/doi/abs/10.1146/annurev-orgpsych-031413-091229>. Acesso em: 8 maio 2015.

LEVITT, B.; MARCH, J. G. Organizational Learning. **Annual Review of Sociology**, v. 14, p. 319-338, Aug. 1988. Disponível em: <http://www.annualreviews.org/doi/abs/10.1146/annurev.so.14.080188.001535>. Acesso em: 8 maio 2015.

LEWIS, M. A.; GREGORY, M. J. Developing and Applying a Process Approach to Competence Analysis. In: SANCHEZ, R.; HEENE, A.; THOMAS, H. (Ed.). **Dynamics of Competence-Based Competition**: Theory and Practice in the New Strategic Management. England: Elsevier, 1996. p. 141-164.

LOIOLA, E.; BASTOS, A. V. B. A produção acadêmica sobre aprendizagem organizacional no Brasil. **Revista de Administração Contemporânea**, Curitiba, v. 7, n. 3, p. 181-201, jul./set. 2003. Disponível em: <http://www.scielo.br/scielo.php?pid=S1415-65552003000300010&script=sci_arttext>. Acesso em: 8 maio 2015.

LUCAS, L. M. **The Development of an Integrated Approach to Organizational Learning**. Disponível em: <http://citeseerx.ist.psu.edu/viewdoc/download?doi=10.1.1.318.1744&rep=rep1&type=pdf>. Acesso em: 8 maio 2015.

LUNDVALL, B.; JOHNSON, B. The Learning Economy. **Journal of Industry Studies**, v. 1, n. 2, 1994. Disponível em: <http://www.tandfonline.com/doi/abs/10.1080/13662719400000002>. Acesso em: 8 maio 2015.

LYLES, M. A. Aprendizagem organizacional e transferência de conhecimento em joint ventures internacionais. In: FLEURY, M. T. L.; OLIVEIRA JUNIOR. M. M. (Org.). **Gestão estratégica do conhecimento**: integrando aprendizagem, conhecimento e competências. São Paulo: Atlas, 2008. p. 273-293.

MACHADO-DA-SILVA, C. L.; FERNANDES, B. H. O impacto da internacionalização nos esquemas interpretativos dos dirigentes do Banco Bamerindus. **Revista de Administração de Empresas**, São Paulo, v. 39, n. 1, p. 14-24, jan./mar. 1999. Disponível em: <http://www.scielo.br/pdf/rae/v39n1/v39n1a03>. Acesso em: 8 maio 2015.

MARCH, J. G.; OLSEN, J. P. **Ambiguity and Choice in Organizations**. Bergen: Universitetsforlaget, 1976.

MATURANA, H.; VARELA, F. A árvore do conhecimento e as bases biológicas da compreensão humana. São Paulo: Palas Athena, 2001.

McCLELLAND, D. C. Testing for Competence Rather Than For Intelligence. American Psychologist, n. 28, p. 1-14, Jan. 1973. Disponível em: <http://mohandasmohandas.com/african1/ap7301001%281%29.pdf>. Acesso em: 8 maio 2015.

McLAGAN, P. A. Competency Models. Training and Development Journal, Alexandria VA, v. 34, n. 12, p. 22-26, Dec. 1980.

MICHAUX, V. Articular as competências individual, coletiva, organizacional e estratégica: esclarecendo a teoria dos recursos e do capital social. In: RETOUR, D. et al. (Org.). Competências coletivas: no limiar da estratégia. Porto Alegre: Bookman, 2011. p. 1-22.

MILLS, J. et al. Competing Through Competences. Cambridge: Cambridge University Press, 2002.

MINTZBERG, H.; AHLSTRAND, B.; LAMPEL, J. Safári de estratégia: um roteiro pela selva do planejamento estratégico. Porto Alegre: Bookman, 2000.

MORGAN, G. Imagens da organização. São Paulo: Atlas, 1996.

MUSSI, C. C.; ANGELONI, M. T. O compartilhamento do conhecimento no processo de implementação de sistemas de informação: um estudo de caso. Facef Pesquisa, v. 7, n. 2, p. 18-35, 2004. Disponível em: <http://periodicos.unifacef.com.br/index.php/facefpesquisa/article/view/26/92>. Acesso em: 8 maio 2015.

NICOLINI, D.; MEZNAR, M. B. The Social Construction of Organizational Learning: Conceptual and Practical Issues in the Field. Human Relations, v. 48, n. 7, p. 727-746, 1995. Disponível em: <http://hum.sagepub.com/content/48/7/727.abstract>. Acesso em: 8 maio 2015.

NONAKA, I.; KONNO, N. The Concept of "Ba": Building a Foundation for Knowledge Creation. California Management Review, v. 40, n. 3, Spring 1998. Disponível em: <http://home.business.utah.edu/actme/7410/Nonaka%201998.pdf>. Acesso em: 8 maio 2015.

NONAKA, I.; TAKEUCHI, H. Criação de conhecimento na empresa. Rio de Janeiro: Campus, 1997.

_____. Teoria da criação do conhecimento organizacional. In: NONAKA, I.; TAKEUCHI, H. Gestão do conhecimento. Porto Alegre: Bookman, 2008.

_____. The Knowledge-creating Company: How Japanese Companies Create the Dynamics of Innovation. Oxford: Oxford University Press, 1995.

O'DELL, C.; GRAYSON, C. J. If Only we knew what we know: Identifications and Transfer of Best Practices. California Management Review, n. 3, v. 40, Spring 1998.

OLIVEIRA JUNIOR, M. M. Competências essenciais e conhecimento na empresa. In: FLEURY, M. T. L.; OLIVEIRA JUNIOR. M. M. (Org.). Gestão estratégica do conhecimento: integrando aprendizagem, conhecimento e competências. São Paulo: Atlas, 2008. p. 121-156.

OLIVEIRA JUNIOR, M. M.; FLEURY, M. T. L.; CHILD, J. Compartilhando conhecimento em negócios internacionais: um estudo de caso na indústria de propaganda. In: FLEURY, M. T. L.; OLIVEIRA JUNIOR. M. M. (Org.). Gestão estratégica do conhecimento: integrando aprendizagem, conhecimento e competências. São Paulo: Atlas, 2008. p. 294-312.

ORGANIZATION SCIENCE. Special Issue: Organizational Learning – Papers in Honor of (and by) James G. March, v. 2, n. 1, 1991.

PATRIOTTA, G. Organizational Knowledge in the Making: How Firms Create, Use, and Institutionalize Knowledge. United States: Oxford University Press, 2003.

PAULA, J. A.; CERQUEIRA, H. E. A. da G.; ALBUQUERQUE, E. da M. e. Trabalho e conhecimento: lições de clássicos para a análise do capitalismo contemporâneo. Estudos Econômicos, Fipe-USP, São Paulo, v. 30, n. 3, p. 419-445, jul./set. 2000.

PENROSE, E. T. The Theory of the Growth of the Firm. London: Basil Blackwell, 1959.

POLANYI, M. The Tacit Dimension. Gloucester: Peter Smith, 1983.

PRAHALAD, C. K.; BETTIS, R. A lógica dominante: uma nova relação entre diversidade e desempenho. In: STARKEY, K. (Org.). Como as organizações aprendem: relatos do sucesso das grandes empresas. São Paulo: Futura, 1997.

PRAHALAD, C. K.; HAMEL, G. Competindo pelo futuro: estratégias inovadoras para obter o controle do seu setor e criar os mercados de amanhã. Rio de Janeiro: Campus, 1995.

PRAHALAD, C. K.; HAMEL, G. The Core Competence of the Corporation. Harvard Business Review, Boston, v. 68, n. 3, p. 79-91, May./Jun. 1990. Disponível em: <https://hbr.org/1990/05/the-core-competence-of-the-corporation>. Acesso em: 8 maio 2015.

PRANGE, C. Aprendizagem organizacional: desesperadamente em busca de teorias. In: EASTERBY-SMITH, M.; BURGOYNE, J.; ARAUJO, L. (Coord.). Aprendizagem organizacional e organizações de aprendizagem: desenvolvimento na teoria e na prática. São Paulo: Atlas, 2001. p. 41-63.

PROBST, G.; RAUB, S.; ROMHARDT, K. Gestão do conhecimento: os elementos construtivos do sucesso. Porto Alegre: Bookman, 2002.

RAUB, S. P. Towards a Knowledge-based Framework of Competence Development. In: SANCHEZ, R. (Ed.). Knowledge Management and Organizational Competence. Oxford: Oxford University Press, 2001. p. 97-113.

RODRIGUES, S. B.; CHILD, J.; LUZ, T. R. Aprendizagem contestada em ambiente de mudança radical. RAE – Revista de Administração de Empresas, v. 44, n. 1, p. 27-43, 2004. Disponível em: <http://www.scielo.br/pdf/rae/v44n1/v44n1a03.pdf>. Acesso em: 8 maio 2015.

ROEDEL, D. Estratégia e inteligência competitiva. In: STAREC, C.; GOMES, E.; BEZERRA, J. (Org.). Gestão estratégica da informação e inteligência competitiva. São Paulo: Editora Saraiva, 2006. p. 67-86.

RUAS, R. et al. O conceito de competências de A à Z: análise e revisão nas principais publicações nacionais entre 2000 e 2004. In: ENCONTRO DA ASSOCIAÇÃO NACIONAL DE PÓS-GRADUAÇÃO E PESQUISA EM ADMINISTRAÇÃO – EnANPAD, 29., 2005, Brasília. Anais... Brasília: Anpad, 2005.

SANCHEZ, R. Managing Knowledge into Competence: the Five Learning Cycles of the Competent Organization. In: SANCHEZ, R. (Ed.). Knowledge Management and Organizational Competence. Oxford: Oxford University Press, 2001. p. 3-38.

SANCHEZ, R.; HEENE, A. A Competence Perspective on Strategic Learning and Knowledge Management. In: SANCHEZ, R.; HEENE, A. (Ed.). Strategic Learning and Knowledge Management. England: John Wiley & Sons, 1997. p. 3-18.

SANCHEZ, R.; HEENE, A.; THOMAS, H. (Ed.). Introduction: Towards the Theory and Practice of Competence-Based Competition. In: _____. Dynamics of Competence-based Competition: Theory and Practice in the New Strategic Management. England: Elsevier, 1996. p. 1-35.

SANTOS, D. E. M. Processo estratégico e gestão do conhecimento: estudo de caso da empresa Frimesa, organização do setor alimentício do município de Medianeira – PR. 230 f. Dissertação (Mestrado em Administração) – Universidade Federal do Paraná, Curitiba, 2011.

SANTOS, I. O.; FISCHER, A. L. Influência dos traços culturais nos processos de aprendizagem organizacional. In: ENCONTRO DA ASSOCIAÇÃO NACIONAL DE PÓS-GRADUAÇÃO E PESQUISA EM ADMINISTRAÇÃO – EnANPAD, 27., 2003, Atibaia. Anais... Atibaia: Anpad, 2003.

SARSUR, A. M. Gestão por competências: a percepção de ganho social do trabalhador. 262 f. Tese (Doutorado em Administração) – Universidade de São Paulo, São Paulo, 2007.

SCHEIN, E. H. Organizational Culture and Leadership. São Francisco: Jossey Bass, 1986.

SCHEIN, E. H. The Role of the Founder in the Creation of Organizational Culture. **Organizational Dynamics**, v. 12, n. 1, p. 13-28, Summer 1983. Disponível em: <http://www3.uma.pt/filipejmsousa/emp/Schein,%201983.pdf>. Acesso em: 8 maio 2015.

SCHLESINGER, C. C. B. et al. **Gestão do conhecimento na administração pública**. Curitiba: Imap, 2008.

SCHULZ, M. Learning, Institutionalization, and Obsolescence in Organizational Rule Histories. Thesis (Doctor of Philosophy) – Department of Sociology and the Committee on Graduate Studies of Stanford University, Stanford University, Stanford, 1993.

SENGE, P. **The Fifth Discipline**: the Art and Practice of the Learning Organization. New Jersey: Transword, 1990.

SHRIVASTAVA, P. A. Typology of Organizational Learning Systems. **Journal of Management Studies**, v. 20, n. 1, p. 7-28, 1983. Disponível em: <http://paulshrivastava.com/Research%20Publications%20Directory%5CA%20Typology%20of%20Organzational%20Learning%20Systems.pdf>. Acesso em: 8 maio 2015.

SILVA, M. R. **Aprendizagem nas organizações**: uma análise de grupos multifuncionais de empresas do ramo automotivo. 275 f. Tese (Doutorado em Administração) – Universidade Presbiteriana Mackenzie, São Paulo, 2013.

SOUZA, Y. S. de. Organizações de aprendizagem ou aprendizagem organizacional. **RAE Eletrônica – Revista de Administração de Empresas**, v. 3, n. 1, jan./jun. 2004. Disponível em: <http://www.scielo.br/pdf/raeel/v3n1/v3n1a08>. Acesso em: 8 maio 2015.

SPENDER, J. C. Gerenciando sistemas de conhecimento. In: FLEURY, M. T.; OLIVEIRA JUNIOR, M. M. (Org.). **Gestão estratégica do conhecimento**: integrando aprendizagem, conhecimento e competências. São Paulo: Atlas, 2001. p. 27-49.

STARKEY, K.; McKINLAY, A. Desenvolvimento de produto na Ford da Europa: desfazendo o passado/aprendendo o futuro. In: STARKEY, K. (Org.). **Como as organizações aprendem**: relatos do sucesso das grandes empresas. São Paulo: Futura, 1997.

SVEIBY, K. E. A nova riqueza das organizações: gerenciando e avaliando patrimônios do conhecimento. Rio de Janeiro: Campus, 1998.

TAKAHASHI, A. R. W. Descortinando os processos da aprendizagem organizacional no desenvolvimento de competências em instituições de ensino. 467 f. Tese (Doutorado em Administração) – Universidade de São Paulo, São Paulo, 2007.

TEECE, D. J.; PISANO, G.; SHUEN, A. Dynamic Capabilities and Strategic Management. Strategic Management Journal, v. 18, n. 7, p. 509-533, 1997.

TERRA, J. C. C. Gestão do conhecimento: aspectos conceituais e estudo exploratório sobre as práticas de empresas brasileiras. 311 f. Tese (Doutorado em Engenharia de Produção) – Universidade de São Paulo, São Paulo, 1999.

TERRA, J. C. C. Gestão do conhecimento: aspectos conceituais e estudo exploratório sobre as práticas de empresas brasileiras. In: FLEURY, M. T. L.; OLIVEIRA JUNIOR, M. M. (Org.). Gestão estratégica do conhecimento: integrando aprendizagem, conhecimento e competências. São Paulo: Atlas, 2001.

_____. Gestão do conhecimento: o grande desafio empresarial. São Paulo: Negócio, 2000.

TSANG, E. W. K. Organizational Learning and the Learning Organization: a Dichotomy between Descriptive and Prescriptive Research. Human Relations, v. 50, n. 1, p. 73-89, 1997. Disponível em: <http://link.springer.com/article/10.1023%2FA%3A1016905516867>. Acesso em: 8 maio 2015.

TURNER, D.; CRAWFORD, M. Managing Current and Future Competitive Performance: the Role of Competence. In: HAMEL, G.; HEENE, A. Competence-based competition. England: John Wiley & Sons, 1994. p. 241-264.

TUSHMAN, M.; NADLER, D. Organizando-se para a inovação. In: STARKEY, K. (Org.). Como as organizações aprendem: relatos do sucesso das grandes empresas. São Paulo: Futura, 1997. p. 166-189.

VASCONCELOS, I. F. G.; MASCARENHAS, A. O. Organizações em aprendizagem. São Paulo: Thomson Learning, 2007. (Coleção Debates em Administração).

VIEIRA, A.; GARCIA, F. C. Gestão do conhecimento e das competências gerenciais: um estudo de caso na indústria automobilística. RAE Eletrônica – Revista de Administração de Empresas, v. 3, n. 1, art. 6, jan./jun. 2004. Disponível em: <http://www.scielo.br/pdf/raeel/v3n1/v3n1a07>. Acesso em: 8 maio 2015.

WEICK, K. E. The Nontraditional Quality of Organizational Learning. Organization Science, v. 2, n. 1, p. 116-124, 1991. Disponível em: <http://pubsonline.informs.org/doi/abs/10.1287/orsc.2.1.116>. Acesso em: 9 maio 2015.

WEICK, K. E.; ROBERTS, K. H. Collective Mind in Organizations: Heedful Interrelating on Flight Decks. Administrative Science Quarterly, v. 38, n. 3, p. 357-581, 1993. Disponível em: <http://www.lse.ac.uk/study/executiveEducation/customisedExecutiveEducation/INAP/Collectivemionnd.pdf>. Acesso em: 9 maio 2015.

WEICK, K. E.; WESTLEY, F. Organizational Learning: Affirm an Oxymoron. In: GLEGG, S. et al. (Ed.). Handbook of Organizational Studies. London: Sage, 1996. p. 440-458.

WERNERFELT, B. A Resource-based View of the Firm. Strategic Management Journal, v. 5, n. 2, p. 171-180, Apr./June 1984.

WILSON, J. M.; GOODMAN, P. S.; CRONIN, M. A. Group learning. Academy of Management Review, v. 32, n. 4, p. 1041-1069, 2007.

ZARIFIAN, P. Objetivo competência: por uma nova lógica. São Paulo: Atlas, 2001.

_____. O modelo da competência: trajetória histórica, desafios atuais e propostas. São Paulo: Senac São Paulo, 2003.

ZOLLO, M.; WINTER, S. G. Deliberate Learning and the Evolution of Dynamic Capabilities. Organization Science, v. 13, n. 3, p. 339-351, 2002. Disponível em: <http://www.druid.dk/conferences/nw/paper1/zollo_winter.pdf>. Acesso em: 9 maio 2015.

Respostas

Capítulo 1

Questões para revisão
1. b
2. c
3. b
4. d
5. d

Questões para reflexão

1. A competência essencial refere-se às atividades de alta competência, que são a chave para a sobrevivência organizacional e fundamentais para sua estratégia, como decisões estratégicas sobre investimentos. A competência organizacional compreende um pequeno número de atividades-chave, normalmente entre três e seis, esperado de cada unidade de negócios da empresa. Um exemplo de atividade-chave seria o cumprimento de metas nas vendas semestrais.
2. O tamanho da empresa e os valores dos recursos foram preponderantes para a criação da visão baseada em recursos (VBR). De acordo com essa abordagem, as organizações têm um conjunto de recursos tangíveis e intangíveis que incluem recursos físicos, financeiros, marca e imagem, entre outros. A organização procura maximizar o valor desses recursos, os quais constituem a base para o futuro da empresa e cuja combinação dá origem à vantagem competitiva. A VBR foi criada por conta da preocupação em relação aos recursos que garantem lucratividade em longo prazo na formulação da estratégia.
3. A abordagem das capacidades dinâmicas se preocupa com a adaptação das competências ao longo do tempo, como criação, transformação e reconfiguração dos recursos que estão diretamente ligados à mudança.
4. Foi verificado que, para o desenvolvimento de competências organizacionais, uma empresa pode, ao mesmo tempo, alocar recursos para construir novas competências e para alavancar competências já existentes.

5. Essa afirmação está ligada diretamente à abordagem das capacidades dinâmicas, pois os processos de uma organização são próprios e construídos ao longo do tempo, o que faz com que uma empresa procure criar e reconfigurar por meio de recursos já existentes.

Capítulo 2

Questões para revisão
1. c
2. a
3. b
4. d
5. e

Questões para reflexão
1. O crescimento proporcionado pelo avanço da ciência, a velocidade da informação e a internet são fatores que modificaram a relação do ser humano com os equipamentos, fazendo com que o mercado se estruturasse e exigisse trabalhadores mais instruídos e qualificados para atender às suas expectativas.
2. São constituídas por recursos humanos, portanto, por competências individuais.
3. Ao pensarmos na organização por meio de uma visão sistêmica, veremos que é da interação entre as competências individuais que surgem as competências organizacionais, e que essas, por sua vez, influenciam o desenvolvimento das competências individuais.
4. Por meio da contratação de novas pessoas ou pelo treinamento daquelas que já estão atuando na organização.
5. É preciso cuidado ao realizar descrições de competências. Para tanto, indica-se proceder à validação semântica das competências descritas, visando garantir que todos os funcionários compreendam da mesma forma sua descrição. É necessário evitar ambiguidades, irrelevância, obviedades, duplicidades e abstrações.

Capítulo 3

Questões para revisão
1. c
2. d
3. a
4. c
5. b

Questões para reflexão
1. A gestão voltada para as competências surgiu da necessidade de mudanças no mundo do trabalho. O surgimento do conceito de competências enseja novas práticas de recursos humanos, como recrutamento e seleção, planejamento de treinamentos, elaboração de planos de cargos e salários, planejamento de mobilidade funcional, entre outras.
2. As competências organizacionais podem ser avaliadas por meio de um instrumento de análise que considera o desempenho dos concorrentes. Já as competências individuais podem ser mensuradas pela certificação de competências.
3. O BSC surgiu para suprimir a limitação de outros modelos que consideravam apenas o desempenho passado em relação à lucratividade e à rentabilidade e para acrescentar a perspectiva de geração de valor futuro.
4. Porque todo projeto de BSC deve, em primeiro lugar, construir um mapa de objetivos estratégicos para, somente então, selecionar as métricas para cada objetivo.
5. O processo de aprendizagem resulta no desenvolvimento de competências, assim como toda competência é a expressão da aprendizagem vivenciada pela organização.

Capítulo 4

Questões para revisão
1. b
2. a
3. d
4. d
5. c

Questões para reflexão
1. Se houver uma boa relação entre o amadurecimento profissional e a oportunidade de ascensão, a tendência é de que ocorra bem-estar, fluência e efetividade na tomada de decisão. Se houver um desequilíbrio entre esses dois fatores, podem ocorrer sentimentos negativos, como ansiedade, medo e perplexidade.
2. Na competência organizacional, temos como exemplo de métodos e aplicações o mapeamento de competências por meio de análise

documental, utilização de métodos e técnicas de pesquisa social, avaliação de desempenho organizacional e diagnóstico organizacional. Na competência humana, temos como exemplos o mapeamento de competências por meio de combinações sinérgicas de conhecimentos, a avaliação de desempenho humano no trabalho, a avaliação de potencial e a orientação estratégica das ações de gestão de pessoas.
3. A ideia central é a de que, quando concentra sua carreira em uma mesma área, o profissional tende a se desenvolver mais rapidamente. Durante sua trajetória, se houver mudanças de área, o desenvolvimento pode ser mais lento, pois é preciso que assimile novos conhecimentos.
4. Depende do interesse da pessoa em aprender, de um ambiente de trabalho que incentive a aprendizagem e do sistema de educação corporativa disponível ao indivíduo.
5. O que difere, nas organizações públicas, é o enfoque de análise do mapeamento, as recomendações e as ações. A técnica e os resultados são os mesmos, uma vez que os gestores de recursos humanos precisam pensar estrategicamente em ambos os contextos.

Capítulo 5

Questões para revisão
1. d
2. a
3. b
4. c
5. b

Questões para reflexão
1. A base de conhecimento sobre aprendizagem é a mesma nas correntes de estudos de aprendizagem organizacional e de organizações de aprendizagem. A diferença é que os estudiosos priorizaram preocupações diferentes. O foco de análise da aprendizagem organizacional é saber como as organizações estão aprendendo. Já o foco das organizações de aprendizagem é saber o que as organizações devem fazer para aprender.
2. A aprendizagem organizacional é chamada de *oxímoro* por ser comparada a uma figura de linguagem que reúne, em uma mesma

expressão, palavras com sentidos contrários.
3. Depende das percepções dos autores e seus conceitos. Simon, por exemplo, afirma que a aprendizagem organizacional não consiste somente no desenvolvimento do conhecimento ou na mudança do estado de conhecimento, o que nem sempre é claramente perceptível. Consiste em mudanças claramente visíveis.
4. Fiol e Lyles (1985) foram as autoras que identificaram as áreas de consenso e dissenso na literatura de aprendizagem organizacional. Segundo essas autoras, os pontos mais divergentes referem-se à heterogeneidade das referências utilizadas nos trabalhos publicados; aos focos de análise utilizados com base em diferentes disciplinas; e ao tipo de estrutura organizacional que favorece a aprendizagem organizacional. Quanto aos consensos, Fiol e Lyles (1985) identificaram três pontos: alinhamento ambiental, distinção entre níveis de aprendizagem e fatores contextuais.
5. A cultura passou a ser incorporada aos estudos de aprendizagem organizacional por ser vista como repositório de conhecimento – o que Hedberg (1981) chama de *sistemas cognitivos* e *memória organizacional*.

Capítulo 6

Questões para revisão
1. a
2. a
3. d
4. c
5. b

Questões para reflexão
1. Para que a aprendizagem organizacional aconteça, é preciso que tenham ocorrido mudanças profundas que, de algum modo, afetem os valores organizacionais.
2. Porque traz consigo informações sobre o que a organização já vivenciou.
3. O grupo de trabalho é composto por duas ou mais pessoas interdependentes entre si. Trata-se de um fenômeno social que integra indivíduos às organizações. Uma de suas vantagens é a construção conjunta do trabalho. Algumas desvantagens podem ser os conflitos gerados por

objetivos diferentes entre os integrantes do grupo e a falta de um líder para a condução.
4. Porque os autores propuseram um modelo com uma estrutura unificante de aprendizagem organizacional, a qual pode ocorrer nos níveis individual, de grupo e organizacional.
5. O *single loop* ocorre quando há apenas melhorias incrementais nas práticas e rotinas, correção de erros e pequenos ajustes, preservando a essência do "modo de fazer" da organização. O *double loop* acontece quando as mudanças são profundas, demandando reflexão e questionamento.

Capítulo 7

Questões para revisão
1. c
2. d
3. a
4. b
5. c

Questões para reflexão
1. A gestão do conhecimento nasceu dos estudos sobre competências e aprendizagem organizacional, que já haviam salientado a relevância do conhecimento para o desempenho e a vantagem competitiva das organizações.
2. O conhecimento explícito é formal e sistemático, razão por que pode ser facilmente comunicado e compartilhado. O conhecimento implícito ou tácito é altamente pessoal, referente a habilidades técnicas, ou *know-how*, sendo difícil de formalizar.
3. Ocorre pela combinação entre o conhecimento explícito, que foi criado, e o explícito, que já existia.
4. A proposta metodológica da gestão do conhecimento consiste no mapeamento e o registro do conhecimento crítico. Já a da gestão por competências consiste no mapeamento das competências humanas e organizacionais. Assim, se a gestão por competências pressupõe registrar o conhecimento necessário e relevante de cada competência, evidenciará o conhecimento crítico que deve ser gerido pela gestão do conhecimento.
5. O foco do processo de aprendizagem da gestão do conhecimento é o domínio

cognitivo (conhecimentos e habilidades intelectuais); o da gestão por competências é o domínio cognitivo, psicomotor e afetivo (conhecimentos, habilidades e atitudes).

Capítulo 8

Questões para revisão
1. b
2. b
3. c
4. a
5. d

Questões para reflexão
1. Alinhar o fluxo do conhecimento (criação, utilização e institucionalização) com o processo estratégico (elaboração, implementação e controle) a fim de atingir os objetivos organizacionais e o desempenho esperado.
2. É papel do gestor trabalhar tanto o monitoramento do ambiente quanto a avaliação do que realmente é relevante para a organização, a fim de transformar dados em conhecimentos – processo básico para que decisões sejam tomadas.
3. É um processo sistemático de coleta, tratamento e análise de informações sobre as atividades dos *stakeholders*, visando subsidiar a tomada de decisão.
4. Ocorre por meio das fases de elaboração, implementação e controle, por intermédio das quais procura responder quais recursos serão articulados na busca por resultados organizacionais.
5. Uma importante condição para propiciar o compartilhamento e a gestão do conhecimento é a comunicação. As pessoas podem ter interesses diferentes na implementação de projetos, o que pode causar conflitos e prejudicar o fluxo de conhecimento. Por isso, algumas iniciativas podem auxiliar, como a criação de espaços informais e ocasiões de encontros dentro e fora da organização, para promover a interação mútua, bem como a realização de eventos sociais durante a implementação de sistemas de informação, como forma de manter a equipe de trabalho unida.

Sobre a autora

Adriana Roseli Wünsch Takahashi é doutora em Administração pelo Programa de Pós-Graduação em Administração pela Faculdade de Economia, Administração e Contabilidade da Universidade de São Paulo (FEA-USP) com período realizado na Lancaster University, Inglaterra. É mestre em Administração pelo Programa de Pós-Graduação em Administração da Universidade Federal do Paraná (PPGADM-UFPR) e especialista em Sociologia Política, em Projetos Empresarias e em Magistério Superior, além de bacharel em Ciências Econômicas. Atua como professora de administração no Departamento de Administração da UFPR – na graduação, no mestrado e no doutorado –, nas áreas de aprendizagem organizacional, capacidades dinâmicas, competências, conhecimento organizacional e pesquisa qualitativa em administração. É autora de artigos nacionais e internacionais, livro e capítulos de livros.

CURRÍCULO LATTES. Adriana Roseli Wünsch Takahashi. Disponível em: <http://buscatextual.cnpq.br/buscatextual/visualizacv.do?id=K4772412H0>.

Os papéis utilizados neste livro, certificados por instituições ambientais competentes, são recicláveis, provenientes de fontes renováveis e, portanto, um meio responsável e natural de informação e conhecimento.

Impressão: Reproset
Março/2023